디지털 일자리

선진 한국에 던지는 탱크주의 선언

디지털 일자리

배 순 훈 지음

시그마북스
Sigma Books

디지털 일자리

발행일 2022년 4월 2일 초판 1쇄 발행
지은이 배순훈
발행인 강학경
발행처 시그마북스
 Sigma Books
마케팅 정제용
에디터 최연정, 최윤정
디자인 김문배, 강경희
제작 및 기획 (사)글로벌경영협회

등록번호 제10-965호
주소 서울특별시 영등포구 양평로 22길 21 선유도코오롱디지털타워 A402호
전자우편 sigmabooks@spress.co.kr
홈페이지 http://www.sigmabooks.co.kr
전화 (02) 2062-5288~9
팩시밀리 (02) 323-4197
ISBN 979-11-6862-017-9 (03320)

* **시그마북스**는 ㈜**시그마프레스**의 자매회사로 일반 단행본 전문 출판사입니다.

디지털 시대 일자리를 위해

차례

제 3 장   차별화된 Korea-Tech

제4장   디지털 디바이드

제5장   디지털 문화 만들기

디지털 시대 일자리를 위해

한국은 IT^{Information Technology} 강국이 된지도 20년이 넘었다. 그리고 2019년 세계 7번째로 30-50클럽(1인당 국민소득 3만 달러 이상, 인구 5천만 명 이상 선진국)에 진입하였다. 객관적으로 보면 맞는 얘기인데 한국에 살고 있는 사람들은 실감을 하지 않고 있다.

선진 사회에 새로이 진입하는 젊은 사람들은 처음부터 선진 시민으로 살고자 하는데 경제력, 권력을 가진 기득권 층은 후진국 시절부터 축적해 온 자기 것을 나눌 생각을 하지 않는다. 새로 진입한 선진국에서 우리의 독창적인 생활 문화가 안정되어야 그동안 노력한 대가를 받을 것이다. 그래야 더 나은 미래를 위해 같이 노력할 수 있다.

한국전쟁을 치르면서 개발도상국에서 어렵게 살아온 노인들이 사라져 가고 새로 된 선진국에서는 이른바 '엄친아(엄마 친구 아들)'들이 득세하면서 세상은 오히려 불안해지고 있다. 부모들은 자기가 살아보지 못한 선진국에서 살아갈 자식들이 교육을 받으면 잘 살겠거니 했다. 생각지도 못했던 정보시대가 빨리 도래하면서 디지털 격차가 심하게 벌어졌다. 과거 전통적인 교육도 디지털 시대에는 쓸모 없게 되었다.

김영삼 정부에서 민주화를 시작한 후에도 한 세대가 넘어 가는데 아직도 군사정부 독재 탓을 하고 있다. 이 디지털 시대는 자식들도, 부모들도 서로 이해하고 같이 살아가야 하는 시대이다. 선진국이란 의미는 우리 국민이 남의 탓을 하지 말고 스스로 자기 여건을 받아들여도 선진국 시민으로 살아갈 수 있게 되었다는 의미이다.

제4차 산업혁명은 IT와 함께 태어난 젊은이들의 창의성에서 일어난다. 창의적 생각은 개인들의 자신감 위에서 나온다. 잃어버릴 것이 많다고 생각하는 구미 선진국들은 방어적 생각을 할 수밖에 없지만 신입 선진국들은 위험을 무릅쓰고 새로운 시도를 할 수 있다. 이것이 우리의 IT 혁신이다.

한 세기 전 한국이 가난했던 것은 36년간 일제 탄압 때문에 그런 줄 알았다. 제2차 세계대전이 종전되고 해방된 지 5년 되던 해 한국전쟁이 일어났다. 소련제 탱크를 몰고 단숨에 낙동강까지 쳐들어온 북한 인민군을 미군은 인천 상륙으로 압록강 북쪽으로 몰아냈다. 그 이듬해 1951년 중국 공산군의 대규모 침공으로 장진호 전투에서 패배하여 1.4 후퇴했다. 피난을 가서도 먹을 것이 없었지만 그래도 반공反共만이 살 길이라 했다. 전쟁이 나던 해 가을 쥐꼬리만한 텃밭에 심은 곡식을 추수하기도 전에 빨치산들이 따발총 들이대고 곡식을 내놓으라 했다. 다음 날 낮에 찾아온 국군은 공산당에게 부역했다고 아버지를 잡아갔다. 유치장에 갇힌 아버지를 놓아달라고 무섭게 생긴 경찰에게 담뱃값 내밀고 사정했다.

반공을 국시國是로 군사정변을 일으킨 박정희 정부는 한일 국교 정상화부터 추진했다. 학생들은 거리에 나서 한일 국교 정상화 반대 데모를 했다. 한국전쟁 와중에 미국을 통해 군수물자를 공급해 경제 강국으로 부활한 일본에게 배상금 3억 불을 받아다가 제철소를 건설했다. 철광석, 유연탄과 같은 원료가 나지 않는 나라에 지어졌던 제철소 POSCO는 한일 국교 정상화 30여 년 후 세계 철강 시장에서 일본제철의 실적을 훨씬 앞섰다. '한강의 기적'이다. 반공, 반일이 아니라 먹고 생존하는 문제가 더 시급했던 시절이다.

한국은 지난 한 세기 3~4세대에 걸쳐 오랜 노력 끝에 선진국 대열로 들어갔다. 그래서 이 신흥 선진국은 우리 모두가 지켜야 할 귀중한 재산이다. 겨우 경제 선진국에 진입하여 소득은 늘었고 생활은 윤택해져서 중 소득층이라는 데도 기성세대는 아직 무언가 불안하다. 주위에 많아진 부자들 때문인가? 그러나 부자이건 가난한 사람이건 그들이 같이 살고 있어 나도 적은 수입이라도 벌 수 있었던 것 아닌가? 세상은 불공평하기 마련이다. 언젠가는 나도 내 능력으로 부자가 될 수 있다는 꿈도 꿀 수도 있는 세상이 되었다. 그것은 기적 같은 일이었다.

벌써 20년 전 민주화 첫 정부 시절부터 IMF 경제 위기를 겪었다. 경제 성장이 멈추고 생산이 늘어나지 않았다. 기성세대들이 지난 논리대로 기득권을 주장하고 있으면 경제 권역에 신규로 진입하는 젊은이들의 희생이 심각하게 커진다. 이제는 경력이 부족한 신규 진입자들을 기성세대가 배려해주는 공정한 사회가 되었다. 동시에 개인들이 경제적 소득이 있어 생존할 수 있어야 그 공정한 사회를 향유할 수 있다.

더 이상 침체의 늪에 빠지기 전에 성장의 불을 다시 붙여야 한다. 자본가들은 투자 자본을 회수할 수 있다고 생각해야 투자한다. 선진국 대열에 새로 진입한 한국에는 경쟁력 있는 인적 자본이 있다. 세계 금융계는 한국의 인적 자본을 국가 신인도 요소로 높게 평가 하고 있다.

선진국에 들어와서도 반지하층에 사는 〈기생충〉 기택네 가족들은 어쩐지 어색해 보인다. 어색해도 익숙해져야지 처음으로 돌아갈 수는 없다. 그것도 남들이 사기극이라고 하기 전에 익숙해져야 한다. 이력서는 위작을 했어도 실력이 있는 것은 팩트가 아닌가? 그리고 고객이 원하는 서비스를 적은 보상을 받고 인간적인 면까지 감안한 것도 사실이다. 이런 상부상조^{相扶相助}의 생활 문화가 IT 기반 위에서 안정 되어야 우리 신인도가 올라간다.

제 1 장

일자리에 대한 고찰

적절하게 정의된 의문

1976년 어느 봄날 대우 김우중 당시 한국기계 사장은 KAIST 기계공학과 부교수였던 나에게 기업 현장에 와서 일을 해볼 생각이 없느냐는 제안을 했다. 김 회장이 이미 수출로 성공한 기업가라 해도 안정된 대학교수 자리를 버리고 언제 망할지 모르는 기업체로 옮기는 것은 상상하지도 못 하던 시대였다. 기업체 기대 수익률이 시중 이자의 절반에도 못 미치는 시대의 기업 운영은 신기루일 뿐이었다.

사장실 유리창 밖에 보이는 공장 앞 공터에서 건장한 남성들이 잡초를 뽑고 있었다.

"저 사람들이 왜 풀을 뽑고 있지?" 하고 김 회장이 물었다.

"일감이 없어 쉬고 있는 것이겠지요." 대답했다.

"해외에서 공부한 공학박사들이 해야 하는 일은 연구소에서 연구하는 것보다는 저런 사람들에게 당장에 할 일감을 마련해 주는 것이야." 대화는 계속 이어졌다.

"화학공장이나 발전소를 지으면 열 교환기가 많이 필요하니 저 사람들이 할 수 있는 일감이 많이 생기겠네요. NC 공작기계가 없으니 정밀 기계 작업은 서투르더라도 용접 작업으로 하는 철 구조물 제작은 이미 경험도 있고 잘 할 수 있을 것입니다."

"배 박사, 여기 잠깐 앉아 기다려. 내가 남덕우 부총리께 발전소를 짓겠다고 말해 볼게."

30대 초반의 젊은 대학교수가 생면부지의 대기업 총수와 마주 앉아서 한가하게 할 수 있는 대화가 아니다. 김 회장은 한국기계에 일자리 만드는 문제의 복합적 요인들 주위에 높은 담장을 쌓아 놓고 선형화한 다음 선입관이 없는 젊은 기계공학자에게 아주 단순한 질문을 했다.

김 회장의 복잡한 속셈은 달랐다. 오랜 적자 끝에 기업 가치 없이 인수한 한국기계에는 운영 자금이 없었다. 발전소 건설은 한국 경제 성장을 담보로 하는 국가 신용으로 국제 금융 시장 대출이 가능하다. 이 젊은 기업가 김우중 회장은 이미 금융에 귀재로 알려져 있었다. 그는 기술과 자금 조달이 서로 엇물려 복잡계複雜系가 형성된 문제인 두 변수를 독립적으로 선형화線形化하여 해결하고자 했다.

김 회장은 공대 교수에게 현장기술자들 일감이 아니라 이제 막 인수한 빚 덩어리 한국기계(후에 대우중공업)의 기업 운영자금 조달 방안을 묻고 있던 셈이었다. 해외 금융 시장에서 자본을 조달하기 위해 필요한 정보를 왜 경험 많은 자금 담당 임원이 아니라 금융 경험이 전무한 기계공학 박사와의 대화에서 얻으려 했을까?

나는 그 후 20년 동안 김 회장을 모시면서 창의적 사고는 적절하게 정의定義한 의문에서 시작한다는 것을 배웠다.

1976년 총 발전 용량이 4백만 KW(킬로와트)를 밑돌던 시절 한국의 연간 전력 수요는 엄청나게 증가하고 있었다. 전기 부족으로 강제 소등도 했다. 경제 성장의 기본인 전력 부족을 해결하기 위해서 발전소 건설은 매우 시급한 문제였다. 당시 한국 경제 성장을 총괄하던 남덕우 부총리의 고민은 국가 기초시설 투자 재원을 마련하는 것이었다.

경제 성장에 필요한 재원을 국내 자본 축적에만 의존하면 성장 속도가 늦어진다. 해외에서 차입하려면 국가의 신용이 필요하다. 건설 자금을 마련하고 발전소를 건설하려면 기술이 증명되어야 한다.

"과연 한국기계는 낙후된 기술로 발전소에 들어가는 기계를 제작할 수 있는가? 필요한 자금을 어떻게 마련해야 하는가?"

남덕우 부총리는 계산 상으로라도 국가 채무에 포함시키지 않고 발전소를 외채로 건설하는 방안을 찾고 있었다.

나는 아직 실적은 없더라도 한국기계를 믿고 금융, 건설, 기계 설치 등을 포함하는 일괄도급Turn-Key 건설로 맡겨주면 해보겠다고 제안했다. 수출업체인 대우실업이 한전의 신용으로 해외 금융기관에서 외자 도입을 주선하고 세계 유명 발전 기기 제조업체가 성능을 보증하도록 주선하겠다고 했다.

오랫동안 부실화된 한국기계를 대우실업에게 매각하여 운영 정상화를 하려던 남덕우 경제 부총리는 외자 도입을 대우가 주선한다는 조건이면 좋다고 했다.

그들과 다른 '한국인'

위를 쳐다보니 갑질하는 라떼(나 때는 고생을 많이 했다는) 보스가 있고 아래를 내려다보니 맞짱 뜨자는 후배들이 치받고 올라오니 이게 헬 조선이 아닌가? 이들은 왜 서로 한판 붙자고 하는 것일까? 같이 협력하여 발전소를 건설하면 애국했다는 얘기도 듣고 봉급도 올라가는데 왜 싸워? 내 봉급 10% 오르는데 네 봉급은 15% 오른다고 우리끼리 싸워? 싸우다 보면 우리 봉급은 모두 사라진다. 일자리가 줄어들기 때문이다.

30대였던 나와 40대 김우중 대우그룹 회장, 50대였던 남덕우 부총리 이들은 수십 명의 경제 전문가들이 수립한 경제개발 5개년 계획에 따른 것이 아니라 세 개인들의 창의적인 자유 사고로 땡전 한푼 없이 당시 가격으로 4억 불짜리 울산화력발전소 4, 5, 6호기 건설을 시작했다. 그리고 대우중공업(한국기계)의 거대했던 조직은 발전소 건설을 하면서 그때그때 필요에 의하여 재 활성화되었고 확장되었다. 기술자, 기능공 일자리가 대량으로 늘어났다.

후진국이 선진국으로 가는 도중 국가의 고도 성장 프레임 속에서 개인들은 창의적 생각을 했다. 경제 성장은 뜻이 있는 개인들의 창의적인 생각에서 저질러지는 것이다. 물론 성공도 하고 실패도 한다.

서양에 문예부흥이 일어나던 시대가 우리의 조선 건국 시대이다. 우리 조상들은 여유가 없어 죽기 살기로 매년 초근목피^{草根木皮}로 보릿고개를 넘어야 했다. 나 한 사람 희생해서 내 자식들이 잘 살 수 있으면 하고 60평생을 살았는데 외적^{外敵} 침략으로 평안^{平安}한 날이 별로 없었던 것 같다. 그러다가 왜적^{倭賊}에게 나라를 빼앗기고부터 국가 지도층에게는 독립운동이 유일한 애국 행동이었다. 독립운동도 좋지만 식구들이 많아진 세상에 먹고 사는 문제는 농사 꾼이나 걱정할 일이었나? 사농공상^{士農工商} 계급이 분명하던 사회이다.

한국 경제가 급성장하다 보니 선진국에 진입했다는 것은 좋은데 개인들에게 닥치는 변화도 적응하기 쉽지 않다. 입시를 보기 위해서는 교과서를 열심히 공부했다. 입사 시험에서는 정답을 찾아 참고 도서를 달달 외웠다. 어렵사리 취직을 하고 나니 이젠 창의적인 사고를 하라고 한다. 문제 해결 능력도 중요하다고 한다. 뭘 좀 알기 시작하니 쓸데없는 오기^{傲氣}도 사라진다.

주위를 돌아 보니 BTS 방탄소년단이 있고 축구 선수 손흥민도 있고 박인비 골프 선수도 있다. 실리콘 밸리에 한국 기술자들도 많고 베트남에는 한국 공장 관리자들도 많다. 이제는 미국에서 성공한 '미나리' 가족들도 있고 일본에서 성공한 '파친코' 가족들도 있다. 군사정부의 중화학 공업 정책시스템이 아니라 엉뚱한 생각을 하던 개인들이 한국을 선진국으로 만들었다.

이제라도 성공 확률은 작지만 외국으로 진출해야 하나? 해외로 가려면 다운사이드 리스크^{Downside Risk}는 무엇인가? 세상살이가 죽기 아니면 살기이던 시대에는 죽지 못 해 이민을 갔었다. 이젠 내 선택이다. 그래도 국내에서 '라떼'들의 잔소리를 듣는 것보다는 낫지 않을까? 망설여진다고. 그래도 그런 선택을 할 수 있는 기회가 마련된 것은 적어도 우리나라 근대역사 600년 만에 처음이다.

의사는 오랜 기간 공부를 많이 하고서 자격을 획득하였으나 매년 새로운 의술이 쏟아지고 있다. 변호사 자격을 따는 사람들도 폭발적으로 증가하고 있다. 5년마다 선출되는 새 정부들마다 전임들 비리를 들춰내고 공무원들에게 적폐 청산을 요구한다. 어차피 이제는 바꿔야 산다는 시대가 되긴 했다.

그렇다면 나 개인은 어떻게 변해야 하는가? 재수하느니 다른 스킬을 연마하여 새 일자리를 찾아야 하는가? 기득권을 주장하면서 어렵사리 얻은 이 일자리를 지켜야 하는가? 어떻게 하던 기존 일자리는 사회 변화에 따라 급속히 줄어들고 있으나 기성세대 인구는 같은 속도로 감소하지 않고 있다.

똑똑한 한국 젊은이들에게는 세계 투자가들이 몰려들어야 하고 세계 젊은이가 한국으로 몰려들어야 경쟁도 심해지지만 우리에게도 할 만한 새 일자리가 생기는 것이다. 유능한 한국 젊은이들이 국내 여건을 불평하지 않고 세계로 진출하고 있다.

한국전쟁이 휴전으로 끝나고 과거 어려웠던 시절 우리 기업들은 분식粉飾 결산서를 가지고 청탁으로 대출받아 하루하루 부도를 막아 가며 운영을 했다. 명동 사채 시장의 금리가 30%를 웃돌 때 기업 예상 수익률은 12%를 넘지 못했다. 대부분의 기업들은 3년을 넘기지 못하고 부도를 냈다. 많은 기업인, 금융인들이 부도를 내고 사기죄로 감옥에 갔다. 30% 이자 내고 12% 수익을 벌자고 기업을 한다는 것은 '뻔할 뻔 자' 아닌가? 망하지 않으면 사기詐欺였다.

대학교수, 공무원들은 알면서도 거기다 대고 '팥 나와라 콩 나와라'

했다. 그럴 수 있었으니 대학교수, 공무원이 인기 직종이었다. 시험 보고 취업하기 힘든 직종이었다. 기업이 돈을 벌어 세금을 냈고 그 세금으로 봉급 받아 기업들에게 큰소리치는 공무원이 어찌 인기 직업이 아닐 수가 있는가?

그 시대에 혈기 왕성했던 젊은이들이 독일 광부, 간호사로 갔다. 그것도 경쟁이 심해 심사위원에게 '빽'을 써서 간 것이다. 총알이 날아다니는 월남 전쟁터에 물건 나르러 간 것도 개인들이 스스로 일자리를 찾아간 것이다. 기업들이 돈을 많이 준다고 해서 간 것이 아니고 병역 의무로 간 것도 아니다. 전후 빠른 경제 부흥을 위해서 독일 정부가 외국인 근로자를 수입해 갈 때 세계 시장을 보고 나 스스로가 내 일자리를 만들어 간 것이다. 오징어 게임이었다. 패자敗者 부활 전은 없었고 실제로 많은 사람들이 희생 당했다. 모두 각자 도생圖生이었다. 월남도 그러했고 독일도 그러했다. 현장에서 뛰는 젊은이들에게는 내 나라 한국은 어디에도 없었다.

열심히 일한 대가로 개인들의 임금이 올랐지만 그보다 중요한 것은 한국인들의 근면성에 대한 평판이 좋아졌다는 사실이다. 그 평판으로 한국인들의 일자리가 늘어났다. 세계 속에 한국이 어렴풋이 자리를 잡기 시작했다.

가난한 후진국에서 누가 일자리를 만드는 애국을 했는가? 먹고 살기 힘들었던 한국인들에게는 일자리 만드는 것이 애국이었다. 우리 고유 언어까지 말살하려던 일제가 물러가도, 우리 국군이 UN군의 도움을 받아 러시아 탱크를 몰고 쳐들어온 북한 인민군을 물리쳐도, 내 식구들 먹여 살릴 일자리는 생기지 않았다.

그러면서 중동 건설 붐이 일어났고 경공업 상품 수출이 획기적으로 증가했다. 국내 생산이 증가하면서 일자리도 늘어났고 개인들의 소비가 증가하면서 내수 산업도 급속히 성장하였다. '외제'와 비교하여 품질 수준이 떨어지던 국산품을 애용하던 것이 내 이웃에게 일자리를 만들어 주었고 경쟁력 없던 농수산업에 종사하던 근로자들의 일자리를 안정시켰다.

당시 많은 경제 개발도상국들 중에서 유독 한국만이 선진국에 진입한 것이 누구의 공로인가? 국가 지도자들인가? 유능한 행정가들인가? 성공한 수출 기업가들인가? 우선은 목숨 바쳐 나라를 지켜준 군인들이다. 우리를 지켜준 우방 국가들의 군인들이다. 그러나 일단 독립적인 나라가 생기니 협력하여 경제 기적을 이룬 것은 국민 각자 모두 개인들의 공로이다.

선진국 미국, 일본, 그리고 유럽과 비교하여 늦게 시작한 우리에겐 그들과 다른 '한국인'들이 있었다. 그들 모두가 보상을 덜 받으며 우리 공동 사회를 위하여 더 기여를 했다는 의미로 나는 희생을 했다고 생각한다. 우리에겐 비교적 세계적인 부를 형성한 창업 가문들이 있고 상대적으로 축재한 공무원 집단이 있고 안정적인 수입을 보장받는 교사, 교수, 의사, 변호사 등의 전문인들도 있다. 그리고 소수이지만 국가의 복지 혜택을 받으며 어렵게 살아가는 빈곤 계층도 있다. 그보다 더 중요한 것은 경쟁력 있고 신용 있는 대다수의 근로자 계급 중산층의 한국인이 있다는 것이다. 그들이 우리 일자리를 만들었고 그렇게 못살던 후진국을 선진국으로 만들었다.

취직하기 힘들었던 '봉급쟁이'들의 시간당 봉급 수준은 아직도 다른 선진국에 못 미치고 있다. 그러나 우리끼리 상대적인 차이를 가지고 평등하지 않다고 불평하기 시작하면 모두가 못 살게 될지도 모른다는 위기의식 때문에 묵묵히 열심히 일했다. 다른 건 다 양보해도 자식들은 나

같이 어렵게 살지 말라고 부동산 투기도 해가며 자식 교육에는 무리하게 부자하는 데는 악착 같이 양보가 없었다. 세계에서 가장 높은 국민 교육 수준이 말해준다.

기적이 왜 기적인가? 합리적으로 생각하면 안 되는 일도 성사 시켰으니 기적이 아닌가? 지난 시절 우리 일상생활은 불합리성이 만연했으나 그 와중에서도 개인들이 한강의 기적을 이루었다.

그 기적이 지나가고 나니 소수 기업가들은 부자가 되어 가족 세습을 하고 있고 정치가들도 과거 정치 기반을 이어 새로운 선진국의 새 세대가 세습을 받고 있다. 기적에 도전하여 성공한 기득권 층은 보상을 받았다. 그러나 자기의 실력 하나만 믿고 우리 현장을 선진국으로 만든 현장 근로자 개인들은 어떻게 보상을 받았는가? 그들이 살게 된 선진 사회가 공정하고 민주적인가?

직장의 효율성과 보수의 형평성이 서로 긴밀하게 연계되어 있다. 자동차 회사에 노사 분규가 일어나서 자동차가 안 팔리면 일자리가 없어진다. 당장에 일감이 없어지면 부를 축적해 놓은 사측보다는 하루하루 봉급 받아 살아가는 노측의 피해가 더욱 심각하다. 세계 시장이 서로 엉클어진 가운데 우리끼리 서로 분노하는 노사 분쟁은 돌이킬 수 없는 피해를 준다. 금융계는 밖에서 차가운 눈초리로 기업의 투자 수익성만 보고 있다. 이제 와서 고급 노동을 싸게 팔아 왔다고 억울해 하지 마라. 실업자가 많던 그 시절에는 자유경쟁 노동시장은 성립도 하지 않았다.

이러나 저러나 우리가 현장에서 만든 나라이고 우리가 현장에서 해결해야 하는 나라이다. 젊은이들이 촛불 시위로 정권을 바꾸었다던 나라에서 '헬 조선'이라며 어쩌자는 얘기인가? '빨리, 빨리' 분노를 하지 말고 '은근과 끈기'로 차분히 생각해 보자.

자금 조달과 턴키(일괄도급) 계약

전년도 건설 실적이 없는 한국기계는 건설 입찰에 참여 자격이 없다고 했다. 그렇게 얘기하자면 당시 국내 건설기업들은 자금 조달까지를 해야 하는 일괄도급계약을 해본 경험이 없었기 때문에 국내 업체 모두가 자격이 없었다. 남덕우 부총리는 건설 도급액 상위 3사와 기계 제조업체인 한국기계가 제안서를 제출하도록 하고 그 심사를 세계 최대 건설업체인 미국 벡텔Bectel 회사에 의뢰하기로 결정했다.

나는 "과거 경험 많은 사람들이 고장 많고 효율이 떨어지는 발전소를 지었으니 이번에는 경험 없는 사람이 한번 해봅시다"라고 주장했다. 나는 그때도 실력과는 무관하게 시험 문제만은 잘 풀었다. 발전소 건설 후에 정상적으로 가동이 되고 한국 경제가 성장하여 차관을 갚을 수 있으면 국제 금융계는 신용을 주리라고 생각했다.

당시 발전소의 운영 회사인 한국전력은 발전 비용이 낮은 고효율 첨단기술 기기보다는 고장 없이 안정적으로 운영될 수 있는 품질이 안정된 발전소를 원했다. 보수적인 한국전력은 새로운 기술을 도입하여 모험을 하기 보다는 이미 실적으로 증명된 기술을 도입하여 전력 공급을 안정 시켜야 했다.

섬유 수출로 성공하여 1억 불 수출 탑을 수상한 당시 김우중 대우실업 사장의 신용만 가지고 발전소 건설 실적도 없이 해외 금융계에서 수억 불 차관을 제공할까? 경제 성장의 Take-off(이륙기; 離陸期) 단계에 들어간 한국의 전력 투자는 객관적인 타당성이 있었다. 지난 몇 년 간 보여준 한국 경제 성장 속도는 차관의 상환 실력을 증명할 수 있었다.

독일 마르크화에 비해서 스위스 프랑의 환율은 안정적이었고 당시 스위스 은행들의 Prime rate(최우대 금리)는 2.5%였다. 한국의 원화 USD(미국 달러) 대비 환율은 비교적 안정적이었으나 국내 이자는 30% 이상이었다.

문제는 한국 원화의 환율이었다. 수출이 급성장하고 있어 한국 원화가 강세로 될 가능성은 비교적 높다는 내부 평가는 있었다. 그러나 과도한 투자로 무역수지는 항상 적자였고 당시 산업 경쟁력은 낮았기 때문에 일반적으로는 원화의 강세를 예측하지 않았다. 경제 성장이 빠른 개도국에서 산업 발전에 필요한 전력 수요는 폭발적으로 증가하고 있었다.

정부는 수출 증진 정책에 치중하고 있었다. 전력 수급은 국가 경제 정책에 한 부분이었다. 외자 상환은 신용 있는 정부가 보증했다. 턴키Turn-Key 계약으로 발전소 건설만 계획대로 진행되면 상환 리스크는 실질적으로 없었다. 세계 유명 발전소 주기기 제조회사들 중 하나인 스위스 브라운 보베리 씨에Brown, Boveri & Cie, BBC 주기기 공급업체가 건설 공기를 책임지는 계약을 했다.

건설 공기를 30% 단축하고 건설 단가를 과거 실적의 절반 정도로 제안했기 때문에 한전과의 계약 협상은 순조롭게 진행되었다. 한전은 울산화력 프로젝트의 환리스크는 부담했으나 당시 대규모 원자력 발전소 건설로 이 프로젝트 비중은 한전의 기업 전체 외환 리스크에 비해 높지 않았다.

　결과적으로 한국기계는 처음 제안한 200MW(메가와트) 1기가 계속된 국내 전력 부족 상황으로 용량을 증가하여 총 발전용량 1.2GW(울산 4, 5, 6호기; 400MW×3기) 발전소를 크레디트 스위스^{Credit Swiss} 은행의 차관으로 건설하게 되었다. 1980년 완공된 울산화력 4, 5, 6호기는 설계 수명을 다하고도 최근까지 큰 보수 작업 없이 높은 효율로 가동되었다.

　통상적으로 외국 자재가 많이 필요했던 한전은 외자 구입비 조달에서 차질이 많았고 건설 계약과 자재 조달 등에 공기를 맞추기 힘들었다. 발전소 공사는 자연스럽게 지연되었고 국내 이자율이 높아 건설 도중에 발생하는 금융비용은 매우 높았다. 수출금융으로 돌아가던 대우실업 전문가들은 금융비용 절감 방안의 세부 사항(행정 절차)에는 도사들이었다. 사후 정산을 해보면 금융 비용만 전체 공사비의 50%가 넘는 경우도 많았다. 울산화력 4호기는 턴키 계약을 통해 공사기간을 통상 기간의 60%로 줄이고 주요 기자재 도착 시점에 돌관공사 작업(24시간 연속 작업)을 하여 건설이자를 대폭 삭감하는 등 건설 단가를 획기적으로 줄였다. 주요 요인은 공기 단축이었다. '빨리, 빨리'라는 당시 한국 산업의 관행으로 가능했다.

　지금 돈이 없어도 미래에 갚을 수 있다는 것이 설득되면 누군가 자금은 빌려주었다. 어렴풋하게 신용이 생기기 시작하면서 금융을 세계화했다.

산업혁명과 일자리

농업에서 공업으로 넘어가면서 일자리라는 것 대부분이 제조업 일자리였다. 그것도 대기업이 아니라 중소기업 일자리였다. 그러나 일단 시장에서 독점적 위치를 차지하면 대기업은 항상 부품과 소재를 납품하는 중소기업에 갑질을 했다. 대안이 없는 중소기업은 언제나 종살이를 면할 수 없었다. 먹고 살아야 할 사람은 많고 농사일보다 공장 일이 봉급을 많이 주며 당시에는 선진국이라고 불리던 영국 얘기다.

아널드 토인비Arnold Toynbee는 1760년을 산업혁명의 시발점으로 보았다. 농업사회에서 산업사회로 들어가면서 혁명이 일어났다. "1812년 러다이트 폭동이 최고조에 도달하였을 때, 그들은 웰링턴 공작이 이베리아반도 전쟁 때 포르투갈에 인솔해간 군대보다 더 많은 병력을 꼼짝 달싹 못 하게 할 정도였다라고 한다.(《영국의 산업혁명》, 필리스 딘 저, 나경수·이정우 역, p 167, 민음사, 1987)

러다이트 운동Luddite Movement은 냉정한 사고가 아니라 숙련된 기술을 가진 노동 계층의 정서적인 분노에서 시작했다. 당시 영국에는 뉴턴과 같은 세계 최고의 과학자들이 있었음에도 불구하고 국민 정서는 지금의 베네수엘라와 같이 전혀 합리적이지 않았다.

역사는 단순하게 "18세기 영국에서 산업혁명이 일어나 일터가 농촌에서 공장으로 옮길 때 일하던 방식과 소득에는 혁명적 변화가 일어났다"라고 기술한다. 그 변화의 그늘에서 희생당한 많은 개인들에 대한 언급은 관심을 끌지 못했다. 지금도 산업혁명의 그늘을 고려하는 혁명가는 없다.

자기 텃밭에서 먹거리를 생산하던 기업가적인 농부가 생산 공장으로 옮겨지면서 일한다는 것이 노동을 제공하여 소득을 얻는다는 의미로 쓰였다. 인력이나 가축의 힘에 도움을 받던 동력도 스팀 엔진이 발명되면서 생산성이 획기적으로 증가했다. 다축多軸 방적기를 기계 동력으로 돌리면서 대량생산, 대량소비 시대가 시작했다. 연관된 전문 생산 작업을 여러 사람들이 나누어 한 공정마다 전문적으로 개인들이 분리하여 담당했다. 개인들이 같은 작업을 반복하면서 숙련도가 향상되고 전체의 생산성도 증가했다. 시장 수요에 따라 일감은 늘고 줄었지만 대량 생산, 대량 소비 시대가 오면서 중산층이 크게 확대되었다.

이 중산층에게 큰 변화가 일어났다. 가족생활비와 지대地代 또는 세금 등 고정된 지출을 해야 했다. 기후 변화에 따른 불안정한 농산물 수확 대신 공장에서 정해진 봉급을 받게 되어 일부 근로자 개인들의 생활은 안정되었지만 그 사회 그늘에서 생활이 어렵게 된 사람도 많아졌다. 빈부격차는 심해졌고 지니 계수는 증가했을 것으로 짐작한다.

영국의 산업혁명으로 인하여 생산의 불균형이 일어나면서 독립국가들은 국가 간 교역 경쟁을 했다. 그러고는 국가 간에 전쟁이 일어났다. 패전국을 식민지로 만들었고 식민지 시민들은 노예로 강제 징용을 했다. 저비용으로 필요한 노동력을 얻었다. 같은 시대 남북전쟁 이전의 미국은 노예제도로 노예를 수입하여 저임금 노동력을 대체했다. 제1차 및

제2차 세계대전 후 생산성의 극심한 차이로 미국, 독일, 일본 등 경제적으로 선진국들이 생겨났다.

왕권을 중심으로 하는 권력 통치보다는 생산성 경쟁에서 노동 계층의 의견이 중요해졌다. 공동 사회 안에서 개인들의 자유행동 질서를 유지할 수 있게 법률과 규정도 마련되었다. 이 질서를 유지하기 위하여 때로는 경찰력에 국방력보다 더 막대한 비용이 들어갔다. 도대체 왜 국가가 필요한가? 개인의 자유는 질서 안에서 유지할 수 있고 질서를 유지하기 위해서는 비용이 많이 든다.

미국으로 건너간 제조 산업은 시작부터 그 규모가 달랐다. 자동차가 초기 단계에는 몇 명 안 되는 부자들의 놀이 기구였기 때문에 실질적인 시장이 형성되지 않았다. 1920년대 포드가 모델 T를 대량생산하기 시작하면서 수직적 결합체를 구성하였다. 군소 기업들의 집합체인 GM이 경쟁업체로 등장하면서 실질적인 시장 경쟁을 통하여 미국 자동차 업계의 생산성이 향상되었다.

상품의 품질은 표준화를 통하여 균일해졌고 생산원가는 저렴하게 되었다. 대량소비가 일어났다. 유럽 업계와 비교하여 대량 생산이 가능해지면서 근로계층을 위한 저가 생산품들이 대량으로 소비가 되었다. 자동차에서 시작하여 가전품들이 저가로 생산되고 대량으로 소비되었다.

농경사회가 산업사회로 변화하면서 권위주의 계급사회는 개인주의 민주사회로 어떻게 변화했는가? 개인들의 창의성이 발휘되면서 시장 경쟁력은 상승되었는가? 먼저 자리 잡은 선진 사회는 가난한 후진 사회에게 어떤 도움을 주었는가? 인류 사회는 공존 번영을 위하여 끊임없이 노력하고 있다며 시장경쟁은 더욱 치열해졌다.

조선의 고부 농민봉기는 1894년에 시작했다가 청, 일 군대에 의하여 제압 당하면서 1910년 한일합병으로 이어진다. 서구의 산업화, 민주화를 받아들이지 못 하고 쇄국 정치를 하다가 결국 나라가 망했다.

인구의 80% 이상을 차지하는 농민들이 소득에 비해 과도한 징세로 인한 반정부 시위를 일으켰다고 보고 해결책을 강구했어야 했다. 단순한 지방 관리인 조병갑 군수의 과도한 징세만이 아니었다. 생산성 향상을 위한 평화적인 타협이 아니라 집권층과 피지배계급 간의 무력 대결이었다. 그 무력도 청, 일본 등 외국에서 빌려왔다. 우리가 자주적으로 대가를 주고 빌려 온 것이 아니라 그들이 기회를 보고 침략하기 위하여 파병한 것이다. 우리 집권층은 무엇을 위하여 외부에서 빌려온 무력으로 우리 농민을 진압했는가?

일제 36년은 이렇게 시작되었다. 이 시대의 우리 산업 일자리가 생기기 시작했다. 일본이 군수물자를 생산하여 중국, 러시아를 침략하려던 시대이다. 독립운동에 참여하지 않고 조선기계제작소(후에 대우중공업 인천공장)에서 군사용 선박을 제조하던 현장 근로자들은 친일파인가? 그들이 돈 벌어 독립운동도 지원했다.

북한의 김일성 주석은 한반도 통일을 계획하고 소련 사회주의 연방USSR의 힘을 빌려 전쟁을 일으켰다. 그것도 제2차 세계대전이 끝난 지 5년 만에 일어난 일이다. 민주주의 미국은 공산주의 소련 세력 확대를 저지하기 위해서 파병을 했다. 6·25 한국전쟁이다.

미군은 전사자만 5만 명이 넘는 인명 피해를 입었고 한국인들에게는 2백만 명 이상의 사상자가 발생하였다. 세계 1, 2차 대전과 견줄만한 큰 전쟁의 피해가 이 작은 나라에서 발생하였다. 스탈린 체제의 공산 세력의 확장을 막기 위해 파병한 미국은 예기치 못 한 중국 공산당 군대와 전쟁을 치렀다. 이 '끝이 없는 전쟁'(미군과 중공군의 전쟁은 동서진영 대립이 무너점에 따라 국토 확장이라는 원초적 동기를 잊어버렸다)은 승패가 없는 휴전으로 전쟁 자체가 끝나 버렸다.

경제 규모로 보면 세계 100위권 밖 같은 출발점에서 시작하여 남한은 65년 만에 세계 7대 경제 선진국에 진입했다. 반면에 북한 주민들은 아직 기초 생계도 벌지 못 하고 있다. 그럼에도 불구하고 북한은 전쟁 준비에 온 국력을 쏟아 붓고 있다. 이번엔 무엇을 위한 전쟁일까?

세계의 새로운 질서 속에서는 북한은 원자탄을 보유해도 경제 선진국인 남한을 무력 통일할 수는 없다. 인간자본이 중심이 되는 산업 사회에서 식민지 시대의 농지 확보를 위한 영토 전쟁은 끝났다. 정보화 시대에 국제 질서를 무시하려는 이단국가들은 즉각 제재를 받고 있고 정권을 유지하기 힘들게 되었다. 경제 전쟁에서 국가 영토는 의미가 줄어들어 버렸다.

그 지옥 같았던 전쟁을 애써 외면하려는 우리 젊은 세대들도 일본 식민 지배 하에서 위안부 보상문제는 아직도 거론하고 있다. 위안부로 피해를 받은 우리 할머니들에게는 같이 살아온 우리가 보상해야 하는 것이 당연하다. 그러나 동시대를 살며 유관순 열사가 되지 못한 것이 한이 된 그 할머니들 가슴에 못을 박지 말자. 보상금 받아주는 것을 직업으로 하는 사람들은 도대체 누구인가? 그들이 하는 애국의 결과는 무엇인가?

제2차 세계대전의 승전국인 미국과 패전국인 일본 사이에 종전 문제 타협은 끝났다. 우린 억울해도 약소국가의 서러움을 속으로 삭였다. 미국의 도움은 받았다 하더라도 국제 질서 속에서 우리 스스로가 노력하여 선진국이 되었다. 처음부터 미국 편이었던 필리핀하고는 입장이 다르다. 일본의 속국이었던 한국은 제2차 세계대전에 참전국가도 아니었다.

그러나 한국전쟁 피해는 어떻게 하나? 휴전이기에 승자와 패자가 없다. 한국은 경제 선진국이 되었고 미래 우리의 일자리를 보존하기 위해서는 우리 민주주의 국권을 강력히 지켜나가야 한다. 무력도발에는 강력한 응징이 있어야 우리를 지킬 수 있다. 우리는 한편으로는 "통일은 우리의 소원"이라 하면서도 다른 편으로는 북한 체제를 인정하고 있다. 북한 체제는 반세기 만에 북한 주민을 세계에서 가장 가난한 시민으로 만들었다. 3대 김씨는 무엇을 위하여 원자탄 개발에 투자했는가? 과거 일부 남한의 집권세력들의 평화로 포장된 모호한 태도가 개성공단의 실패를 키워왔다.

영국과 다르게 한국의 직장 일자리는 현장 사원들의 의지로 만들어졌다. 우리의 산업화는 AQL$^{Acceptable\ Quality\ Level}$ 1.5% 시대에서 ppm 단위의 나노^{Nano} 레벨 시대로 진입하는 과정에서 이루어졌다. 영국과 달리 우리의 산업화는 상품을 그냥 생산하는 것이 아니라 국제 시장에서 경쟁력 있게 생산하는 것이었다. 우리의 품질은 일본의 TQC 시스템을 넘어 사람 중심으로 달성했다.

이 사람들이 역사 속에서 살아 왔다. 그래서 국민 정서가 중요하다. 국민 정서 속에서 세계 첨단 품질 수준이 달성되었다. 우리의 기술 개발은 가족들의 생존을 위해서 죽기 살기로 노력했던 현장 작업자 개인들이 현장에서 이루어 놓은 것이다. 미국 기술자 데밍^{Deming}에게서 전수받은 일본의 TQC 시스템이 아니라 우리의 6시그마는 현장 개인들의 창의적인 노력에 의하여 달성한 것이다. 그래서 완벽한 디테일^{Detail}을 만들 수 있었다.

근대 한국이 가난 속에서 독창적으로 개발한 경쟁력은 단순한 과학 기술이 아니다. 서구 과학 이론에 인간적인 재치^{Dexterity}를 적용해서 기술도 되고 예술도 되었다.

　개인들이 협력하여 시너지를 생성하는 집단에 대한 경제학적 관점은 지배구조이다. 사회학적 관점에서는 프랜시스 후쿠야마Francis Fukuyama의 '신뢰Trust'이다. 금융계에서는 신용이다. 인적 자본은 협력하는 창의적인 개인들 간에 시너지를 효율적으로 만들 수 있어야 높은 점수를 받는다.

프로젝트 파이낸싱 (Project Financing)

발전소 턴키 계약 수주자인 한국기계의 더 긴급한 문제는 회사의 운영 자금 조달이었다. 일감이 있었다면 일을 시키고 봉급 줄 돈은 있었던가? 아마도 일감만 있으면 산업은행이 정책금융으로 빌려주지 않을까?

봉급은 빌린다고 하더라도 기술투자와 시설 보완투자는? 차입금에 대한 이자와 원금 상환은? 나는 한국기계의 운영자금에 대한 계획서를 주위의 도움을 받아 작성하기 시작했다. 그리고 그 계획서를 산업은행 관련 전문가들에게 브리핑했다. 빚으로 인수한 한국기계 운영 자금을 도와 달라는 얘기였다.

막대한 운영 자금이 필요했으나 산업은행에도 재원이 없다고 했다. 그래서 울산화력발전소 건설은 해외 프로젝트 파이낸싱Project Financing으로 진행하면서 선수금으로 초기 기업 운영비를 충당하자고 했다. 기업에서 일을 하려면 자금이 있어야 시작할 수 있었다. 수출 기업인 대우실업은 이것을 이해하지 못했다.

돈을 꾸어주는 측에서는 갚는 측의 갚을 능력을 평가해서 대출을 결정한다. 대우실업은 단기적인 수출 금융으로 돌아가는 회사이기 때문에 중화학 공업에 장기적 투자를 위한 자본 축적은 없었다. 갚을 능력을 어떻게 설득하여야 하는가?

스위스 금융계를 대상으로 하는 나의 발표는 세부사항이 아니라 기본적인 개념에 치중했다. 한국은 고속 성장을 하기 위해서 전기가 필요했으며 발전소 건설 기술은 실적이 있는 스위스와 독일 회사에서 제공하고 이미 중동 건설에서 국제적인 평판을 얻은 한국 건설 업체들이 시공을 담당한다는 계획을 세웠다.

당시 프로젝트 파이낸싱을 위한 세계 최고의 상환 능력을 취합한 프로젝트 계획이었다. 나는 프로젝트 관리의 대표 자격으로 스위스 취리히에 모인 유럽 금융전문가 100여 명 앞에서 미국식 영어로 차분하게 설명했다.

그들의 질문은 대부분이 건설 책임자인 내가 남한의 북한 리스크를 어떻게 보는가에 관한 것이었다. 전쟁의 위험성을 판단하기 위한 질문들이었다. 장기 금융 계약의 안전성을 판단하기 위한 것이기도 했다. 그것은 이미 프로젝트의 건전성을 가정하고 하는 질문이었기 때문에 나는 안도했다. 표정 관리가 중요하다고 했던가?

김우중 회장은 프로젝트 비용 총액을 외자로 하고 그 안에서 일부 국내 자재비 및 인건비를 선수금으로 지불해 달라고 했다. 외자재, 외국 용역비는 어차피 외화로 지불하여야 하는 것이니 문제가 없었지만 국내 비용에 대한 외자 지불은 건설 기간 동안 외환 리스크가 발생한다는 이유로 모두들 꺼려 했다.

그래서 통상 건설 기간 3년을 28개월로 줄이자고 했다. 건설 기간을 줄이는 것은 건설 이자를 절감하는 것 외에 여러 가지 간접 이득이 발생한다. 무엇보다 부족한 국가 전력 사정을 완화하는 것이다. 건설 공기 문제는 기술자와 자금 담당자 간의 책임 소재가 서로 얽혀 누구도 결정하려 들지 않았다. 김 회장이 직접 한전 금융전문가들을 설득했고 나는 스위스 은행 관계자들을 설득하는 임무를 맡았다.

복합화된 문제를 선형적으로 풀어가고 있었다. 이 프로젝트 관리의 핵심은 수많은 작은 변수들에서 한 가지 차질이 생겨도 전체가 실패하도록 서로 엉켜버린 문제를 나누어 서로 독립적으로 한 변수에 차질이 발생하더라도 전체는 그대로 진행될 수 있는 수학적 관리 기법이다. 복잡계 프로젝트 관리는 시스템이 아니라 협력하는 개인들 간에 강력한 신뢰가 형성되어야 성공할 수 있다. 더 이상 개인들의 리스크 계산은 접어야 했다. 이런 것을 '같이 죽고 같이 살자'는 '마피아Mafia 조직 방식'이라고 하던가?

한전은 한국 정부 지불 보증으로 크레디트 스위스Credits Swiss 은행에서 건설 총액 4억 불을 스위스 프랑으로 차입하기로 결정했다. 그리고 한국기계는 계약금 총액의 20%를 선수금으로 받았다. 여기서 핵심은 턴키 계약으로 차관 액수가 커졌다는 것이다. 선수금의 절대 액수도 예상보다 커졌다. 건설 기간 3년 동안 회사 운영 자금이 확보되었다.

운영자금을 주週 단위 방식의 수출금융으로 조달하고 1일日 단위로 운영자금 메우기를 해 오던 대우실업이 3년 동안의 운영 자금을 일시에 확보한 것은 새로운 경험이었다. 자금 운용 부서가 새로 구성되었다.

김우중 회장은 기술자인 나에게 "우리가 아직 젊고 또 처음 하는 일이니 건설비를 절약하려는 노력을 하지 말고 세계에서 제일 성능이 좋은 발전소를 건설하면 좋겠어"라고 했다.

내구성과 효율 문제다. 선수금을 받은 후 김 회장은 다음 역할을 대우 엔지니어링 부사장이 된 나에게 위임했다. 턴키 계약상 수주자의 의무는 건설 시작 점에서 시설용량의 출력이 나오는 데까지였다.

냉정하고 합리적인 사고

박정희 정부가 들어서면서 부정 축재 환수부터 시작하였다. 금융거래를 중단하는 조처이다. 제한적이긴 하지만 자본가들은 투자를 꺼리고 제조업 공장은 운영이 중단되면서 실업자들은 거리로 나서서 시위를 하는 것 밖에는 할 일이 없었다.

우선 부족하나마 국내 자본을 동원하여 전 국민 새마을 운동을 일으키고 인적 자본을 확충하였다. 극심한 외화 부족으로 투자 재원은 늘 부족했다. 박정희 정권에 대한 국제 금융계의 불신이다. 특별히 박 정권에 대한 불신이라기 보다는 한국 국가에 대한 역사적 불신이었다. 정부는 그 이후 개인재산 침해(부정축재 환수, 8.3 조처 등)를 억제하고 가급적 민주주의, 시장경제의 원칙을 따랐다. 그럼에도 불구하고 프랜시스 후쿠야마 교수는 한국의 낮은 신뢰가 경제 발전을 저해한다고 했다(Francis Fukuyama, 〈Trust〉, The Social Virtues and the Creation of Prosperity, Free Press, 1995).

기업들이 거래를 통해 신용을 축적하여 금융 시장이 형성되기 전에는 정부가 국가 성장률을 담보로 국가 기반 시설 투자에 국제적인 차관을 유치했다. 전기와 교통 투자였다. 국가적인 원조 자금도 유치했고 비용이 많이 드는 민간 차관도 유치했다. 한일 국교 정상화 약속으로 대일

청구권도 받아왔다. 비용이 얼마 드는지 상관없이 빌려주겠다는 외화는 모두 빌려 왔다. 한때는 심지어는 유태인의 사설 금고에서 높은 금리의 자금도 빌려 화력 발전소를 건설했다(울산화력 1, 2, 3호기).

1차로 경공업 수출을 장려하여 외화를 벌어들이는 수출산업에 특혜를 제공하였다. 정부가 나서서 투자 재원을 확보하는 길은 우선 수출 산업을 통해서 저임금 노동을 해외에 팔아 국가의 신인도信認度를 높이는 것뿐이었다. 그래서 외채를 빌려오면 정부가 임의로 결정하여 부족한 외화를 수출 기업들에게 낮은 금리로 대여했다. 시장 거래가 아니라 임의로 배정했기 때문에 특혜가 발생했다. 거래의 공정성을 강조하면 거래비용이 늘어났다. 그래서 군사정권은 정경유착의 원죄原罪를 벗어 날 수 없었다.

수출금융과 같은 단기금융도 재원이 없어 아주 제한적이었다. 기업들은 투자 재원을 마련할 수 없었다. 당시 신발 만드는 기계를 수입하려고 손으로 만든 구두를 헐값에 팔아 미국으로 보따리 장사를 갔던 사람들도 있었다. 그러고는 가발을 수출한다고 여성들의 머리채를 잘라 들고 여비만 마련하여 미국으로 갔다.

정상적인 상태에서는 기업가가 자본을 조달하여 생산 시설에 투자를 하는 것이 시작이다. 근로자를 교육 시켜 현장에 투입하고 생산성 향상과 품질 관리를 위해서 교육과 경험 축적을 해야 한다. 시장 경쟁력을 얻으면 광고 선전을 통해 대량으로 판매해야 한다. 판매 대금이 들어오면 자본을 충당하고 다시 원자재를 구입하고 종업원 월급을 준다.

차질이 생기면 여유 자본이 필요하다. 자본이 부족하면 일시 고리로 외부에서 차입을 한다. 그 차입금은 하루라도 빨리 상환해야 비용이 절약된다. 우리 근로자들은 처음 해보는 일을 박봉을 받으면서도 열심히,

그리고 빨리빨리 해치웠다. 그래서 부족한 자본으로도 단시간에 세계적인 기업으로 성장할 수 있었다. 당시 경쟁자들은 감히 생각도 못 한 일을 해낸 것이다.

이것이 누구를 위한 희생인가? 무엇을 위한 창의성 발휘인가? 그냥 먹고 살기 위해서인가? 그래야 내 동생들이 학교를 갈 수 있었다. 그래도 죽기보다 힘든 희생을 한 이유는 무엇인가? 그래서 30-50클럽에 들어가면서 사람 중심 경제가 되어야 한다고 하는 것이다.

우리의 선진 경제가 예외적인 몇 사람들의 정치 지도자들이나 재벌 기업가들에 의해서 만들어진 것이 아니다. 현장 기술 없이 어떻게 메모리 반도체를 생산하며 LNG 저온 냉동선을 건조할 수 있는가? 우린 반세기 동안 수많은 사람들의 꾸준한 시행착오를 거쳐 세계에서 가장 완벽한 원자력 발전소를 건설할 수 있게 되었고 완벽한 평면 디스플레이를 생산할 수 있게 되었다.

한강의 기적이라는 우리의 산업화는 새마을 운동을 통하여 우리 국민 모두가 자조自助 정신으로 이룩한 일이다. 경제, 기술 선진국 문턱에 들어서게 되었다. 여러 행운도 따랐지만 우리가 실질적으로 세계 10위권 경제에 들어간 것은 자력갱생自力更生으로 그렇게 된 것이다. 그 국민성에 불을 붙이니 당장에 일본과 미국을 제치고 IT 강국이 되었다. 한풀이 국민 정서가 아니라 냉정하고 합리적 사고의 결과이다.

이제는 선진국이 된 한국 금융의 패러다임이 변했다. 관치금융에서는 집권 세력이 신용을 평가했다. 국제 금융기관들이 세계 시장 평판을 기준으로 평가하게 되었다. 은행 신용 평가를 받으려면 시장경제가 제대로 돌아가야 하게 되었다. 동시에 한국 경제에 대한 안정적 운영을 세계 경제 기구에서 인정을 받아야 하게 되었다. 노래 잘하고 춤 잘 추는

BTS는 세계 음악 애호가들이 평가한다. 그들이 한국 사람이고 한국 말로 노래하니 한국의 신용이 높아지는 것이다.

한국 기업이 투자를 한다면 사업을 수행할 인적 자원이 있는가, 기반 시설은 안정적인 운영이 되고 있는가, 효율적인 경영을 할 수 있는 시스템을 갖추고 있는가 등등 과거 실적에 근거한 미래 능력을 평가한다. 이것이 국가 신인도 바탕이다. 정부는 각종 경제 지표에서 OECD 순위를 높이는 노력을 하고 있다. 우리의 현장 기술이 IT 기반으로 전환할 수 있어야 한국의 금융 신용이 투명해진다. 기업 현장의 IT 기반 전환이다.

대기업, 벤처기업은 이미 국제 금융으로 갔다. 중소기업, 농어촌 금융은 언제 세계화할 것인가? 정부의 보호는 한시적이어야 한다. 시장 경쟁력 향상을 위한 계획을 세우고 정책적 추진을 해야 한다. WTO가 선진국이 된 한국을 의심스런 눈초리로 감시하고 있다. 부품, 소재 산업이 취약하고 농산물 수출이 제한을 받고 있다. 포기할 것이 아니라면 기업가들이 창의력을 발휘할 수 있게 도와주어야 한다.

창의적인 개인들은 투자의 대상이 아니다. 개인들이 모여 협력하는 기업 조직이 투자 대상이다. 조직이 크거나 작거나 수익을 창출하려면 투자를 받아야 하고 그 자금을 효율적으로 운영을 하여 수익을 창출해야 한다. 협력체재의 효율적 운영은 같은 목표를 향해 각자 맡은 바를 수행해야 한다. 조직이 커지기 시작하면서 개인들의 이해가 다를 수 있다. 이때 규율이 필요하다. 그러나 조직의 규율은 개인들의 창의적 활동을 제약한다. 어떤 것이 최적의 조합인가?

기업이라는 조직을 효율적으로 운영하여 수익을 낼 수 있는 능력이 신용이다. 신용이 있으면 자금 조달을 할 수 있게 되었다. 신용 평가에는 국제적으로 실질적인 표준이 있다.

에피소드 1-4

풀 뽑던 사람들

한국기계 기술자들은 그로부터 적어도 3년간 발전 설비를 제작하느라고 정신없이 뛰었다. 울산화력발전소 건설이 끝난 후에는 대우자동차, 대우조선, 대우정밀로 전출되었다.

기계공학과 출신이 부족하여 공과대학 타과 출신들을 모집하여 3개월 훈련 후 기계기술자 자격증을 주었다. 국내 공과대학의 기계 계열 학과 대학입시 커트라인이 가장 높아졌다. 대우 그룹은 고등기술원을 설립하여 집중적으로 기술인력 양성을 했다. 그럼에도 불구하고 실력 있는 현장 기술자는 늘 부족했다.

대우엔지니어링 부사장으로 취업한 나의 가장 큰 임무는 기술자를 모집하여 생산적 팀워크를 만드는 일이었다. 수요가 생기니 공급 능력을 확장해야 했다.

수천 명의 현장 기술자들은 과거 경험 없이 시작하여 수백만 개에 이르는 용접을 완벽하게 해 놓았다. 기술 전수를 한다고 내한한 독일 기술자들도 감탄하고 돌아갔다. 일감이 없어 풀을 뽑던 그 사람들은 첫 일감이 생기자마자 세계적인 숙련 기술자가 되어 완벽한 발전소를 지었다. 그들은 용접 훈련이 아니라 단기간의 해병 군대 훈련을 받았다. 수십만 부위의 용접을 완벽하게 해내는 자세 교육이다. 동기만 부여되면 지식이나 숙련도는 자습으로 해결했다. 그들 대부분은 대학을 안 간 직업 전문학교 출신들이다.

이제 세계는 한국 기업에서 그들만이 제작할 수 있다고 미국 NRC^{Nuclear Regulatory Commission} 인증을 받은 원자력 발전소의 원자로^{NSSS; Nuclear Steam Supply System}와 보조 기계^{BOP; Balance of Plant}를 구입해 가고 있다. 그리고 조선, 자동차, 석유화학 등 중화학 공업으로 확장된 그 일자리는 그들에게 천직이 되었다. 그들이 있어 한국이 선진국이 된 것이다.

아이돌 그룹 BTS는 설령 국적이 없더라도 팬이 많지만 대형 작업장의 현장 근로자들에게는 선진국이 된 우리나라가 중요하다. 그들이 있기에 우리나라에 일자리가 생기는 것이다. 그들의 전문 작업에 대한 적절한 보상은 이루어지고 있는가?

대형 기계 제작은 시장의 진폭이 커서 회사의 수익도 기간에 따라 크게 변한다. 민간 기업의 자본금으로 그 진폭을 감당하기 어렵다.

세계 전력 생산은 경제 발전과 더불어 계속 증가하고 있다. 어차피 발전 사업은 국내 시장만으로는 임계 규모가 되지 않는다. 그러나 에너지 정책은 단임제 대통령 임기 5년보다는 장기적이고 그 변화를 기업이 예측할 수 없으면 국제 경쟁력은 저하될 수밖에 없다.

현대양행에서 시작하여 수 차례의 산업구조조정으로 살려 놓은 한국중공업은 두산중공업으로 민영화가 되었다. 원전 건설 경쟁력이 탈 원전 정책으로 흔들리고 있다. 2035년까지 세계가 약속한 탈 탄소경제로 가려면 실현 가능한 기술은 원자력 발전 뿐이다.

원자력 발전이 화력 발전 보다 위험하다고 하면 안전 기술에 대한 투자를 확대해야 한다. 폐기물 처리 역시 미국 NRC(원자력규제위원회)와 협상하여 안전한 방법을 개발하면 된다. 핵 물질 확산을 방지해야 한다면 그 역시 기술적 해법이 있다. 안전성에 관한 기술 개발은 현장 세부 사항을 관리해야 함으로 한국 기술자들의 규율과 창의성의 조화는 세계적으로 뛰어나다. 한국이 앞서가는 IC(직접 회로) 생산과 LNG(액화천연가스) 선박 건조가 증명한다. 민주화가 더 진행되면 이런 최적 조합도 무너질까?

대우엔지니어링이 설립되어 경험 있는 인력들이 모여들면서 나는 MIS(경영정보시스템)를 도입하여 CPM^{Critical Path Method} 관리를 실질적인 세계 표준에 맞추자고 제안했다. 대형 컴퓨터를 도입해야 하는 일이다.

"상고 출신 30여 명의 여사원들이 처리할 수 있는 일을 대신하여 몇십억 원이 드는 컴퓨터를 도입하는 것은 말도 안 되는 사치스러운 일이야."

"그래도 그 여사원들이 지금부터 컴퓨터에 익숙해지지 않으면 후에 들어오는 신입사원들에게 밀릴 터인데요."

반대와 찬성 의견이 엇갈렸다.

그로부터 3년 후 대우가 옥포 조선소를 인수할 때까지 컴퓨터 도입은 연기되었다.

우리 일자리는 이렇게 시행착오를 통하여 만들어졌다. 일단 일감이 생기니 현장 근로자들은 각자 개성이 있어 외국에서 온 매뉴얼 대로 작업을 하지 않았다. 초기 시행착오를 인내하면서 자기 나름의 세계 최고의 품질을 만들어냈다. 일본은 미국 과학자 데밍^{William Edwards Deming}에게 배운 TQC^{Total Quality Control}로 수출 상품의 품질을 만들었지만 한국의 반도체, 철강, 선박, 자동차 품질은 한국 현장의 창의성으로 만들어졌다. 품질에서 일본을 능가해야 수출을 할 수 있었기 때문에 우리는 한국만의 특이한 '죽기 살기 식'으로 해 냈다. 김우중 회장의 '창조, 도전, 희생' 정신이다.

인력 수요의 변곡점

젊은 사람들에게는 일자리가 부족하여 취업 시험이 더욱 어려워졌다고 한다. 어렵사리 취업한 직장도 오래 다니다 보니 마음에 안 든다. 그런데 전직하기는 더 힘들어졌다. 경제 성장이 저하되어 일자리 선택의 유연성이 감소되었다.

시험을 잘 보려면 시험 문제를 예측하여 공부해야 할 범위를 좁히고 그 범위 내의 준비를 집중해서 가급적 많은 문제의 정답을 제시해야 한다. 범위 밖은 포기하고 범위 내만 확실히 맞추는 것이다. 학교 성적이 좋은 사람들의 노하우이다. 성공하여 취업을 하면 직장 안에서 선배, 동료들에게 집중하여 그들의 기대에 부응하게 나의 작업을 설계하고 그대로 작업을 한다. 결과를 검토하여 고칠 점은 고치는 피드백을 하여 업무 성적을 높여가는 것이 모범생의 접근 방법이다. 전략적이다.

여기서 창의성이란 무엇인가? 시험에 정답 범위를 넘어 가는 답안을 마련한다. 문제를 다시 정의하여 새로운 문제에 대한 새로운 답안을 작성한다. 여기서 가장 중요한 것은 남들과의 차별화이다. 차별화는 좋은데 출제자의 의도와 전혀 엉뚱한 방향의 시도는 창의적이 아니라 엉터리가 될 위험이 있다.

자기 성적이 상위 30% 안에 들어갈 자신이 있으면 위험 부담을 해 가며 창의적 시도를 할 필요가 없다. 반대로 하위 30%라면 어차피 떨어질 바에 위험스런 시도를 해 보는 것도 좋다. 중간 40%는 개인에 따라 주관적으로 결정할 문제이다. 주관적 결정은 다양한 예비 시도를 해 보고 감^感이 생기면 하는 것이다. 개인들 대부분이 이 부류에 속한다. 감을 어떻게 잡을 것인가? 리스크 관리이다.

그렇게 해서 성공하면 나는 행복할까? 무엇이 성공인가? 평생 성공만 할 수는 없지 않은가? 행복하게 사는 방법도 배워야 한다. 보편 타당한 방법을 가르치는 것이 인문사회학인가? 나 개인의 행복은 내가 정해야 한다. 나중에 변경을 하더라도 지금은 내가 결정하고 시행할 수 있으면 그게 선진국이다.

선진국의 인력 수요 측에도 커다란 변곡점들이 발생했다.

첫째, 정해진 시험 문제를 잘 푸는 사람보다 자유경쟁에서 이기는 사람들을 뽑아야 회사가 경쟁에서 살아 남을 수 있게 되었다. 이제는 정해진 품질 수준을 맞추면 값이 싸서 팔리던 시대는 지났다. 우리 회사 제품이 달라야 한다. 월급을 더 주고라도 창의적 인재가 필요하다.

둘째, 정보기술이 확산되면서 정보처리 능력이 대폭 확대되었다. 시장 정보의 불균형도 빠르게 없어지고 있다. 과거 지식을 많이 기억하고 있어야 창의적 사고를 할 수 있다고 생각했던 것이 정보기술 숙련도에 따라 지식을 익숙하게 찾아야 하게 되었다. 이제는 코딩을 할 수 있어야 창의적 사고도 할 수 있게 되었다. 사고의 방법이 달라지고 있다. 인터넷 서핑으로 문제의 답은 신속히 찾을 수 있지만 주변과의 연계성이 좁아졌다. 여기서는 이것을 디지털 사고라고 했다.

셋째, 미래를 보는 긍정적인 사고가 중요하다. 어차피 정답이 정해진 문제를 푸는 것이 아니라 앞으로 닥쳐올 미지의 미래 문제를 풀어가는 것이 조직 경영의 핵심이다. 시행착오를 반복하여 최적의 해법을 경제적으로 찾아내는 경쟁이다. 많은 일들이 안되던 후진국의 자조심自嘲心이 없어지고 하면 된다는 선진국의 자부심自負心으로 변했다.

개인들의 인권이 신장되면서 발생한 일들이다. 개인들의 전문적인 숙련도도 세계 최고 수준으로 올라갔다. 일자리 당 투자도 대폭 증가되었다. 시장 경제 진입 초기에는 독재 국가에서 생산성 증가가 빠르지만 일단 어느 수준에 오르고 국민 소비가 커지면 같은 정치체제에서는 오히려 생산성이 정체된다. 전후 일본이 대표적인 사례이다.

인류 사회는 개인 주장이 분명한 창의적 인재들이 모여 서로 반응해 가면서 살아가야 경쟁력 있게 변했다. IT 기술이 확산되면서 일어나는 변화이기도 하다. IT 기술이 전통적인 주인과 하인의 관계인 지배 구조 Governance를 바꾸어 놓았다. 서구의 제도 경제학은 IT 강국인 한국의 지배 구조 변화를 유심히 들여다보고 있다.

과거 관료체재에서 공정하게 인력을 채용하는 것이 취업시험이었다. 미래에 일할 수 있는 능력을 평가하기 위해 경험을 적어 놓은 이력서를 검토했다. 객관적 평가가 점수 위주로 이루어졌다. 시험 문제 출제는 객관적 평가가 분명하게 출제되었다. 취업 준비하는 학생들은 점수 위주로 공부했다. 이력서는 인맥 위주로 평가되었다. 학생들은 인맥을 위해서 대학을 선택했다.

AI는 가상공간Virtual Space에서 실질적인 비용 없이 선제 조건만 결정해 주면 답을 낼 수 있다. 이것이 채용담당자와 구직자 사이의 협상에 도움을 줄 수 있는가? 문제는 불확실한 미래를 보고 전제조건을 설정하는 것과 이에 따른 답이 빅 데이터로 구성한 과거 경험으로 볼 때 타당하느냐는 결정은 개인들이 해야 하는 것이다. 맞춤 고용, 맞춤 취업이다.

제4차 산업혁명에 들어가는 선진국형 일자리는 어떤 것일까? 취업하려는 젊은이들에게 취업 시험 준비하는 동안 생활비를 대주는 방안은 도움이 될 수 있다. 그래도 젊은이들이 선호하는 대기업 일자리는 턱없이 부족하다. 장기간의 재수再修는 생산적이 아니다.

제4차 산업으로 가는 IT 혁명은 점진적으로 사람들의 생활이 변화되면서 오고 있다. 공동사회에서 개인들 간의 협상으로 합의가 이루어져야 한다. 젊은이들은 어떻게 취업 선택을 하려는가? 국내 일자리가 없다고 생각하면 외국으로 진출해도 좋지 않을까? 우선 선택의 폭을 넓혀보자.

군대 조직과 같은 규율 위주의 조직에서 창의적인 개인 중심의 유연한 조직으로 가려면 대학 교육의 혁신이 일어나야 한다. 최근에 강조되고 있는 코딩 교육에 창의성 교육을 집어 넣을 수는 없을까?

제 2 장

선진국 진입을 위한
일자리 변화

에피소드 2-1

인재의 비용

생전에 문병 차 병실로 가서 만난 김우중 대우그룹 회장은 사람을 잘 알아보지 못했다. 옆에 사람이 "배 회장님이 왔어요." 하니 알아보는 듯 활짝 웃었다. 1976년 봄 한국기계 사장실에서 잡초를 뽑던 직원과 기계공업에 대하여 본인의 생각을 열심히 설명하던 김 회장 얼굴과 겹쳐졌다. 처음 만난 날 저녁 신문로에 있는 조그만 김 회장 집에 초대를 받았다.

"아들 돌잔치이니 우리 집에 와서 저녁이나 먹고 가지" 했다.

그날이 나에겐 대우 취업 면접시험인 셈이었다. 마침 떠들썩하게 진행되던 고스톱 판 중간에 끼여 들어 판돈을 모조리 휩쓸었던 기억이 난다.

"박사가 공부는 안 하고 고스톱만 쳤나?"

이 젊은 40세의 기업가 김우중 회장은 새롭게 중공업을 시작하면서 공학 박사가 필요한 것이 아니라 혁신^{Risk Taking}할 수 있는 인재가 필요하다고 생각하고 있었을지도 모른다.

김 회장은 면접 심사를 하는 대신 자기 회사 임원들과 고스톱을 쳐보라고 했다. 주인이 판돈까지 주고 하는 고스톱이니 다운사이드 리스크를 계산하여도 잃을 것이 없다고 생각했다. 무조건 크게 질렀다. 판돈을 모조리 휩쓴 중요한 요인이었다. 운이 좋았던 것이 아니라 게임의 룰이 그랬다. 그렇게 입사 면접은 편파적으로 진행되었고 나의 대우 취업도

입사 시험도 없이 당시 관행으로도 공정하지 못 하게 결정되었다.

　다음 날 관리담당 상무는 나에게 기술본부장(차장급) 직책에 월급은 50만 원이라고 통보했다. 잘나가는 동급생들은 과장으로 봉급 20만 원 정도 받을 때이다. 나는 KAIST 부교수 봉급뿐만 아니라 회사 자문으로 월평균 1백만 원을 벌고 있어 그런 조건은 수락할 수가 없다고 했다. 김 회장이 갑자기 면접 실로 들어 오더니 직접 수정 제안을 했다. 월급은 1 백만으로 하고 다음 해 주총에서 등록 이사로 선임하겠으니 같이 일하면서 다시 조정을 해보자고 했다. KAIST 아파트에서 나오면 살 아파트는 별도로 회사에서 구해주겠다고 했다.

　그렇다 하더라도 귀국 전 미국 회사에서 받던 봉급에 비하면 공식 환율로도 20%밖에 안 되는 수준이었다. 나의 보수는 매년 80%가 연체된 셈이었다. 나를 고용한 대우가 미래 '세계경영' 할 때까지는 계속 연체되는 것 아닐까 라고 생각했다.

　선진국 미국에서 일하던 사람을 개발도상국 한국에서 한국 사람으로 채용한다는 것이 매우 불합리할 수 밖에 없었다. 나는 김 회장과 그 불합리한 거래 조건에 합의를 했다. 주인과 대리인 관계를 맺은 것이다. 대우가 세계 기업으로 성장해서 내가 세계 수준의 봉급을 받을 수 있을 때까지는 대부분의 내 봉급은 체불된 셈이었다. 나의 이런 속셈은 대우를 떠날 때까지 정규 입사시험을 통과하여 채용된 대우 동료들과의 협업에서 버걱거리게 만들었다.

　한국 기업 문화에 내가 적응을 안 하려는 탓이었을까? 우리 사회는 혼자 잘난 척 해서는 안 된다고 했다. 기업 총수는 황제처럼 모셔야 기업도 대우를 받을 수 있다고 했다. 그래서 우리는 의리에 죽고 사는 '마피아 협업체재'를 만들었다.

1976년 대우에 입사하여 1998년 3월 대우를 이직할 때까지 20여 년간 나는 김우중 회장의 기업 혁신 업무를 보조해 왔다. 그 기간 대우는 백배 이상 성장했으나 나의 보수는 10배에 못 미쳤다

우리나라의 'The Cost of Talent(인재의 비용)'는 시장 경쟁으로 결정되는 것이 아니라 전통적인 주종 관계인 사회 관행으로 결정되었다. 기술자들의 전직은 기업의 기밀을 누설한다고 하여 실질적으로 금지했다. 울산 발전소를 턴키로 짓자는 개인 아이디어가 어째 기업의 자산인가? 기업들이 합의하여 고용 사장들이 전직을 못 하게 하였다면 불법 단합이다. 그래도 난파하는 선박을 먼저 떠난 전문 경영인은 배신했다는 것이 사회통념이다.

김우중 회장은 왜 '창조, 도전, 희생'을 외치면서 밤낮을 가리지 않고 열심히 세계를 누볐는가? 가난했던 나라에서 세계적인 부자가 되기 위하여? 개발도상국에서 성공한 기업인으로 존경을 받기 위하여? 자식들에게 자산을 물려주기 위하여? 김우중 회장이 그런 비전을 가졌다면 더 현실적이 대안을 추진했어야 했다.

나는 김 회장이 희생을 외치면서 자기 관리를 한 것은 우리 현장에 없었던 일자리를 만들려고 한 노력이라고 이해했다. 일자리를 만드는 건 무엇보다 국가 경제를 일으키겠다는 박정희 정부의 의지가 되었어야 맞다. 기업가는 기업 환경을 보고 기업가 정신을 발휘해서 부가가치를 창출하는 것이 임무이다.

다 지나간 일이지만 김 회장과 나의 관계는 로날드 코즈^{Ronald H. Coase}의 〈지배 구조 이론〉을 벗어났다. 그래서 대리인 비용이 증가했다. 증가한 비용은 누가 물었나? 주인인가 대리인인가? 기업인 대우가 물었더라도 기업이 그렇게 고속 성장을 했을까? 관행이라 포장한 비리로 한강의 기적이 일어났고 굶던 사람들이 먹고 살만한 일자리라도 얻은 것 아닌가?

군사정부가 물러가고 민주 정부가 들어서 적폐청산을 한다고 하더니 경제 성장률이 줄어들고 일자리가 줄었다. 그래도 굶던 거리 노숙자도 줄었고 대부분의 국민들이 의료 혜택을 받을 수 있고 삶의 질이 향상된 것도 사실이다.

남 탓하지 마라, 우리들이 협력하여 노력한 결과이다.

정부와 국민

서구가 식민지주의로 휩쓸릴 때 일본은 청일 전쟁을 시작으로 아시아 전역을 침략했다. 제2차 세계대전으로 일본이 패망하고 미국의 자유민주주의와 소련의 사회공산주의가 대립하게 되었다. 그 대립이 한반도에서 맞부딪치면서 한국전쟁이 일어났고 한국이 분단되었다.

미국식 민주주의가 남한에 들어오면서 정치체제는 안정이 안되었고 경제 활동도 효율적이 되지 못했다. 패전국인 일본은 패전 이유를 따지기 전에 경제 부흥에 국민적 합의를 이루고 한국전쟁에 군수불자를 공급하면서 단기간에 세계 2위의 경제 강국으로 부상하였다. 동아시아에서 한국, 홍콩, 대만, 싱가포르가 일본에 이어서 경제 전후 경제 발전에 앞서가기 시작했다. 당시 미국이 선도한 대량생산으로 가격이 저렴하고 품질이 좋은 상품이 대중에게 공급되면서 민주화가 진행되고 인류의 계급 사회가 붕괴되었다.

이승만 대통령의 건국 정부는 미군 군정으로부터 독립적인 운영을 하면서 국방보다는 빈곤퇴치가 우선적인 문제였다. 한국전쟁이 동서 양 진영의 대립으로 되면서 경제 발전 기반은 더욱 심각하게 무너졌다. 자본, 기술, 기능 인력, 경영 능력도 없는 데다가 일자리가 없으니 경제 발전 동기가 사라졌다.

거리의 질서가 무너지기 시작했다. 4.19 학생 혁명으로 정권이 바뀌어도 정부가 거리의 질서를 유지할 수단이 없었다. 시장 깡패들과 결탁한 경찰이 어떻게 거리의 질서를 유지할 수 있는가? 그렇다고 자유시민이 된 국민들은 거리의 질서만 유지되면 자유스런 경제 활동을 할 수 있었던가? 국가 기반 시설이 없어 엄두도 내지 못 하니 빈곤을 경제 활동으로 해결할 동기 조차 없어졌다.

그리고 등장 한 정부가 반공을 국시國是로 한 박정희 대통령의 군사 정부이다. 박정희 정부는 경제 발전이 없으면 반공은 헛구호에 지나지 않는다고 생각했던 것 같다. 그 시대에는 거리의 질서를 위해서 강력하게 단속을 했다. 질서는 경제 발전을 위한 기반이라 생각했던 것 같다. 그 질서를 벗어난 일부 개인의 자유 활동이 경제 발전을 촉진할 수 있었는데도 불구하고 강력히 탄압했다.

아시아의 4룡龍은 비슷한 패턴으로 발전했고 빈곤 퇴치에 성공적인 사례로 꼽힌다. 그러나 탄압을 당한 쪽의 불평이 커진 것도 사실이다. 최대 행복주의 공리에서 벗어났다. 일단 빈곤을 퇴치한 후의 얘기다. 박정희 정부는 18년만에 예기치 않게 끝났다. 군사 정부가 그 후 12년간 또다시 이어지고 평화적인 문민 정부에 이관되었다.

우여곡절을 거쳐 한국은 경제 선진국으로 진입했고 공정한 민주 선거로 국가 지도자를 선출하게 되었다. 민주 정부가 집권한 지도 30년이 되어가는데도 최대 행복 원칙은 아직도 개선해 나가야 한다. 행복해야 할 국민들이 왜 불행하다고 느끼는가? 아니 대다수가 행복하고 일부 불행한 사람들이 있는 것이 민주국가 아닌가?

우리의 문제는 여기까지 온 것이 내가 자발적으로 온 것이 아니라 그냥 사회에 밀려서 온 것이라는 생각이 드는 것이다. 반도체 원자재를 공급 중단하면서 덤비는 일본을 죽창가 부르며 물리치자고? 위안부 할머니, 징용노동자의 보상금을 일제에게 받아내자고?

12년의 과도기를 거친 우리의 민주화를 그냥 5.18 한풀이로 끝낼 일이 아니었다. 좀 더 계획하고 의도적으로 선진국에 진입했어야 했던 것 아닌가? 그냥 우연히 선진국이 되었거나 남들 덕에 선진국이 진입하였다면 지속 가능Sustainable 하지 않다. 20년 전 IMF 금융위기에서 고통을 가장 크게 받은 계층이 뭔지도 모른 채 나라 살린다고 '금 모으기'를 한 개인들이다.

김치와 보르도산 포도주

1996년 가을, 대우전자가 잘 나가던 시절이었다. 톰슨 그룹^{Thomson Group}을 인수하기 위해 파리에서 주재하던 나에게 칼라일 그룹^{Carlyle Group}의 루벤스타인^{David Rubenstein} 대표가 만나자는 연락이 왔다. 엘리제 궁 앞길 생토 노래^{St. Honnore}에 있는 작지만 아주 고급진 호텔에서 단독으로 만나자고 했다. 당시 대우전자는 톰슨 그룹의 톰슨 멀티미디어^{TMM}를 인수하기 위해서 BCG, KPMG, Dominique Bordes(프랑스 변호사 법인), Rothschild Capital 등 세계적인 회사들과 계약을 맺고 자문을 받고 있었다.

　루벤스타인 대표는 칼라일의 사모펀드가 대우를 대신하여 톰슨을 인수하고 싶다고 했다. 칼라일은 전문 투자자로 남고 인수 후 경영은 대우전자 경영진이 담당하는 조건이라고 했다. 물론 내가 CEO가 되어 경영진을 구성하라고 했다. CEO는 파리 TMM 본사에 영구 주재를 해야 한다고 했다. 초년도 연봉은 디즈니^{The Walt Disney Company}의 마이클 아이스너^{Michael Eisner} 대표와 비슷한 수준(연봉 3억 불 정도)이 될 것이라고 했다. CEO인 내가 원하면 대우전자도 톰슨의 계열 회사로 인수하겠다고 했다.

　세계 최대 사모펀드 회사 중에 하나인 칼라일 회사의 내부 전문가들이 투자 리스크를 계산해 본 후에 하는 제안이다. 대우전자의 5% 주식을 소유하고 있는 대우그룹이 경영권을 행사하는 대우전자를 인수하는 것은 큰 자금이 필요하지 않았다. 그러나 TMM인수 후 자본 지출^{CAPEX}에 필요한 10억불을 현금 투자한다는 것은 경영진에 대한 신뢰가 있어야 가능한 일이었다. TMM이 정상 운영이 되면 30~50억 불의 주식가치가 생긴다고 추산했다. 주식가치는 단순히 기업이 향후 10년간 벌어들일 수 있는 가능 수익이다.

1996년 9월 16일자 주간지 <Business Week>는 대우의 톰슨 인수 시도를 표지 이야기로 다루면서 한국 전문경영인들의 'The Cost of Talent'에 관하여 썼다. LG전자의 미국 Zenith 인수, 삼성전자의 미국 AST 인수 등 실패 사례들의 중요한 요인의 하나로 한미 경영인들의 임금 차이를 들었다. 인수하는 한국 기업 경영인의 임금 수준이 인수 당하는 미국 기업 경영인 임금의 10%가 안 되는 수준이면 유능한 경영인을 구할 수 없어 성공할 수 없다는 얘기다.

'누가 김치와 보르도산 포도주가 어울리지 않는다고 했는가?' 그 기사를 쓴 스티븐 브럴$^{Steven\ V.\ Brull}$ BW기자가 우리 집에 와서 저녁을 먹으며 한 얘기이다. 한국 기업들이 세계적인 기업을 인수하여 기술, 경영을 배우고자 하는 시도는 여러 가지 벽에 부딪쳤다.

김우중 회장은 칼라일 제안을 그냥 무시했다. 대우그룹의 신용으로 프랑스 은행들에게서 대부를 받아 인수하고 최고 경영자는 대우그룹의 사장단에서 뽑겠다고 했다. 대우전자를 매각할 수 있었던 좋은 기회를 의도적으로 포기했다. 프랑스 정부는 톰슨 멀티미디어^{TMM}를 민영화하여 경영 정상화를 하겠다는 의도였다. 세계 최대 TV 생산 기업인 TMM 경영 정상화를 위해 한국 기업이 인수한다는 것은 브럴 기자의 주장처럼 달성하기 힘든 일이었을까? 오늘날 삼성전자의 TV 세트는 일본 소니를 제치고 세계 가전 전시장에 항상 최고 자리에 전시되어 있다.

3년에 걸친 협상 후 프랑스 정부는 CFDT(프랑스 전국 노조)의 반대로 톰슨 멀티미디어의 민영화를 중단했다. 프랑스 정부는 한국 김영삼 정부에게 매각 중단을 사과하는 사절을 보냈다. 대우가 한국 기업이었기 때문에 매각 최종 결정을 번복한 것은 아니라는 설명이었다. 프랑스는 TMM의 민영화를 포기하고 공기업으로 운영하면서 임명된 티에리 브르통^{Tieri Breton} 사장(이후 자크 시라크 정권에서 재무장관 역임)은 결국 공장을 폐쇄하고 회사를 해체했다. TMM 민영화 포기는 여론을 의식한 정치적 결정이었고 민영화를 추진했던 알란 주페^{Alan Juppe} 내각은 실각했다.

박정희 일자리 패러다임 관점에서 김우중 회장은 누구의 일자리를 만들려고 그 TMM의 막대한 부채를 지겠다고 나선 것인가? 40년간 야당 생활을 하다가 당선된 김대중 정부에게는 박정희 정부의 일자리 패러다임은 더 이상 유효하지 않았다.

1998년 대우그룹은 삼성그룹의 자동차 부문을 인수하고 대우그룹의 전자 부문을 매각하겠다고 했다. 이것을 한국 언론에서는 빅딜이라고 했다. 군사정부가 노태우 정부를 끝으로 물러나고 새로 들어선 민주 정부에서는 어설프게 세계화를 하다가 IMF 위기를 맞았다. IMF는 실업이 대량 발생해도 한국 기업 부채는 무조건 대폭 줄이라고 했다.

대우의 워크아웃 20년 후 대우인회 모임에서 만난 김우중 회장은 나에게 이렇게 토로했다.

"배 박사, 그때 TMM을 인수했더라면 좋았을까?"

민주주의 시장 경제

문민 정부가 들어서고는 민주주의 시장경제는 어떻게 변해야 했던가? 우리는 한풀이부터 시작했다.

과거의 잘못을 사법기관을 동원하여 단죄하는 것은 좋다. 그러나 미래 경제 시스템은 어떻게 되어야 한다는 비전이 국민들에게 설득되지 않았다. 비전을 공유하고 공동 목표를 위해 기득권 층에서부터 공동 사회를 위한 양보, 배려, 희생이 있어야 민주주의가 성립되는 것이다. 법적인 적폐청산은 물론 군사정부에서 일어난 부정에 대한 도덕적 해이를 수정해야 자유시장 경제에서 신용이 생긴다. 신용이 있어야 거래가 효율적으로 일어날 수 있다.

금융실명제를 통해 신용을 공고히 하는 것은 좋다. 동시에 개인들의 자유스런 경제 활동을 위한 개인정보 보호는 어떻게 할 것인가? 실명제를 빙자하여 다른 비리가 발생했다. 김영삼 정부 이래로 한국의 역대 민주 대통령들은 모두 임기가 끝나고 임기 중 비리를 추궁 받았다. 왜 그런가?

1996년 OECD 가입 이후 우리의 경제 활동은 참여 국가들과 같은 규제를 받게 되었다. 우리의 후진 분야인 농업도 농업 선진국과 같은 조건에서 보호를 받아야 하고 아직은 부족했던 국내 자본 축적에도 불구하고 자본 시장을 개방했어야 했다.

대우그룹의 세계경영은 발전도상국 시장 진출로 생산, 수출을 증가시키자는 것이었다. 특히 동남아, 동구 진출이 주요 목표지역이었다. 당시 초기였던 동구권 진출은 대부분 기업 부채로 자금이 조달되었다. 장기 프로젝트에 하이 리스크 자본이 투입되었다. 미국의 사모펀드^{Private} ^{Equity}가 급성장하던 시기이다.

기업에 세계화 물결이 대규모로 다가올 때 노동조합은 과거 억압 받았던 것을 보상받는 의미에서 강력한 노동 운동을 전개 했다. 노동 경직성의 증가이다. 민주 정부들은 타협점을 찾지 못했고 기업들은 해외 금융을 이용하여 인력을 절감하는 대규모 자동 시설 투자를 강행했다. 대기업부터 많은 제조 공정을 해외로 이전하기 시작했다. 노동력이 절감되는 첨단 자동 시설을 왜 해외에 투자하는가?

금융 개방이 서서히 시작되면서 세계화 물결의 파도는 한국 경제의 내구성보다는 높았다. 첫 민주정부 5년 만에 IMF 경제 위기가 닥쳐왔다. 군사 독재에 항거하여 반정부 운동을 극렬하게 하던 운동권 사람들도 정치적 사건이었던 이 경제 위기에 해결책을 제시하지 못했다. 남미, 그리스에서 일어났던 반정부 시위가 한국에서는 조용했다. 한강의 기적을 일으켰던 그들은 산^山사람이 되어 은퇴해 버렸다.

대우그룹 워크아웃

대우 출신 정보통신부 장관이 정부가 계획한 '빅딜'을 반대한다는 내용이 주요 일간지 톱 기사로 실렸다. 대통령 비서 실장은 기사에 대한 장관의 해명을 요구했고 자진 사퇴를 종용했다. 그리고 그날 저녁 정보통신부 장관은 전직 대우 계열사 회장에서 삼성 계열사 사장으로 경질되었다. 후에 정부 정책이라던 대우와 삼성 그룹 간의 기업 교환 빅딜은 없었던 일이 되어 버렸고 대우그룹은 과도한 부채를 이유로 해체되었다.

실업자를 양산하면서 한국 기업 부채를 단숨에 줄인 것은 누구 결정인가? 한국이 대량 실업을 막기 위해 부채를 줄이지 않고 그리스Greece처럼 모라토리움Moratorium으로 갔다면 어떤 해외 채권자가 손해 보았을까? IMF는 국제 기관으로 미국 유명 은행의 채권을 보호해야 했다면 한국 정부는 실업 대책을 걱정해야 했다. 미국 저명 경제학자들이 제안한 IMF 와 한국정부 간의 협상 주제이다.

역사상 최초라던 민간 기업 출신 장관은 10개월 단명으로 끝났다. 무언가 투명하지 못했던 김대중 정부의 장관 교체 인사를 뒤로하고 나는 바로 모로코로 여행을 떠났다. 1998년 12월이다.

모로코 남부 사하라 사막에서 낙타를 타고 세 시간쯤 들어간 지점 사막 한 가운데서 이동전화를 받았다. 왈리드Omaha Walid Associates라는 미국

LA에 있는 사모펀드 회사에서 대우전자를 인수하고 싶다고 했다. 인수 조건으로 내가 CEO를 맡아 줄 수 있느냐고 했다.

왈리드와 동반 투자를 하겠다는 실리콘밸리 KKR^{Kohlberg Kravis Roberts}, 뉴욕 Deutsche Bank 대표들을 만났다. KKR의 Roberts 대표는 대우전자 의 AMA^{Automated Mirror Array} 기술은 10억 불의 가치가 있으니 기술자들 을 다시 모아 상품화 개발을 할 수 있느냐고 물었다. 그들은 미국 TI^{Texas Instrument}사의 기술과 비교하여 대우전자가 앞섰다고 평가하였다.

대우전자의 핵심 멤버 중에 한 사람인 김상국 박사가 이미 MIT 방문 학자로 결정된 후의 일이었다(후에 그는 MIT 정규 영구 교수로 승진했다). 연구 팀 멤버들이 각자 일자리를 찾아 흩어질 때이지만 다시 모아 연구를 끝 내는 것은 큰 문제가 아니라고 생각했다. 그들이 희생적으로 낮은 봉급 수준으로도 모인 것은 대우전자 일이 미래로 가는 징검다리로 생각했기 때문이었을 것이다. 후에 그들은 대부분 대학교 교수가 되었다. 안정된 직장을 찾아갔다.

얼마 후 왈리드 대표는 김우중 회장이 거절하여 M&A를 중단하기로 결정이 났다고 나에게 통보했다. 그의 결정에는 대우전자 직원들의 일 자리가 걸려 있었다. 한국 경제를 일으킨 대표 기업가들 중에 한 사람인 김 회장은 대우전자를 살릴 다른 방안이 있었던가?

일감이 별로 없던 나라에서 대우그룹이 10만 명이 넘는 종업원들의 일자리를 마련한 것은 틀림없이 김 회장의 업적이다. 그의 주변에 대리 인 역할을 한 전문경영인들도 김 회장의 뜻을 받들어 대리인 비용을 최 소화한 것도 기업들의 시장 경쟁력에서 나타난다. 그러나 IMF 경제 위기를 닥쳐 현금 흐름을 이유로 대우그룹을 해체한 이유는 무엇인가?

기업의 가치는 기업의 보유 자산이 아니라 수익을 낼 수 있는 경영진 능력의 가치라는 것이 경영학 대가 피터 드러커^{Peter F. Drucker}의 주장이다. 세계적 사모 펀드들은 기업 가치를 경영진의 능력 가치로 판단했다. 김 회장이 빠진 대우전자 경영진의 능력 가치는 무엇이었던가? 채권단이 선정한 경영진의 성과는 무엇인가? 채권단은 불량 채권으로 손해를 본 것으로 책임졌고 주주는 주식 가치가 하락해서 손실을 본 것으로 책임 졌다.

대우그룹 해체 결정을 한 정부는 무슨 목적으로 워크아웃을 했으며 무슨 책임을 졌는가? 국가의 재정위기로 대우전자 채무 연장이 불가능 했다면 김 회장과 타협을 해서 더 좋은 방안을 창출할 수는 없었던가? 대우전자의 시장 평판이 좋을 때 회장을 지낸 나는 아쉬움이 많다. 객관 적인 입장에서 신장섭 싱가포르 대학 교수는 또 다른 의견을 제시하고 있다.

시장경제를 신봉하는 미국 정부도 크라이슬러^{Chrysler} 파산 직전에 구 제 금융을 제공했고 일자리 보존을 목적으로 경영진을 개편했다. 그래 도 미국 자동차 제조업이 몰락하면서 많은 실업자가 발생했지만 미국 정부는 고용이 기업의 파산보다 우선적인 목표라는 것은 분명히 했다. 자유경쟁 시장에서 기업 주인은 바뀔 수 있어도 가급적 고용은 줄어들 지 않게 구조조정을 한다. 생산성이 줄어든 기업에서는 고용도 줄어든 다. 생산성을 경영인들이 주도하여 향상 시키는 것이다.

경영인이 유능하다고 금융계가 인정하면 투자는 경쟁적으로 따라 오

게 마련이다. 대우의 채권단은 채권을 확보하기 위해서 금융계의 시각
으로 유능한 경영진으로 개편했어야 하지 않았을까? 김우중 회장이 떠
난 대우 회사들은 헐 값으로 팔렸고 시장 경쟁에서 도태되어 버렸다.

IMF 위기와 산업구조 조정

자본이 없어 정부가 제공하지 않으면 대규모 기업을 설립하는 것이 불가능하던 시절의 일이다. 자본 거래는 금융 시장에서 일어난 것이 아니라 박정희 정부는 권위를 가지고 정부가 발생하는 화폐를 임의로 배정했다.

가상 자본을 정경 유착으로 배정한 것이다. 그래도 민간 기업가들과는 달리 대통령은 장기 집권을 염두에 두었기 때문에 비교적 도덕적 해이에서 자유스러울 수 있었다. 개인의 이기적인 목적이 아니라 정책 목표인 지속적인 일자리 발굴에 적합하게 투자 결정했다. 불공평했지만 당시로는 최적의 결정이었다. 그리고 한국 내부에서 통용되는 화폐가 세계의 기축 통화인 미국 달러와 환율이 정해지면서 가치를 인정 받은 것이다. 한강의 기적은 성공한 경제 정책의 결과다. 그 정책들은 국민의 일자리 마련을 위해서 국가가 시행한 것이다.

비슷한 시기에 출발한 동아시아 국가들의 발전 속도는 집권 세력의 투명성에서 차이가 났다. 아시아 4룡은 천연 자원의 보유는 적었지만 투명한 경제 정책으로 투자 리스크를 줄였기 때문에 반 세기가 지난 후 경제 성장 속도에서 월등한 차이를 보여주었다. 조선 왕조 시대부터 민심이 천심이라 해 왔다. 그러나 국가 목표가 분명하면 통치자들의 권위로 자원을 분배해도 결과는 좋았다. 민주주의는 유권자와 통치자 간에 적절한 소통이 이루어져야 가능했다.

군사 정권이 물러가고 김영삼 정부의 문민정부가 들어서면서 군사 정권에 대한 비리 적폐 청산을 했다. 군사 정권의 정경 유착은 폐단임에 틀림없다. 그러나 군사정권 30년간 가난했던 나라가 기적적인 경제 성장을 해서 국민들의 빈곤을 퇴치한 것도 사실이다. 첫 민주정부는 전임 군사 정권 인사들을 사면하고 OECD에 가입하여 세계화를 했다. 더 이상 국제 사회에서 억지를 쓰고 원조를 받는 나라가 아니다. 다른 나라들의 모범이 되는 국가로 발전했다.

한보철강과 기아자동차에서 시작한 대기업 도산이 IMF 경제 위기(1997년 금융위기에서 발생한 경제 위기)의 시발점이었다. 한보철강은 과거 정경 유착 시대에 과도 투자를 했던 중화학 공업 투자 후유증 중에 하나이다. 기아자동차는 자전거에서 시작하여 소형 자동차를 만들던 전통기업이다. 자체 자본 축적으로 성장한 것이 아니라 국가 기간 사업으로 정부의 재정 지원으로 성장한 기업이다. 자본 시장의 경쟁이 없이 정책적으로 이루어진 투자는 채산성이 없어 국가 채무만을 증가 시켰다.

그러나 정작 재정 위기의 단초는 재무부가 직접 관리하던 단기금융 회사들의 해외 투자 회수가 어렵게 되면서 시작했다. 국내 단기 자금을 동원하여 수익률이 높은 동남아 장기 채권에 투자한 것이 국가 자금 흐름을 어렵게 만들었다. 해외 채권 기관들은 한국 채무를 연장하지 않겠다 통보하기 시작했다. 금융 기관들은 국가의 금융 펀더멘탈Fundamental이 좋으니 채무 연장은 문제되지 않으리라고 했다.

동남아 채권 투자뿐만 아니라 이미 과도하게 벌린 국내 투자로 국가 재정 균형은 늘 위험을 포함하고 있었다. 세계 경기에 따라 변화 폭이 큰 수출 경제에 과도하게 의존하는 한국의 외환수지는 항상 불안정했다. 재정 운영과 일자리 리스크가 긴밀하게 연계되어 있었다. 개도국으로 정책적인 차관을 받던 나라가 선진 산업국가로 독립국가 역할을 하면서 발생한 일이다. 관치 경제가 시장 경제로 전환하기 시작하던 시기이다.

민간 금융거래는 신용평가에 기반을 두지만 대부분 당사자 간의 협상에 의존한다. 들어올 돈이 있어 갚을 수 있다는 것만 설득이 되면 부도 처리를 한 두 달 미루는 것이 채권자, 채무자 모두에게 유리하다. 관치 금융에서도 협상은 정부 정책의 장기적 전망에 바탕을 두고 담당자들의 현장 맞춤으로 이루어져 왔다.

1997년 당시 한국의 국가 재정은 비교적 건실하다고 했으나 예기치 못한 금융위기(지불요구)가 닥치고 이를 극복하기 위하여 국제 기관인 IMF International Monetary Fund에서 차관을 들여왔다. 원화 가치가 대폭 절하되었고 많은 직장은 문을 닫았으며, 국내 은행 예금은 동결되었다. 그리고 외국 유학 간 자녀들 학비를 댈 수 없어 공부를 중단하고 귀국시켰다. 금을 모아 외채를 갚는다고 금 모으기를 했다. 이 금융 위기를 우리는 그냥 IMF 위기라고 한다.

고속 성장을 당연시하던 한국 경제가 역사상 최고로 감속을 하기 시작했다. 그것도 우리 사회의 공동 목표를 가지고 여론을 조성하여 경제 구조를 바꾸는 것이 아니라 정부가 주도하여 비밀스럽게 조정을 했다. 민주주의 경제 관료들은 군사 정부 식의 중앙 집권적 조치를 했다. 관치 금융이다.

한국 기업들은 구조조정을 통하여 투자를 대폭 축소했다. 따라서 국가 기반 시설 투자도 대폭 감소했다. 경제 마이너스 성장으로 대량 실직자가 발생하였고 환율 조정으로 취업자들의 실질적인 임금도 반 토막이 되었다. IMF 권고대로 한 결과이다.

늘어난 실업자를 제외하고 취업자들만 고려하면 개인당 생산성은 오히려 대폭 향상된 셈이다. 물론 수출 경쟁력도 강화되었다. 국제 시장에서 원화의 약세를 유지하면서 다음해 수출은 급속히 증가했다. 외화 보유는 증가했고 IMF 차관도 조기 상환할 수 있었다.

많은 기업이 도산 되었지만 살아남은 기업들의 재무구조는 견실하게 되었고 주식 가치는 상승했다. 한국 사람들의 금 모으기는 절대 액수 면에서 외환 보유를 증가시킨 효과는 미미했으나 경제 위기를 돌파하려는 국민들의 통일된 의지는 한국의 국제 신인도를 제고했다. 한국의 성공적인 외환 위기 극복 사례이다.

경제 위기 탈출은 IMF 기준으로는 성공적이었으나 실직자는 대폭 증가했다. 민주 정부는 국민들의 삶의 질에 심각한 손상을 보완할 대책을 세웠어야 했다. 일자리 만들기이다. 그리스는 대규모 반정부 데모가 일어났지만 한국에서는 '금 모으기'로 정부 지지 운동이 일어났다. 아직은 민주화가 초기인 시대였고 모두 무얼 하는지가 불분명하던 시기이다.

산업 규모를 축소 조정하면서 일자리가 대폭 감소했다. 박정희 정부가 없던 자본으로 억지로 만들어 과거에도 구조조정을 몇 번 했던 산업 일자리다. 정경 유착으로 자금을 마련하던 기업들에 정부가 공적 자금을 투입하여 워크아웃으로 살려놓았으나 대부분 시장 경쟁에서 적자 경영을 개선하지 못 하고 흡수 합병되어 사라졌다. 축소된 많은 일자리도 세월이 지나면서 영구히 없어져 버렸다. 민주 정부는 새로운 일자리를 만들 생각은 하지 않은 것이다. 산업 구조 조정과 일자리 관리는 서로 다른 부처 소관이다.

　군사 독재를 갓 벗어난 민주 정부는 아직도 민주주의 시장 경제에 익숙하지 않았다. 군사 정부가 주도하던 경제에서는 일자리 만들기가 시작이고 끝이었다. 민주 정부에서도 일자리를 심각히 고려했다면 IMF의 차관을 받기 전에 한국에 노출이 많았던 미국계 은행들에게 채권 기한 연장을 한 번 협상했어야 옳다. 국제 금융 기관인 IMF는 당연히 일자리를 위해 과도하게 벌렸던 산업 구조를 조정한다는 전제로 차관을 제공하였다.

　국가 경상수지를 악화로 원화 가치는 저평가되었다. 따라서 실직을 면한 근로자들의 실질 임금마저도 대폭 축소되었다. 한국의 파산을 면하기 위한 노력은 엄청난 피해를 불러 왔다. 외채를 못 갚고 지불정지 사태 Moratorium가 되었다면 우리 국민들에게 어떤 일이 벌어졌을까?

　일자리는 사라졌지만 재벌의 재무 구조는 건실하게 되었고 주식 가격은 급격히 상승되었다. 급격히 증가된 외국인 투자를 포함하여 자본 소득은 높아졌다. 취업 경쟁이 심해진 근로 시장의 압력으로 임금 상승은 정체되었다. 특히 독과점 체제로 이루어진 대기업과 중소기업 관계에서 생산자인 중소기업, 중견기업의 임금이 압박을 받았다. 대기업들이 세대 교체를 이루면서 투자 결정은 보수적이 되었다.

　노동조합 이외에는 어느 누구도 임금 상승을 주장할 수 없었다. 그리고 해외 운영이 가능한 중견, 중소 생산기업들은 해외 저임금 지역으로 옮겨 갔다. 그리고 이제 반도체, 이동통신 단말기 장비 업체 등 첨단 기술 기업들도 특혜를 찾아 해외로 이전하고 있다. 어렵사리 만든 일자리가 해외로 이전하는데 아무도 이의를 제기하지 않았다. 노동조합도 임금 투쟁에는 익숙하지만 일자리의 해외로 이전하는 문제는 사측의 문제라 간섭하러 들 수가 없었다.

생산 공장 해외 이전 능력이 없는 중소기업은 누가 도와주나? 세계화를 하지 못한 부품 소재 산업의 몰락이다.

화려한 거시 경제 지수 속에서 희생당한 미시 경제 요소들이 많았다. 기업의 현장에서 활동하는 기업가들과 기업 활동을 지원하는 행정가들의 기발한 창의적 아이디어 없이 건전한 일자리 창출은 힘들다. 벤처 기업이, 기술연구소가 미래 일자리를 창출한다고? 모두에게 돌아갈 떡이 너무 작다. 근본적으로 기업이 수익성을 얻기 위해서 투자를 해야 일자리가 생긴다. 정부의 단기적인 일자리 창출 대책은 장기적인 민간 시장에서 일자리가 생겨날 것을 염두에 두고 마련해야 한다.

우리 국민은 무엇을 위하여 '금 모으기'를 해가면서 1997년 IMF 위기를 극복하려 했던가? 한국은 재정적인 파산을 했더라도 단기간의 회복을 했을 것이다. "우린 뭉쳐야 산다"라고 했다. 어디선가 본 듯한 데자뷔^{Déjà vu} 구호다. 그래서 IMF 위기를 정부 주도로 극복하고 나니 대기업 재무구조는 견실해졌고 외국인 투자가 몰려들어와 주식 값은 올랐다. 그런데도 일자리가 영구히 축소되었다. 원자력 비리, 방산 비리가 거론되고 이젠 대기업들을 적폐 청산을 한다고 하니 더욱이 기업들에게는 투자보다는 내부 유보가 우선이다.

1998년 전국경제인연합회 회장을 맡은 김우중 대우 그룹 회장은 과도했던 투자를 갑자기 축소 조정하면 실업자가 많이 발생하니 유동성 위기를 다른 방법으로 해결하자고 주장했다.

그 해 한국의 금융 신인도 하락으로 원화 환율은 급강하했다. 저환율 덕분에 그 이듬해 한국의 무역수지 흑자는 400억 불이 넘었다. 김 회장의 주장대로 IMF 채무 상환에는 문제가 없었다. 한국은 싼 값에 재고

처분해서 빚을 갚은 셈이 되었다. 그다음에는 사업을 하지 않을 기업처럼 투자를 축소 조정했다. 김회장의 주장처럼 실업자는 대량으로 발생했다. 대량 해고에서 살아남은 취업자들의 실질 봉급도 대폭 줄었다.

여론을 존중하는 민주 정부에서 일어난 일이다. 과거 군사 정부라면 국민의 고통을 고려하여 정경 유착을 하여 기업 투자를 줄일 수 없다고 미국 정부에 떼를 썼을 것이다.

우리 국민 모두가 뼈아픈 고통을 겪은 IMF 금융 위기를 사람들은 미국 재무 장관의 이름을 따서 '밥 루빈 트레이드Bob Rubin Trade'라고 한다. 미국 장관 사무실에서, "한국 경제는 너무 빨리 확장하는 것 같아"라는 한 마디가 아시아 금융 현장에서는 태풍을 일으켰다. 대신에 "씨티CITI 와 체이스CHASE은행이 한국 채무를 2년만 연장해 주지" 했으면 중국으로 넘어 간 한국 일자리가 살아 남았을까? 한국 기업 경영자들이 하기 나름이었을 것이다.

26년간 골드만 삭스 금융 현장에서 근무하고 미국 재무 장관이 된 밥 루빈 장관이 환율 조정으로 간단히 해결되었던 한국의 단기 경상 수지 문제를 엄청난 숫자의 실업이 발생하는 산업 구조의 축소 조정을 강요했다는 것은 아직도 이해하기 힘들다. NYTNew York Times 기사처럼 '인종 차별적 시각'에서 나온 결정이었을까?

민주 선거로 당선된 정부는 독일 광부 간호원들과 같이 울었던 군사 정부와 달랐다.

연간 경제 성장률이 두 자리를 넘던 우리 경제가 이제는 3%를 밑돌면서 선진국인 일본의 숫자를 올려다보고 있다. 20%에 이르던 유럽 선진국들의 실업률도 이젠 7, 8%를 넘지 않는다. 지금은 높아진 빈부의 격차 수치를 가지고 분노하고 있을 때가 아니다. 국가가 과연 젊은이들에게 해 줄 수 있는 것이 무엇인가? 왜 그렇게 해주어야 하는가? 조금 길게 보면 국가는 국가의 비전이 있고 목표가 있어 그런 목표를 달성하려면 모두 힘을 합해서 조금씩 희생을 해야 취약 계층도 살아남을 수 있다. 그것이 합리적인 생각일까?

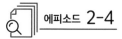

노동의 대가

나는 모로코 여행에서 돌아오자마자 KAIST 경영대학에서 1999년 봄 하기부터 <기업의 리스크 관리> 과목을 개설했다. 신청 학생 숫자가 적으면 폐강하는 전공 선택 과목이다. 수강 신청하는 학생들이 많았고 과목에 대한 학생 평가가 좋아 2009년까지 10년간 그 강의를 계속했다. 경영대학 교수는 연구중심 교수도 있지만 강의를 중심으로 하는 교수들도 많다. 나의 교육은 현장 경험을 바탕으로 사례분석 중심 강의로 이루어졌다.

사람들은 나에게 "무엇이라 부를까요?" 묻는다. 전직 교수, 회장, 장관 그리고 미술관 관장, 어느 호칭이 좋으냐는 질문이다. "그냥 선생이라 하세요."

"어느 직책에 있을 때 수입이 좋았나요?"라고도 묻는다. 당연히 돈을 벌려고 취직한 기업체 CEO라고 할 것으로 기대하지만 그렇지 않다.

KAIST 교수는 우선 기본 봉급이 높고 외부 자문과 강연 수입 즉 기타 소득이 많다. 초기에는 주거용 아파트를 제공했으므로 살집은 확보되어 있어 여분으로 아파트에 투자하여 임대 수입을 얻기도 쉬웠다. 그래서 여건에 따라 다르겠지만 내 경우 개인 수입은 KAIST 경영 대학 초빙 교수(과거 시간강사와 같은 임시직이지만 명칭만은 근사하다) 때가 종합소득 신고 액수가 제일 높았다. 강의 시간 외에는 외부 활동이 비교적 자유로웠고 2000년 초에 벤처 붐이 불어 여러 기업들이 유료 자문을 요청했기 때문이었다.

2007년 KAIST 경영대학장 겸 서울부총장 겸직 보직을 맡고서 강연, 자문 등 외부 활동을 일체 거절하고서는 수입도 줄었다. 그래도 20년 전 대우를 시작할 때부터 미국 직장과 비교하여 연체되었다던 내 임금은 한국이 선진국이 되어도 보상 받을 길은 없었다. 주식투자나 부동산 투자를 시작하면 길이 생길까?

2009년 국립 현대미술관 관장에 응모하여 선발되었다. KAIST 경영대학 특훈초빙교수직을 휴직하고(당시 KAIST 특훈 교수는 정년이 없는 종신직) 관장으로 3년 봉직했다. 친분이 있는 다른 대학 경영학 교수가 한번 비영리 기관 경영을 해보면 어떻겠느냐 하는 추천으로 시작한 일이다. 경영학 교수로는 매우 중요한 경험이었고 창의적인 사람들과 어울려 일했던 아주 보람 있는 일이기도 했다. 그러나 전직을 하여 봉급을 더 받으려는 생각은 접어야 했다.

사람들이 모여 사는 사회에 개인의 자유도 중요하지만 같이 사는 사회에서 개인들 간에 기회 균등, 평등도 중요한 덕목이다. 개인들이 자유를 양보하고 사회 공동 목표를 향해 공동으로 노력해야 개인의 자유도 확장될 수 있다. 과거 독재 정권에서는 특정 개인들의 희생을 요구했지만 부정부패가 만연하고 일부 희생의 효과가 실망적이었다. 그러니 국내 시장이 축소되면서 재능의 해외 진출이 확대되었고 시장 경쟁에 어긋나는 강제 규정도 대폭 없어지면서 재능의 가치도 평형 상태를 찾아가고 있다. 대기업의 해외 기업 M&A가 성사되면서 이런 경향이 가속화되고 있다.

단지 노동의 시장 경쟁을 제한하는 노동조합의 미래 방향에 대하여는 뚜렷한 제안들이 기다리고 있다. 대기업들의 해외 투자는 제조업 일자리 해외 이전을 촉진하고 있다. 새로 시작되고 있는 자동차용 배터리 산업과 주문형 반도체 산업이 다른 요인으로도 노동의 해외 이전 첫 사례가 될지 모른다.

우리의 왜곡되었던 근로 시장에서 자유 경쟁이 일어나야 근로 소득자들이 정당한 대우를 받을 수 있다. 개방된 세계는 한국인의 재능을 노리고 있다. 한국 젊은이들의 재능은 자신들이 아는 것보다 세계 재능 시장의 평가가 높다. 9번씩 재수하여 사법고시 합격하는 것보다 자신의 생각을 펼 기회는 의외로 많아졌다. 세계 금융계가 높이 평가하는 것은 국가 시스템이 아니라 IT 숙련도를 가지고 창의적인 생각을 하는 개인들이다. 숙련도는 국가가 평가할 수 있지만 창의적 사고는 개인들만이 할 수 있다.

분노해야 하는가

급격한 원화 환율 절하로 수출이 증가하고 무역수지가 개선되면서 우선 IMF 차관은 갚고 위기를 성공적으로 극복했다. 워낙 펀더멘탈이 좋다던 한국의 외환수지 위기는 그렇게 끝났다.

막대한 공적 자금을 투입하여 부실 기업을 정리하는 산업 구조 조정 와중에 없어진 일자리는 영원히 없어졌다. 국내 일자리의 80% 이상을 차지하던 중소기업의 일자리도 대폭 감소했다. 상대적으로 시장을 독과점하던 재벌 기업들의 부채 비율은 줄어들었으나 기업 규모는 오히려 크게 성장했다.

나라의 핵심인 중산층 근로자들이 아니던가? 그들이 희생(낮았던 임금)해 가면서 만들어 놓은 일자리는 사라져 가는데 미래를 향한 대책은? 대우그룹은 처음부터 해체를 하려던 것이 아니라 막대한 공적 자금을 투입하고 경영진을 개편하여 살리려 하던 것이 그리 되었다. 충격은 완화되었지만 결국은 와해되어 투입된 공적 자금은 아직도 회수 중이다. 정부 주도의 민간 기업 혁신은 실패로 끝이 났고 많은 일자리가 없어졌다. 전직을 한 사람들도 있고 영구히 은퇴한 사람도 있으나 일자리가 대폭 줄어든 것이 틀림없다.

노동조합들은 대기업을 상대로 노사 협상을 할 수밖에 없었고 근로 임금은 계속 상승했다. 근로자 간에도 임금 격차가 심각한 정도로 벌어 졌다. 저임금 노동을 동남아에서 수입하면서 다문화 가정 문제도 발생 했다. 그들이 기술을 습득하고 난 후 귀국하면서 기술 이전의 효과가 발 생했다. 많은 중소기업들이 이 노동력을 따라 해외로 이전하고 있다.

IMF 경제 위기 진행 과정에 대한 역사적인 기술은 많이 발표가 되었 으나 비슷한 위기를 반복하지 않거나 위기 극복의 최선책에 대한 반성 은 없다. 없어진 일자리를 어떻게 새로 만들 것인가?

노무현 정부의 동북아 경제 중심 구상은 젊은 세대에 새로운 일자리 를 마련하는 것이었다. 2003년 추진위원회는 금융허브$^{Financial\ Hub}$를 구 상하여 한국은행 외화 보유고에서 일부를 풀어 투자 재원을 만들기 위 해 한국투자공사 설립을 추진했다.

물류 허브$^{Logistic\ Hub}$를 구상하여 인천공항을 동북아 허브 공항으로 만들었고 부산 항만을 일본과 중국을 향한 물류의 환적$^{換積;\ Trans\text{-}shipment}$ 시설로 투자를 유치했다.

기술 허브$^{Technological\ Hub}$를 구상하여 KAIST에 움직이는 사무실을 위 한 무인^{無人} 자동차 연구소를 설립했다. 동북아의 중심 국가에는 투자가 몰려들고 지식 정보 일자리가 생기고 인력의 재교육으로 인적 자본이 생성된다는 계획이다.

단임직 대통령의 관심사는 다음 선거와 퇴임 후 업적 평가였다. 보수 유권자들의 관심사는 경제 성장, 일자리보다는 부정 부패, 권력 남용에 대한 적폐 청산이었다. 군사 정부 독재의 반작용이 미래를 생각할 수 없 게 만들었다. 보수냐? 진보냐? 정권 색깔은 친미, 반미로 나누어졌다. 그 동안에 우리 수출 시장은 미국에서 중국으로 이전되었다. 수입도 일본에서 중국으로 이전되고 있다. 절대적으로 중국 의존도가 높아졌다.

우리가 분노해야 할 이유는 우리끼리의 빈부격차가 아니라 줄어들어야 할 주변 국가 영향력이 더욱 커지고 있다는 점이다. 농민의 난을 일본 군대가 와서 진압하더니 어떤 사태가 벌어졌는지 보지 않았는가?

대기업들의 노사 분규는 계속 커지면서 제4차 산업혁명의 인력을 절약하는 인공지능^{AI} 투자는 급속히 증가하고 있다. 그러나 제4차 산업혁명은 이론가들이 얘기하는 것처럼 기적같이 갑자기 오는 것이 아니다. AI가 인력을 대치하기 위해서는 작업 방법을 학습$^{Deep Learning}$해야 한다. 학습을 하려면 빅 데이터가 모아져야 한다. 그리고 끊임없는 시행착오 반복연산을 해야 한다. 그래서 생산적 활동을 하는 데까지 투자가 막대하고 시간이 걸린다.

선진국들은 일자리를 유치하기 위해서 거대한 투자 경쟁을 하고 있다. 국제 경쟁에는 정해진 규칙이 없다. 기업들은 생산성을 높이기 위해서 자동화에 적극 투자하고 있다. 일자리를 만든다며 자금 지원을 요청하던 정경 유착의 시대는 지나갔다. 이제 기업의 목표는 국제 금융계에서 인정하는 수익 경쟁력이다. 그들은 미래를 보고 인력을 줄이는 기계화에 자금을 투입한다. IMF 위기를 극복하고 나서 개인들의 일자리는 각자도생各自圖生이 되어버렸다.

국민 정서가 아니라 합리적인 사고가 필요하게 되었다. 내 일자리는 흥분하지 말고 차분히 생각해야 보이게 되었다. 우린 이제 선진국이 되었다. 그것이 의미하는 것은 어떤 정부이던 정부가 관여하면 비효율성이 증가하게 되었다는 것이다. 기업은 내부 종업원들의 이해가 상반하는 것을 타협하면 되고 그것도 기업의 목표는 항상 분명하다는 전제 조건이 성립하는 경우이다. 그러나 국가는 다르다. 국민들의 타협 범위도 대폭 증가했고 국가의 목표에 대한 국민들의 생각도 다양하다.

그러나 냉정하게 경쟁력만을 평가하는 세계 금융계 시선이 곱지만 않다. 현실은 정책이 의도한 바대로 변하지 않는다. 현장의 세부 사항이 더욱 중요하게 다루어지기 때문이다. 세부사항의 성패를 가름한다.

제 3 장

차별화된
Korea-Tech

기업 문화와 품질 관리

오디오 전문 수출회사로 출발한 대우전자는 1982년 내가 사장으로 부임하던 시기는 운영을 중단하고 산업은행이 관리하는 기업이었다. 김우중 회장은 이미 부도난 기업을 재가동해 보겠다는 나를 말렸다.

고정 자산이라고는 공장 건물과 납땜 설비 그리고 컨베이어 벨트가 전부인 회사이다. 한때는 1천2백여 명의 현장 사원 그리고 20여 명의 사무직원이 하루 3천 대 이상의 오디오 상품을 생산하여 해외로 수출했다. 운영자금은 L/C를 선先 네고Negotiation 하여 충당했다. 소위 수출금융으로 돌아가던 회사였다.

그러다가 품질 불량으로 인해 L/C를 제때 받지 못하고 부품 업체 대금으로 발행한 어음을 결제하지 못하여 부도가 났다. 시중 이자가 월 30%에 달하던 시대의 기업은 정책 금융을 받지 못하면 운영이 불가능했다. 그 시대의 수출금융 조건은 대출 기간 1~2주, 이자 연 12% 정도였고 기간 연장은 매우 예외적으로 은행장 재량에 의해 정책적으로 결정되었다. 모든 것이 순조로우면 기업 수익률은 18%가 되는 셈이다. 당시 기업의 평균 수익률이 12~13%이면 수출기업은 5% 높았다. 신생 기업인 대우실업은 기업의 유보 자산이 없어 모든 절차에 실수가 하나도 없이 완벽해야 했다.

상품의 품질 AQL$^{Accepted\ Quality\ Level}$은 1.5%였다. 1백 대 중 1.5대의 불량은 용납한다는 의미다. 300대 이상 생산하여 로트^{Lot}를 구성하고 그 로트에서 5~10대 정도를 무작위로 추출하여 샘플링^{Sampling} 검사를 한다. AQL 1.5%를 맞추기 위해서는 샘플을 T-분포$^{Student\ T-distribution}$에 의거 임의로 몇 대를 선택하여 성능 미달하는 중대 불량, 외관에 흠집 생긴 경미 불량을 각각 정해진 대수로 한정한다. 만약 샘플 검사에 불량 판정을 받으면 롯트 전부를 재 작업하여 다시 검사를 받는다. 이것이 당시 품질 관리 시스템이다. 절차 자체도 바이어 인증을 받아야 했다.

한국 TC$^{Tandy\ Corporation}$는 미국 회사의 하청 공장이었다. 점심시간 직후에 방문한 나는 한 그룹의 여종업원들이 공장 바닥에 발을 비비면서 당시 유행하던 트위스트 춤을 추게 하는 것을 보았다. 땀을 흘리며 춤을 추는 여성 근로자에게 물었다. 일하는 것도 힘든데 춤까지 추면 얼마나 더 힘드냐고? 회사에서 억지로 시켜서 하는 것 아니냐고 물었다.

"빵 한 개로 점심을 때우고 나면 허기가 져 못 일어나요. 이렇게 춤을 추는 동안 허기를 잊어버리고 오후 일을 할 수 있는 힘이 생기는 것이에요."

옆 공장에서 라디오를 생산하여 일본 소니에 납품을 하던 한국전자 현장 사원들은 모두가 예수교인이었다. 불량품을 만들면 하느님께 죄를 짓는 것이란다. 그 회사 사장은 독실한 기독교인으로 자선 사업도 많이 한다고 했다. 배고픔도 종교의 힘으로 해결했다. TQC, JIT 그건 예쁘게 꾸민 도시락을 먹는 일본 사람들이나 하는 것이었다.

종업원들은 회사 현장이 일터였고 삶의 현장이었다. 직장에서의 일이 삶의 전부였다. 그리고 그 회사들은 일본 회사들을 능가하는 품질을 달성하고 있었다. 무엇을 한국 사람들의 품질이라고 해야 하나? SPC도 아니고 TQC, JIT도 아니었다.

"그래 우리 품질은 시스템이 아니라 개인 사람들이야."

대우전자는 어두운 공장에 불을 켜고 현장 사원을 모집하여 훈련시키고 일본 회사 깃쇼(企商)의 임금 하청으로 시작했다. 깃쇼의 물량을 받아오는 것은 당시 김준호 전무의 담당이었고 재무, 자재 조달은 김종근 상무가 담당했다. 영업이나 자재 조달은 소수의 인원이 24시간 근무하면서 차질을 방지했다.

그러나 인원이 많던 생산 현장은 달랐다. 민학기 과장이 담당했다. 한때 1천 명이 넘어가던 여성 근로자들은 대부분이 전라도에서 취업하기 위해 경인지방으로 이주하여 단칸방에 6명씩 합숙을 하면서 회사에 출근하고 있었다. 민 과장이 유일한 전자 공장 기술자였다. 매일매일이 바이어 측 품질 검사원과 전쟁이었다. 로트 검사에 불합격을 맞으면 불량품 로트가 쌓여 신규 생산을 할 수 없었다. 무조건 재 작업 없이 출하가 되어야 다음 날 생산이 된다. 그리고 수출금융 결제가 된다. 품질은 기업의 현금흐름을 좌우했다.

인천 주안의 대우전자 공장 동편에는 린나이가 있었고 서편에는 새한미디어가 있었다. 근처 노동자들은 반정부 시위를 하면서 확성기에 대고 "대우전자 나오라"라고 외쳤다. 현장 사원들은 그저 묵묵히 생산을 계속했다. 내가 일을 하여 월급을 받아야 시골에 있는 동생이 학교를 갈 수 있기 때문이라고 했다. 작업을 거부하면 쥐꼬리만한 봉급도 없어져 당장 생계에 위협을 받았다. 굶주림 속에서 무엇이 정의인가? 다음 달 봉급을 받으려면 회사가 존속해야 하고 회사가 부도나지 않으려면 품질 검사에 합격해야 했다. 천 여명의 현장 종업원이 힘을 모아야 하는 이유이다. 한 사람이 한눈 팔면 천 명이 일자리를 잃는다.

허기져 생각도 흐릿한 어린 여사원들에게 TQC 하자고? 사장인 나는 할 말을 잃었다.

사장이 나서서 PCB^{Printed Circuit Board} 납땜 상자에서 납똥(산화 납)을 제거하여 녹은 납을 담는 상자를 깨끗이 했다. 납 증기가 퍼지지 않게 환기 속도를 높였다. 컨베이어 벨트가 제대로 돌아가게 새로 정비를 했다.

그러고는 한 끼 점심이라도 맛있고 깨끗하게 준비했다. 식기도 깨끗하고 예쁜 것을 마련했다. 저녁 잔업 시간에 지급하던 빵에선 방부제 냄새가 심했다. 식당 옆에 빵 공장을 새로 세우고 방부제 없는 빵을 새로 구워 공급했다.

그게 공학박사인 사장이 회사를 위해 한 일의 전부이다. 사장은 품질 관리 이론을 아는 척도 안 했다. 그것은 현장 사원들이 몸으로 더 잘 안다. 당시 우리 민주주의는 개인의 인격을 존중할 여유가 없었다. 현장 사원들의 작업에 대한 권위를 위해 사장이 아는 척하고 작업 실수를 지적하면 안 되었다. 작업 실수는 현장 사원 스스로 인식하여 고쳐야 지속적일 수 있었다.

모두들 출근하면 공장 불을 모두 끄고 캄캄함 속에서 15분간 KBS 아나운서의 목소리로 시 낭독을 들었다. 오늘도 기도하는 마음으로 불량이 없기를 기원했다. 그리고 생산을 시작했다. 일단 시작하면 빠른 속도로 돌아가는 컨베이어 벨트 때문에 다른 생각을 할 겨를이 없었다. 이건 품질 관리 시스템이 아니라 개인들의 생존을 위한 투쟁이었다.

그해 말 대우전자는 바이어들로부터 품질상을 받았다. 그리고 L/C$^{Letter of Credit}$가 몰려들어 생산을 더하라고 했다. 사장은 제품 값을 올려서 봉급을 올렸다. 현장 근로자들 중 은퇴하는 사람들(전 종업원의 1%)을 임의로 선택하여 미국 관광 여행을 보냈다. 미국 백화점에서 일본 상품과 대등하게 팔리고 있는 대우전자 제품을 관람하고 오라는 여행이었다.

그리고 대우전자는 당시 삼대 가전 업체의 하나였던 대한전선 가전 사업부를 인수했다. 대우전자는 바로 규모가 5배나 커진 종합 가전 업체가 되었다. 대량 생산은 <학습 곡선 효과$^{Learn Curve Effect}$>를 이용하기 위해서 생산량을 증가시켜야 한다. 그러면 생산 원가는 떨어지고 수익성이 높아진다.

당시 우리 금융은 군사정부가 관장하는 관치 금융이었다. 대우그룹에 속하지 않으면 대우전자의 금융은 불가능했다. 대우전자의 일자리는 대우그룹 속에서 만들어진 것이다. 군사정부가 독재를 하는 속에서도 품질에서는 개인의 창의성을 존중함으로써 세계 최고 품질을 달성했다.

품질 기술

현장 작업자 모두가 뭉쳐서 만든 일자리인데 민주화 한다고 형평성의 문제로 그 어렵게 생긴 일자리마저도 없애 버리고 있다. 일자리는 정부가 또는 기업가가 투자한다고 저절로 생기는 것이 아니다. 작업자들이 자기 의지로 경쟁력 있는 일을 하려고 해야 생기는 것이다. 정부나 기업이나 현장 사원들 스스로가 일을 하겠다는 의지를 마련해야 일자리가 생기는 것이다.

경제 성장에서 실패한 북한이 반면교사로 옆에 있다. 미국의 지원을 받아 아시아의 부국이었던 필리핀도 이제는 빈민촌이 되어버렸다. 베네수엘라는 어떠한가? 한강의 기적은 재현할 수 없어서 기적이 아닌가? 현장 작업자들의 상호 협력은 경영 시스템이 아니라 문화, 예술이었다.

인류가 협동하여 살기 시작하면서부터 개인들의 능력 차이에 대한 보상차이는 문제가 되어 왔다. 대량생산 시대에는 효율성을 위하여 형평성은 시비의 대상이 되지 못했다. 미국식 능력주의이다. 독일의 평생 고용, 장인주의는 고가품 시장을 목표로 하는 소량 생산으로 차별화를 했다. 뒤 늦게 시작한 일본의 생산은 절약형 저가 상품이 중심이었다.

1970년대 오일 쇼크 이전까지 일본 상품은 미국 백화점 지하 층에서 저가 세일 상품으로 팔렸다. 1차, 2차 오일 쇼크가 이어지면서 동남아 수출품이 미국 시장의 점유율을 높여가면서 일본 기업들은 품질 관리를 차별화 이미지로 내세웠다.

데밍의 SPC$^{\text{Statistical Process Control}}$를 원조로 하는 일본의 TQC$^{\text{Total Quality Control}}$이다. 인건비가 상승하면서 일본 기업들은 한국, 대만으로 생산 기지를 이전하면서 TQC를 전수하려 했다. 그러나 TQC는 일본의 생활 문화와 밀접한 관계가 있어 한국에서는 효과가 적었다. 동시대에 미국의 일본 상품에 대한 수입규제가 강화되었고 한국은 미국의 수입 쿼터제를 이용하여 수출을 확대했다.

미국 수출 시장의 큰 변화는 전자 제품에서 자동차 그리고 자동차 부품으로 품목이 변하면서 과거 AQL$^{\text{Acceptable Quality Level}}$ 1.5%가 ppm$^{\text{Parts per Million}}$으로 계산하는 6시그마^{Sigma}로 변했다. 일본의 TQC가 독일의 장인주의로 변해야 했다. 동시에 대량 소비를 위한 대중 상품이 대량으로 요구되었다.

한국의 독자적인 대안은 강력한 현장 문화였다. 이 배타적인 문화를 내부에서 공유하지 않고는 투자 초기 가동률을 단 기간 내에 상업적 수준으로 올릴 수 없었다. 오차로 정답을 찾아 가는 과정은 개인이 직관을 가지고 단시간 안에 시행착오를 많이 해보는 방법이다. 직관이 생기기 위해서는 같은 일을 하는 사람끼리 토론을 하는 것이 도움이 된다.

직관을 대니엘 카너먼$^{\text{Daniel Kahneman}}$은 'Thinking Fast'라고 했다. 이것이 한국 현장의 생활문화이다. 반도체, LCD와 같은 투자가 많고 상업적 가동까지 시간이 많이 걸리는 사업에서 한국은 세계 최고의 경쟁력을 달성했다. 기술이 아니라 생산 현장의 생활문화가 다르다.

나노 단위의 품질 관리와는 다르게 수 백 밀리메타 단위의 품질 관리는 어떠한가? 조선소의 선박 건조에서 발생하는 품질 관리 문제이다. 선박, 해양구조물 건조에서 정확도 역시 경험 축적으로 정답이 생기는 것이 아니라 오차로 정답을 만들어 나가야 하는 경우이다. 오차를 효율적으로 한다는 것은 정답 근처의 시행착오를 단시간에 많이 하는 것이다. 직관Thinking Fast을 이성Thinking Slow으로 수정해 나가는 과정을 효율적으로 하는 것이다.

개인들의 자부심이 필요하고 인내가 필요하다. 그리고 협업을 하는 동료와의 대화가 필요하다. 그리고 서로 존중해주는 직장 문화가 필요하다. 아무리 TQC를 강조해도 개인들의 정성이 들어간 상품의 품질을 만들지 못한다. 대량 생산품의 품질도 세부 사항에서 차이가 나는 세상이 되었다. 경험 있는 소비자는 그것을 인지한다.

군사 독재라는 사회 속에서 우리는 세계적인 품질을 만들어냈다. 조직 속에서 강압적 지시가 아니라 작업자 개인이 독자적인 방법으로 달성한 것이다. 중화학 공업이라는 핵심 고용 직장에서 일어난 것이다. IMF 위기에서 빚을 갚기 위해 고용을 줄이고, 노동조합이 주장하는 임금 인상을 위해 신입 사원을 덜 뽑고, 세제 혜택으로 반도체 공장을 중국, 미국으로 이전하고 탈 원전을 위해 태양열, 풍력으로 에너지 원을 교체하는 등등 우리의 현장 문화는 획기적으로 변하고 있다.

우리 생산품의 품질은 우리 생활 문화에서 온 것이라면 지속 가능성이 있는 것인가?

포드 자동차의 품질은 현장 근로자들이 자동차를 타기 시작하면서 품질이 획기적으로 개선 되었다가 노사분규가 터지기 시작하면서 일본 자동차 품질보다 뒤지기 시작했다.

민주화된 우리 현장에 노동조합의 영향이 커지고 있다. 노동 운동은 무엇을 달성하고자 하는가? 임금 인상인가? 노동 복지 향상인가? 일자리 지속 가능성인가?

'탱크주의' 소비자 마음에 품질 심다

김우중 회장은 "가전품도 탱크처럼 튼튼하게 만들 수 없어?"라고 하면서 나를 품질 전문가로 1991년 대우전자 사장으로 발령을 냈다.

1982년 대우전자를 떠나 9년 만에 재 취임한 셈이다. 대우자동차 부품 사장 시절보다 실질 봉급은 줄었지만 종업원 수는 대폭 증가한 기업을 경영하는 CEO가 되었다. 1982년 초창기처럼 대량 생산품의 품질은 현장 근로자들로부터 나온다. 내가 아니라 그들이 전문가다. 그들이 하고자 하게 만드는 것이 사장의 역할이다.

김우중 회장과 나의 주인-대리인 관계도 크게 변했다. 대우그룹에는 운영위원들이 각자 사업을 분업하여 독자적인 경영을 한다고 했다. 내가 맡은 가전 사업은 경쟁 선두 기업 LG전자와 삼성전자가 국내 시장을 각각 40%씩 80% 이상을 점유했다. 당시 대우전자는 시장 점유율이 10% 미만인데 부채비율도 높아 수익률을 대폭 개선하지 않으면 부도 사태에 갈 위기 상황이었다.

1982년 대우전자가 작은 오디오 수출업체일 때는 일본 소니 오디오 상품보다도 품질이 좋다고 했는데 과연 통계학적 품질관리^{SPC}로 품질 수준을 올릴 수 있는가? 품질관리 담당 유동수 이사는 통계학적 데이터를 축적하여 상공부로부터 품질관리 대상을 받았다. 그러나 GM의 맥도널드^{McDonald} 사장의 말대로 품질은 통계학적 수치가 아니라 '소비자의 마음속'에 있는 것이다.

과연 시장 점유율 10% 미만의 대우전자가 어떻게 LG, 삼성전자 같은 거대한 경쟁사들을 제치고 품질에서 소비자의 맘을 사로잡을 것인가? 통계관리$^{Statistical\ Process\ Control}$는 사후 약방문이 아닌가?

냉장고는 움직이는 부품이 철통 속에 들어 있는 일체형 모터 압축기 뿐이고 냉동고 뒤 편에 위치해 있다. 사용자의 눈에 띄지 않고 소음도 적다. 그러나 세탁기는 세탁물이 들어가 있는 세탁 통이 움직이기 때문에 소음도 크고 고장도 자주 난다.

세탁기는 전남 하남 공단에 있는 대우전자 광주공장에서 제작했고 냉장고는 인천공장에서 생산했다. 광주 하남공단은 정부가 지정하여 크게 건설을 해 놓았는데 입주 업체가 적어 텅 비어 있었다. 김우중 회장이 광산 김씨라는 연고를 가지고 대우전자와 대우캐리어, 대우모터가 공장을 지었고 대우전자의 구미 공장보다 일반적으로 경험이 부족해 작업자들의 정확성은 떨어졌다.

광주지방은 5·18 민주화 운동으로 반 군사정부 정서가 강했고 내가 부임한 1991년은 군사 정부가 물러간 뒤 문민정부가 들어서려고 선거 운동이 시작된 해였다.

전임 사장은 건물 외관부터 깨끗하게 새로 건설했고 공장 기계 배치도 현대식으로 했으며 인원 채용도 공개적으로 공정하게 하였고 훈련도 철저히 했다. 공기방울 세탁기 제품 설계도 경쟁사와 차별화하여 우수했다. 그리고 정부의 품질대상도 받았다. 그러나 판매 현장에서 상품 품질 불량 회수율은 비교적 높았다. 그것이 회사 원가에 미치는 영향이 컸다.

그러나 당시 소비자나 생산자들 마음속에는 대우전자 공기방울 세탁기가 없었다. 그냥 세탁기를 만들어서 팔았고 세탁기를 구입하여 빨래를 했을 뿐이다. 품질은 소비자 마음속에 있는 것이라 했는데 내가 만든 세탁기가 소비자 마음속으로 들어가는 방법은 아무도 얘기하지 않았다.

생산자에서부터 소비자까지 마음을 엮어야 한다. 세탁기를 가지고 서울 사는 주부 김 선생과 하남 공장 현장 이 사원과 한마음이 되려면? 나는 일본 가전회사 히타치, 도시바를 이기려고 하고 있었다.

나는 현장 근로자들을 100명씩 조를 꾸며 근로자 임금이 어떻게 생기는지를 30회 이상 90분간 설명했다. 세탁기 속의 퓨즈 하나가 녹아 내리면 회사에 얼마의 비용이 발생하고 임금 줄 예산이 얼마씩 줄어드는가를 자세히 설명했다. 공감대를 조성하는 데는 도움이 되었는가?

그러고는 지방 유지를 찾아가 광주 지방에서 대우전자가 하려는 사업을 설명했다. 당시 광주 MBC 김포천 사장은 전라도 정서를 설명하면서 적극 도와주었다. 그러나 2년간 목이 쉬도록 떠들어도 별 효과는 나타나지 않았다. 내 스스로가 잘 살고자 하는 것이 아니라 해코지한 사람에게 한풀이하는 것만이 목적인 사람들에겐 할 말이 없었다. 그 시기 광주의 시대 정신Geistzeit이었다. 대안은 공장을 이전해서 다른 사람들을 고용하고 생산하는 것이다.

고민 끝에 최종으로 공장을 이전하기 전에 기업광고를 설계하여 우선 소비자를 직접 설득하고자 했다. '대우전자 가족' 광고에서 시작하여 <탱크주의> 광고로 이어진다. 나는 우선 시장점유율 40%대 경쟁사들에 비교하여 10%밖에 안되던 광고비를 대폭 증액하여 경쟁사의 절반 정도는 투입하기로 결정했다. 매출 대비로는 경쟁사의 두 배가 되는 셈이다.

소비자의 시선을 끌려고 경쟁사와 전혀 반대 방향의 주장을 했다. 광고 디자인은 신인들로 구성한 팀에게 맡기며 창의성을 강조했다. 당시 소비자들에게 매력 있었던 가전품 광고 주제는 첨단 기술 퍼지Fuzzy 로직Logic이었다. 일본 회사들의 발상이었다. 에어컨 조절 기능에 사용하는 이론이다. 나는 그냥 소비자가 뜻도 모르는 퍼지 기술이 아니라 탱크주의라고만 했다. 튼튼해서 고장이 안 나는 것이 중요하다고 했다. 가전품이 고장이 없어야 한다는 건 당연한 것 아닌가?

간단한 퓨즈 하나라도 녹아 내리지 않게 설치하는 것이 우선해야 할 일이라 생각했다. 사장인 내가 TV에 직접 출연하여 그냥 튼튼하고 편리한 제품이라고 했다. 그것을 <탱크주의>라고 했다. 나의 광고 모델 연기도 서툴렀고 사용한 단어들도 투박했다. 한마디로 세련 감이 없었다. '탱크'라는 단어도 친근감이 없었다. 그러나 광고 물량은 전보다 훨씬 증가했다.

30대, 40대 주부들이 세탁기를 사는 고객이다. 경쟁 업체는 첨단 기술로 만든 퍼지 조정기가 달려 있다고 했다. 다른 경쟁 업체는 '인간공학Human Engineering'을 했다고 주장했다. 하이 터치High Touch 대신에 새로 나온 대우전자 탱크주의 광고는 인기도에서 최고에 올랐다.

무엇이 주부들을 설득했는가? 우선 품질 지수가 좋아졌고 매출도 급격히 증가했다. 탱크주의 기적이 일어났다. 광고는 그냥 기본으로 돌아가서 제품 품질이 좋아 10년을 써도 고장이 안 난다고만 했다.

가전품의 구매 결정은 대부분 가정 주부의 몫이었다. 주부들은 어떤 남성을 좋아하는가? 젊은 여성들은 생활능력이 있고 여성에게 친절하게 상대해주는 남성에게 성적 매력을 느낀다는 것이 당시 출판된 <US World News & Report> 잡지 기사로 실렸다. 그래서 광고에 처음 출연하는 대우전자 사장을 지성과 친절을 특징으로 표현하도록 설계를 했다. 성적 매력과 동시에 '엄친아'의 이미지를 부각 시켰다. 같이 출연하는 유인촌 배우가 당시에는 최고로 인기가 있었다. 탱크주의 광고는 TV 시청률에서 최고를 기록하였고 대우전자의 인지도는 높아졌다.

1981년 대우전자 시절 여성 사원들에게는 '가족들이 먹고 사는 것'이 가장 중요한 문제였으나 1991년 대우전자 여성 고객들의 관심은 '잘 낳고 잘 키우자는 자식 교육'으로 변했다. 시대의 변화를 읽고 코래드, 오길비 마더Ogilvy & Mather 광고 회사들과 논의를 거쳐 설계한 광고이다. 30초 광고에서 집약적 연기는 광고 출연이 처음인 나에게는 불가능했다. 코래드 제작진들의 창의적인 작품이다.

그리고 나의 광고 모델 출연으로는 상상하지 못했던 결과를 거두었다. 당시 인기 배우 최진실, 유인촌의 인기를 넘어섰다. 최장 6개월을 간다는 소비자 기억 면에서도 탱크주의 광고를 20년이 지난 지금도 기억하는 나이든 소비자가 많다. 우리는 모두 교과서대로 창의적인 사고를 했을 뿐이다. 나의 전공인 '문제가 무엇인가? 해결책이 어디에 있는가?'이다.

당시에는 소비자들뿐만 아니라 대우전자 현장 사원들까지 광고에 긍정적인 반응을 보여주었다. 국산품을 애국심으로라도 사용해야 한다는 시대였다. 애국심이 아니라 국산 세탁기라도 "내가 쓰기에는 가장 좋은 세탁기야"하는 자부심을 심어주려 했다.

현장 작업자들 입장에서도 자기가 퓨즈 하나 잘 꽂아 세계 제일 가는 세탁기를 만들 수 있다는 것은 콧노래가 나오는 즐거운 일이다. 퓨즈를 잘 꼽는다는 것은 세부적으로 보면 여러 가지 변화가 있을 수 있다. 그러나 개인에게 재량권을 주면 사람들은 창의성을 발휘한다. 칭찬은 고래도 춤추게 한다. 켄 블랜차드^{Ken Blanchard}의 책 제목이다. 나는 사장으로서 우리 회사 모든 직원들을 칭찬할 만한 일만을 찾아내기 시작했다.

세탁기의 탱크주의는 다른 제품에도 확산되었다. 1995년 〈Fortune〉 잡지는 세계에서 가장 존경 받는 10대 기업에 대우그룹을 전자 분야에 넣어 선정하였다. 대우전자는 매년 30% 넘게 성장을 했다. 대우전자의 설계기술이 획기적으로 좋아져 경쟁사 제품보다 성능이 뛰어났는가? 소비자는 성능이 아니라 기업 이미지로 상품 선택을 했다.

기술 혁신은 시장 경쟁력의 한가지 핵심 요소이다. 생산자가 소비자 속에 들어가는 감정이입^{Empathy} 중심이 되었다. 디자인 씽킹^{Design Thinking}이라 하던가? 대우전자 사장이 생산자와 소비자를 연결하려고 한 모든 활동이 공학 설계이다. 문제가 무엇이고 이 문제의 해결책은 무엇인가?

설계 기술

자유롭다 보면 개인들 간에 격차가 크게 벌어지니 사회적으로 자유를 제한하여 평등을 강조한다. 협력하는 공동 사회를 만들려면 최적화가 필요하다. 최적화는 그 환경과 시대에 맞게 하는 것이다.

언제나 유효한 정답은 없는 문제이다. 그게 민주주의이다. 자유경쟁 시장 경제는 오히려 그 격차를 벌려 개인들에게 동기를 부여한다. 민주 선거가 아니라 아니라 쿠데타로 집권한 군사정부의 편향된 시각은 당시 여건에는 맞아 떨어져서 후진국에서 선진국으로 부상하게 만들었다. 그러나 집권 세력이 정책은 수립했다 하더라도 현장 작업을 열심히 한 한국 개인들이 경쟁력 있는 일을 해서 선진 경제를 만든 것이고 그 선진 경제는 향후 발전에 발판이 되는 것이다. 돈을 번 것이 중요한 것이 아니라 돈을 벌 수 있는 발판을 만들어 미래 발전 기틀을 만들었다.

문제를 정의하면 문제에 대한 해결책이 있다. 기계 설계 기법이다. 설계자가 소비자 속에 들어가 소비자가 원하는 상품을 정의하고 그 문제의 해결책을 설계자가 주관적으로 찾아 내는 것이다. 감정이입Empathy이다.

과거 한국식 설계는 일본 상품을 복사하는 것이었다. 소비자의 생활 수준이 높은 미국 소비자의 요구조건을 충족 시키고 동시에 저가 생산이 가능한 설계가 일본식 설계였다. 그러나 대부분의 설계는 부품, 원자재, 인력 등 외부 여건에 의하여 한정된 선택을 하였다. 문제는 수출품이기 때문에 새롭게 정의할 필요도 없었다. 문제가 같으니 해답도 같으려니 했다.

그러나 설계 외부 여건이 달라지면서 같은 문제에도 다른 해답이 필요했다. 한국 기업에게는 치명적인 높은 이자율 때문에 '빨리빨리' 해결하는 것이 무엇보다 중요했다. 상품 설계보다는 외국 상품을 구입하여 리엔지니어링Re-engineering하는 스킬이 필요했다.

일본을 선두로 아시아지역 4룡(한국, 홍콩, 대만, 싱가포르)이 그 뒤를 이어 미국 상품의 저가 생산 기지가 되었다. 1차 오일 쇼크 이후에 연료 효율 높은 일본 소형 자동차가 많이 팔리기 시작하면서 일본 자동차가 차별화를 시작했다. 연료 효율, 소형, 경량 등에서 시작한 차별화는 내부 장식, 운행 소음, 진동, 가속, 제어, 환기 공기 조화 등 자동차 세부 사항에 대해 모두 차별화 설계를 하여 소비자 만족도를 높이려는 노력이 시작되었다.

상품 설계가 독립적인 기술 분야로 전문가를 양성하기 시작하였다. 여기서 해결책을 도출하고자 하는 문제가 무엇인가? 미국 고객의 니즈Needs에 맞추는 일본식 디자인이다. 미국식 문화를 소형화, 효율화한 혼다자동차가 시장 점유율을 높였고 일본 전통 문화를 강조한 도요타가 다음으로 시장 점유율을 높였다.

일본 모델의 저가화로 시작한 한국 자동차는 유럽 디자이너들의 도움을 받아 미국 시장에서 차별화하는 모델을 출시하기 시작하였다. 한국 자동차 회사들은 기본으로 돌아가서 인간의 니즈에 대한 합리적 해결책과 가격을 제시하는 것으로 기본 시장을 공략하고 있다.

세계가 제로 탄소 시대로 가면서 일본의 연료 효율을 극대화한 하이브리드 엔진과 차별화하여 한국은 전기차, 수소차에 중점을 두고 있다. 한국식 설계 기술을 확립하고 있는 단계이다. 기능 중심의 기계 설계, 미학 중심의 산업 설계에서 시작하여 상품의 경쟁력 중심의 공학설계로 발전하더니 이제는 모든 분야에서 디자인 싱킹을 더욱 강조하고 있다.

신지식인상 받은 집배원

한국적 기술 개발은 출연 연구소나 과학 기술계 대학보다는 현장에서 일어났다. 기술 개발이 지속적으로 일어나려면 최소한의 정부 규제 안에서도 거래가 자유스럽게 일어날 수 있는 시장이 있어야 한다.

IMF 위기를 벗어나기 위해서 중앙 정부의 인원을 20% 감축하라는 명령이 떨어졌다. 공무원 숫자를 같은 비율로 줄이려면 가장 피해가 큰 부처가 철도청과 우체국이다. 당연히 공무원 노조에서는 반대 시위를 했다.

당시 정보통신부 장관이었던 나는 진념 기획예산처 장관에게 전화를 했다. 무조건 인원을 20% 감축하라는 얘기는 부당하다고 항의를 했다. 그는 한국노총 소속의 우체국 직원 숫자가 많아 시범적으로 시행을 해야 다른 부처도 따라 할 것이라 했다.

"인원을 20% 줄이는 것보다 일을 30% 더하면 어떨까요?"

우리나라 역사상 처음으로 민간 기업 전문 경영인이 정부 부처의 장관으로 발탁된 사람의 이야기다.

"내가 배 장관과 개인적으로 잘 아는 사이이니 얘기지만 정부는 개인 기업과 달라요. 지금 현재 정부가 더 할 일감도 없거니와 정부의 역할도 줄여야 하니 인원을 줄이는 것만이 IMF 위기를 극복하는 길입니다. 수출하는 기업은 당연히 수출을 늘려야 하니 고용을 더 하고 생산을 확장하는 것이 당면 과제라 할 수 있지요.”

국가 재정을 책임진 진념 장관의 입장은 단호했지만 나는 토를 달았다. “우체국을 민간기업처럼 효율적으로 운영하면 수출 증가에 따를 국내 물류도 담당할 수 있을 것입니다. 제가 한 달 안에 구체적인 계획을 가지고 설명을 할 터이니 그 계획이 타당하지 않다면 인원을 줄이겠습니다.”

물류는 교통부 소속이었기 때문에 우선 교통부에서 철도노동조합과 해결하고 난 후에 정보통신부가 체신노동조합(체신노조)과 타협하는 것이 정부의 인원 감축 정책을 시행하는데 유리하다고 주장했다. 그래서 우선 체신노조의 집행을 한 달 정도 연기하기로 허락 받았다. 동시에 체신노조가 속해 있던 한국노총과 협의하여 거리에 나서 반대 시위를 하더라도 철도노조의 방향 결정을 보고 난 후에 하도록 협의했다.

이것도 손자병법인지는 모르겠으나 그리스, 영국 등 우리보다 먼저 IMF 차관을 도입한 나라들의 사례에서 본 것이다. 분노하지 말고 차분히 생각해야 길이 보인다.

나는 전국 우체국장과 체신노조 간부들을 중소기업 진흥회 연수원에 소집하였다. 그리고 진념 장관과의 논의를 공개하면서 20% 인원 삭감과 30% 무임금으로 일 더하기 중에 양자택일을 할 수밖에 없는 입장 설명을 했다. 모두들 일감만 있으면 30% 일 더하는 것은 문제가 아니라고 했다.

비전을 공유하면 조직이 결속된다. 일단 실직하면 영구히 우체국에는 돌아올 수 없다고 생각하던 우체국 직원들과 장관의 비전 공유이다. 장관이 책임지고 일감을 30% 더 마련하면 인원 삭감은 없다. 이미 철도 노조에서는 인원 삭감 반대 거리시위를 시작했다.

우선 정보화부터 시작해야 했다. 국가 정보화 차원에서 전국 우체국 휴게실에는 컴퓨터가 설치되었다. 우체국 직원들이 오전, 오후 15분간 휴식시간에 컴퓨터 게임을 하는 시설이다. 컴퓨터 게임은 재미도 있지만 컴퓨터 운영에 익숙해지는 교육적 효과도 있다. 당시에는 컴퓨터를 처음 보는 집배원들도 많았다. 그들이 후에 IT 강국에 선봉장이 되리라는 것은 아무도 예측 못 했지만 한국 국민들이 컴퓨터를 세계에서 가장 빨리 익숙해져야 한다는 것을 의무감처럼 생각하던 장관은 투자 결정을 했다.

김대중 정부가 제시한 비전처럼 한국이 세계를 앞서 지식 정보 사회로 가면 디지털 격차가 심각한 문제라고 예상했다. 과거 내가 일하던 대우 회사들의 현장 사원들은 모두 첨단 기술을 쉽게 이용할 수 있을 정도로 컴퓨터 숙련도를 훈련 받았다. 숙련도는 학력하고는 상관이 없다.

그리고는 우체국 직원들 모두 일정 시간을 연수원에서 의무적으로 연수를 받아야 했다. 주요 내용은 국가의 경제 위기 상황과 그 위기를 극복하고자 하는 정부의 노력을 설명하는 것이었다. 비전 공유의 노력이다. 개발도상국에서 하던 새마을 교육도 경제 성장을 하기 위해서는 국민 모두가 자발적으로 열심히 일을 해야 한다는 설득을 한 것 아니던 가?

후에 공무원 연수원장이 된 윤은기 박사가 우체국 연수를 맡았다. 그는 교육은 강압적으로 하는 것보다 재미가 있어야 효과가 있다고 했다. 평소에 학구적이 아닌 사람들에게 특히 효과가 있는 교육 방법이다. 공부도 어느 정도 해본 사람이 재미있어하고 잘 한다. 바둑도 그러하고 테니스도 그러하다. 집배원들이 무엇을 재미있어 하나?

나는 동시에 국가 경제 위기로 인하여 경영상 어려움을 겪고 있는 민간 택배업체들의 물량을 반값에 하청을 받아 왔다. 서비스업인 물류는 인건비 비중이 높은 산업이다. 30%의 노동력을 무료로 얻고 그 노동 인력에 동기를 부여하는 것만이 우체국의 문제였다. 우편배달을 효과적으로 하기 위해서는 컴퓨터로 최적의 경로를 계산해 내야 한다. AI를 이용하는 것이다. 알고리즘이야 공학 박사들이 만들지만 그 프로그램을 운영하는 사람들은 시행착오를 통한 경험이 있어야 하고 컴퓨터 활용이 능숙해야 한다.

배달 경험과 게임으로 익숙해진 컴퓨터 기술로 우체국 집배원들은 세계 최초로 라우팅(Routing; 배송을 위한 최적의 경로를 결정) 방법을 창안해 냈고 그 방법을 이용하여 배달 생산성도 50% 증가했다. 전국 우체국에 걸렸던 대통령과 장관 사진을 내리고 그 자리에 집배원, 우체국 여직원, 장관 사진을 같은 크기로 걸었다. 그리고 집배원들은 그 일에 재미를 느꼈고 경제 위기 극복에 앞장선다는 자부심도 생겼다. 그들은 남들보다 앞서 이미 제4차 산업혁명 속에 들어갔다.

그 해 말 여의도 집배원들의 우편 배달 건수는 일인당 하루 평균 8백 건에서 1천2백 건으로 50% 증가했다. 김대중 정부는 우수 집배원들에게 '신지식인 상'을 수여했다. 신지식인으로 대통령 상을 받은 여의도 집배원 황형연씨는 본인이 은퇴할 때까지 당시 정보통신부 장관이었던 나에게 매년 추석 때면 맛있는 사과 한 상자를 보내왔다. 지금은 그 후대의 아들이 같은 선물을 보내고 있다.

쥐꼬리만한 월급은 받았지만 정부로부터 상을 받은 것은 '가문의 영광'이었을까? 정부와 집배원을 연결해 준 장관에게 왜 감사하는 것인가? 모두들 애국심으로 살기 좋은 사회로 만들기 위해서 서로 대등하게 자기 책임을 한 것 아닌가? 우리 사회가 아직도 가난 때문에 부모들은 비싼 교육비를 부담하지 못한 것을 한스럽게 생각하던 시절이다.

한국 우체국은 IMF 경제 위기 중에도 모든 효율성 지수에서 세계적 표본 사례인 뉴질랜드 우체국을 능가했다. 대한제국 박영효의 우정국 설립 이래 역사상 처음으로 흑자를 기록했다고 그 해 1998년 말 신문들이 보도했다.

나는 이미 장관에서 퇴임하고 아프리카 모로코에서 낙타를 타고 사막 여행을 하던 중에 그 소식을 들었다. 사하라 사막 한가운데도 무선 통신이 처음으로 개통되던 시절이었다. 아프리카의 오지에도 통신 망이 연결되던 시대에 한국이 IT 강국으로 발돋움했다. CDMA를 개발한 박사 기술자들의 기여도 있었지만 컴퓨터 기술에 통달한 우체국 집배원들의 큰 역할도 IT 강국을 만든 것 아닌가? 박사 기술자는 외국에서 빌려와도 되었지만 컴퓨터 쓰는 집배원들은 한국만의 강점이었다.

IMF 위기를 성공적으로 극복한 후에도, 생산성이 50% 증가한 후에도, 우체국이 1백여 년 만에 첫 흑자를 만들었는데도 집배원들의 봉급은 옛날 20년 전 그 자리다. 당시에 장관이던 나는 우체국 민영화를 추천했다.

공무원의 자존심을 포기할 수 없다고 집배원들은 반대했다. 젊어서 외국에서 경제학이 아니라 공학에서 박사 학위를 받은 장관은 더 이상 시장경제를 설득하지 못했다. 그것은 금전적 소득 이전에 개인들의 자존심에 관한 것이었기 때문이다. 경제학 이론을 적용할 수 없는 영역이다.

오랫동안 계급사회에 익숙한 사람들에게는 거래 계약 관계의 지배구조가 불안했다. 개인의 자유를 존중하여 인격체로 대접을 받으려면 가치를 창출하고 그 가치를 팔아서 스스로 생활을 유지할 수 있어야 한다. 개인들이 모여서 공동 사회를 이루고 공동 사회 단위로 거래를 하고자 한다면 희생 당하는 개인들이 많아진다. 가난했던 나라의 지도자들은 독재를 해 가며 많은 국민들이 생계를 유지할 수 있게 경제 발전을 촉진한 것 아닌가? 그래서 한강의 기적이다.

민간 기업에서 발탁이 된 장관은 우체국 민영화를 관철하지 못하고 다른 사유로 퇴임했다. 우체국은 집배원들의 생활 터전이었다. 그 시대 그들의 문화로 형성된 세계에서 가장 효율적인 단체였다.

당시에도 독일의 FedEx, 미국의 Amazon을 모델로 생각했다. 미국 용역회사 SRI에 타당성 조사를 맡겼다. 정보통신부 장관이 경질되면서 <SRI 보고서>는 아무도 읽지 않았다. 그러고는 정보통신부 자체가 개편되어 다른 부처에 흡수되었다.

당시 그 많던 집배원들은 아직도 현장을 못 떠났고 한국은 IT 강국으로 자리를 잡았다. 이 시대 집배원들은 노동 강도가 높아 불만이 많다고 한다. '쿠팡'이나 '배달의 민족'과 시장 경쟁을 하면? 쿠팡은 미국 기업이 되려고 뉴욕 증권거래소에 초기 상장(IPO)을 해서 100조 원의 투자를 받았다. 쿠팡의 어떤 능력이 100조원 가치를 평가 받을 수 있었던가?

집배원들과 같은 IT 숙련도는 하루아침에 달성할 수 없는 것이다. 데이터 서비스 회사로 전업해야 할까? 왜 주저하는가? 우체국은 20년이 지난 지금도 위기다.

1994년 미국에서 창업한 Amazon은 온라인 책방으로 시작하여 2004년에 흑자로 전환했고 이제는 세계 최대의 데이터 서비스 회사로 성장했다. 집배원들의 IT 숙련도가 필요한 대규모 데이터 서비스 기관이 필요하다. 최근 자리를 뜬 베조스Bezos 회장이나 마사요시 손 회장을 초빙하면 어떨까? 그들의 긍정적인 답변은 우리 집배원들의 실력을 팔 수 있는 우정본부 경영진만이 받아 올 수 있다.

현장 기술

일제가 물러가고 우리에게 기술 개발이란 서양에서, 좀 더 구체적으로 미국에서 기술 도입을 하는 것을 의미했다. 아니면 일본에서 생산한 부품 소재를 수입하여 조립하던 것이 우리 제조업의 시작이었다.

국산화^{Localization}였다. 상업성이 있는 품질 달성이 기술 개발의 시작이었다. 고무신, 광목, 밀가루에서 시작했다. 한국전쟁을 지나면서 밀가루, 시멘트, 설탕의 삼분 파동을 겪었다. 그러고는 여성 화장품, 제약, 가전제품의 국산화가 이루어졌다. 제조업은 정부의 외자 배정에 따라 투자가 되었다. 기술은 우선 도입할 외국 상품을 선택하는데 필요했다. 외자의 출처에 따라 조건부 원조자금 또는 상업차관 등이 배정되면 이미 기술 선택이 결정된 경우가 많았다.

1970년대 초 독일의 원조 자금으로 건설된 한국기계의 디젤 엔진 생산 공장은 한국 현장 기술자들에게는 전혀 맞지 않는 유압 자동화 시설에 과잉 투자되었다. 우리 기술이 조선 시대, 고려 시대의 창의적인 기술 전통과도 완전히 두절된 이유이다. 가난한 나라에는 필요한 기술이 없었던 것만이 아니라 기술 개발에 투자할 재원이 없었다.

반면에 일본은 막부와 봉건 제후들 간의 끊임없는 전쟁으로 유럽의

총과 군함 만드는 기술을 받아들였다. 1914년 발발한 제1차 세계대전에 기관총이 도입되면서 영국은 기관총 부품의 호환성 기술을 개발했다. 품질의 통계학적 관리Statistical Process Control이다.

일본 메이지 유신 시대에도 유럽 기술을 저항감 없이 받아들였고 개선했다. 우리의 동학 난을 진압한 것도 일본군의 균일한 품질의 소총이었다. 규율 있는 현대 군인들의 훈련은 호환성 있는 균일한 품질의 개인 소총이 없이는 불가능하다. TQCTotal Quality Control이다. 일본 품질은 현장 근로자들의 수직적 문화에서 나왔다.

우리는 1960년대 들어와서 겨우 생산 현장에서 수출 상품들의 품질을 관리하는 일본의 TQC 방법을 배웠고 해외 건설 현장에서 구미欧美 건설 감독자들에게 국제 건설 표준을 배웠다. 우리 상품들이 세계 시장에서 받아들여지기 위해서는 품질이 우선했다.

대형 조선소가 건설되고 일본 조선소와 세계 시장에서 경쟁을 하게 되었다. 기술을 유럽 조선소에서 도입하면서 일본을 능가하는 품질 관리가 필요했다. 한국의 건설, 조선 기술이 일본과는 다른 역사를 가지고 있는 이유이다. 그리고 우리의 독자적인 기술혁신이 아직은 세계적으로 널리 인정을 받지 못하는 이유이기도 하다.

발전의 열효율을 높이기 위해서는 터빈으로 들어가는 증기의 비등 온도가 높아야 하고 터빈에서 나오는 증기의 응축 온도가 낮아야 한다. 열역학 법칙이다. 울산 발전소에서는 보일러 비등 온도를 높이기 위해서 증기 분리기를 없애고 보일러 관에서 발생한 증기를 직접 터빈으로 전달되는 설계를 채택하였다. 증기 응축에는 냉각 탑 대신에 바닷물을 냉각수로 이용했다. 보일러 관이 고온, 고압에 견딜 수 있어야 한다.

독일과는 달리 대형 구조물의 운반 시설이 없던 한국에서는 8천 개

이상의 파이프를 건설 현장에서 직접 용접하여 조립해야 했다. 독일 보일러 공급 회사에서는 3명의 기술 감독관만 보냈다. 1천여 명의 현장 용접공 연수는 포항 해병대 훈련소에서 이루어졌다. 3개월 훈련 후 시작한 용접 결과는 누수 없이 완벽하였다. 기능공의 숙련도는 정신 교육으로 달성했다.

바닷물로 식히는 응축기는 대부분 인천 공장 안에서 제작되었다. 한국 최초의 응축기 국산화이다. 현장 설치는 수중 용접으로 이루어졌다. 가급적 응축 온도를 낮게 유지하기 위한 작업이었다. 통산 3년 건설 기간을 28개월로 단축하여 완공된 울산화력 4호기는 화력 발전소 중에서는 최고의 열효율을 기록하였다.

변화를 만든 것은 용접 숙련도가 높아진 현장 기술자 개인들이다. 이들의 창의성이 모여 이룩한 쾌거이다. 발전소 보일러와 응축기에 다량으로 설치되는 파이프의 용접이 보조 설비Jig and Fixture 없이 현장에서 이루어지면서도 누수가 발생하지 않는 것은 특수한 협동 기술이 없이는 가능하지 않다. 독일이나 일본에서는 공장 안에서 특수한 지그Jig와 계측기를 사용하여 용접을 하고 조립된 대형 보일러 모듈Module을 도로로 운반을 한다. 당시 한국에는 도로 사정이 여의치 않아 현장에서 직접 조립하여야 했다. 후에 이 발전소 팀은 리비아 건설 현장에서 여러 개의 효율 높은 발전소를 건설했다. 발전소 고효율은 완벽한 용접 기술로 달성했다. 한국 기술이 독일, 일본을 능가하여 후에 조선 강국이 되었다.

오래 전 기계학회에서 만난 한국GM의 미국인 사장은 GM 창원공장이 세계 전역에 있는 자동차 조립 공장 중에는 가장 효율적인 운영을 하고 있다고 자랑했다. 1989년 티코 자동차를 생산하기 위해 건설한 공장이다. 티코는 일본 스즈키의 알토를 한국 모델로 재개발Reengineering한 제품이다.

당시 자동차 제조에 경험이 많은 대우자동차 부평공장의 영향을 완전히 배제하고 김우중 회장 지휘 아래 새롭게 자동차 설계에서부터 생산까지 일관체재를 구축한 사례이다. 자동차 회사에 근무 경험이 없는 사람들이 모여 새로운 자동차 조립 공정을 만든 것이다. 목표는 단위 자동차 생산당 면적을 일본 스즈키 하마마츠 공장보다 30% 감축하는 것이었다. 프레스^{Stamping}, 페인팅, 건조 공장을 거쳐 조립 라인으로 들어간다. 동시에 엔진 블록 가공라인에서 가공된 블록이 조립된 다음 차체 조립 공장으로 들어가 조립된 완성 차량은 2km 주행로에서 주행 검사를 거쳐 입고된다. 800CC 엔진 경차는 냉장고, 세탁기처럼 만들어졌다.

GM의 디트로이트^{Detroit} 공장과 창원공장의 차이는 현장 숙련 기술자들의 작업하는 태도에서 온다. 한국에서 품질은 시스템이 아니라 사람이 만드는 것이다.

1년 가동 후 티코의 성능을 개량하여 리터 카(1,000CC 이하 엔진)인 마티스로 개량되어 세계로 팔려 나갔다. 초기 판매 대수로는 1920년대 포드의 모델 T에 버금간다. 부품회사들이 장내 하청을 하여 JIT^{just in Time} 생산을 했고 6시그마 품질 관리가 이루어졌다.

세계 최대 자동차 회사인 GM과 도요타가 미일 합작으로 설립한 NUMMI^{New United Motor Manufacturing, Inc}가 성공하지 못하고 지금은 테슬라^{Tesler}에 매각되어 전기 자동차를 생산하고 있다. 신규 운영^{Greenfield Operation}으로 시작한 대우조선의 창원 공장은 품질과 생산성으로는 세계적인 성공을 한 셈이다. 생산성이나 품질에서는 기술의 원조 스즈키 본사의 실적을 능가했다. 일본에서 훈련을 받고 돌아온 작업자들의 집단 숙련도가 뛰어났다.

경쟁력 있는 현장 기술은 여러 사람이 모여서 협동하여 개발하는 것이다. 과거 기업주가 중심이 되어 기업단위로 묶어 경쟁 체재를 구성했을 때는 그룹으로 부가가치를 만들었다. 개인의 창의성 중심 사회로 변해 가면서 개인 기술을 활용할 수 있는 시장이 없어지고 복합적인 작업을 협동하여 경쟁력을 만들어야 하는 시장 협동으로 변해간다. 기업 M&A가 활발해져야 그룹 협동 기술 시장이 형성된다. 소자본 벤처기업들도 독립적인 활동보다도 자본 시장을 통해서 협력해야 초기 임계 성장률을 극복할 수 있다.

개인들의 창의성은 자유스러운 행동에서 발휘되는 것이다. 그래서 정부의 일률적인 규제보다는 규제가 가급적 적은 시장경쟁을 통하여 시행착오로 만들어지는 것이다.

한국의 현장들은 왜 힘을 합쳐 세계적인 생산성을 달성했는가? 그저 가난한 나라에서 "잘 살아보세" 하고 협력한 것 아닌가? 협력은 대의를 위해서 자기의 주장을 양보하여 생기는 것 아닌가?

대우그룹에서는 이것을 '희생'이라고 했다. 대우의 수출 시장에서 일자리는 가난한 나라에서 공동 생존을 위한 개인들의 희생으로 만들어졌다. 구체적으로 희생이 무엇인가? 남들이 보기에는 같아 보이지만 세부 사항이 달라서 그것이 제품의 성능을 판가름 하는 경우가 많다. 솜씨라고 하나? 그 안 부려도 좋은 솜씨를 잘못될 위험에도 불구하고 내 공동사회를 위하여 정성껏 부리는 솜씨를 개인의 창의성이라고 했다. 안 해도 같은 봉급 받는 것은 마찬가지인데 굳이 리스크 테이킹Risk Taking 하는 것을 희생이라 했다.

이 희생의 결과가 세계적인 품질이다. 현장 기술자들의 희생은 기업주인 김우중 회장과의 개인적인 현장 만남에서 이루어진 것이다. 김우중

스타일의 사람 중심 경영이다. 그는 봉제 공장에서 이룩한 작은 성공을 조선, 자동차 제조 공장에서 본격적으로 적용하여 큰 성공을 이루었다. 그의 사업 목표는 보람 있는 일자리 만들기였다.

자동차 공장에서는 생산 원가에서 물류 비용이 차지하는 비중이 매우 높다. 일본에서는 JIT 기법으로 공장 내부에서는 로봇틱스로 자동화하고 외부에서는 소재, 부품의 공급을 조립 라인 속도와 동기화하여 물류 비용을 절감한다. 물류 비용의 절감은 생산 원가와 품질에 지대한 영향을 주었다.

새로 시작한 한국에서는 생산이 적어 현장 인력 간에 소통으로 처리를 했다. 인간비가 저렴했던 시절은 속도가 아니라 품질의 문제가 심각했다. 수출 물량을 위하여 품질 개선에 노력한 결과 생산성도 더불어 향상되었다. 복합된 변수를 분리하여 서로 독립적으로 처리하고 시너지 효과를 얻은 것이다. 한국 기술의 특징이다.

우체국 택배 시스템에 현장 요원들의 IT 숙련도는 컴퓨터 게임에서 시작했다. 그리고 택배는 현장 요원들이 스스로 작성한 앱App에 의하여 개선되기 시작했다. 생산성도 획기적으로 개선되었다. 품질 개선을 위하여 외부 전문 시스템이 도입되고 있다.

최근 쿠팡Coopang의 뉴욕증시 상장으로 한국 물류 시스템이 세계적인 인증을 받은 셈이 되었다. 한국 물류 기술은 오랜 현장 문화에서 온 것이기 때문에 단순히 기술 특허를 팔아 전수할 수는 없는 기술이다. 현장 맞춤이 중요하다.

첨단 산업 도전

1980년대 초라고 기억한다. 당시 미국 콜롬비아 대학 교수였던 김완희 박사의 말씀이다.

"배 박사, 오래 전 청와대에서 오라 해서 갔더니 박정희 대통령이 서랍 속에서 반도체 책을 꺼내 깜짝 놀랐어. 박근혜양이 전자과라 따님한테서 들으셨나 생각했지. 한국에서 반도체 사업을 어떻게 하면 좋겠느냐고 하셔 갑작스런 질문이라 생각을 해보겠다고 만 하고 나왔어."

"그런데 전자 부품은 어차피 수출할 것이라면 국가가 정책적으로 추진할 것이 아니라 민간 기업이 시장 경쟁적으로 추진해야 하는 것 아닐까요? 정부는 뒤에서 응원을 해 주면 기업들이 신이 나서 앞장 설 것입니다."

1972년 여름 나는 KAIST에 부임하고 바로 스탠퍼드 대학으로 초임 교수 연수를 갔을 때 그 지역에서 살던 김충기 박사를 만나 KAIST에 와서 같이 근무하자고 제안했다. 그는 당시 콜럼비아 대학 김완희 교수가 선정한 수재 학생으로 반도체 분야의 박사 학위를 받고 당시에는 페어차일드^{Fairchild}에 근무하고 있었다. 페어차일드 반도체는 노벨 물리학상 수상자인 윌리엄 쇼클리가 쇼클리반도체를 설립한 이래 그 그룹 엔지니어들이 독립하여 설립한 기업이다. 당시에 반도체 엔지니어들이 활발하게 창업도 하고 이직하던 시기이다.

김충기 박사는 KAIST에 부임하여 반도체 연구실을 차렸다. 반도체 설계보다는 생산 기술 분야의 기초연구였다. 그 연구실 출신들이 오늘날 국내 반도체 산업에서 핵심적인 역할을 하고 있다.

김충기 교수 연구실에서는 실리콘 웨이퍼Wafer의 결함이 생산에 어떤 영향을 주는가 등 공정의 기초적인 문제부터 다루었다. 인텔Intel의 고든 무어Gordon Moore, 앤디 그로브Andy Grove 등과 대등하게 오늘날 반도체 산업의 기초적인 문제를 다루었다. 이들이 모두 같은 시대에 페어차일드 출신이다. 반도체 공정 기술에 창의적인 연구 개발을 할 수 있는 기회를 제공했고 그 연구실 연구자들에게 세계 첨단 연구의 자신감을 불어 넣어 주었다. 일본 반도체 산업과 차별화가 되는 계기를 마련했다.

미국 실리콘 밸리에서 일하던 반도체 엔지니어들은 경영직이 아니면 한국으로 돌아오기 힘들었다. 당시 임금격차가 컸기 때문이었다. 동시에 반도체 산업은 설비 집약적 산업이기 때문에 국내 여건에서 교육훈련을 받는 것이 매우 중요했다. 투자 설비의 가동률이 생산 원가에 큰 영향을 주었다.

1980년대 초반 실리콘 밸리에는 삼성전자, LG 전자, 대우전자, 현대 전자 등 4대 그룹 회사들이 미국 기술을 도입하는 전초기지를 운영하기 시작했다.

삼성전자는 적극적으로 프랑스 톰슨Thomson사가 산타 클라라Santa Clara에서 운영하던 공장Fab을 인수하여 공정 인증 실험실로 운영을 했다. 현지 한국인 박사들의 월급을 미국 수준으로 많이 주고 초치하였다. 그리고 운영은 한국 본사에서 관장했다. 다른 부서처럼 시행착오를 반복하여 최고의 품질을 단시간에 달성하는 것이다. 첨단 산업이라면서 가전 사업처럼 추진했다. 반도체는 산업의 쌀이 될 것이라는 매우 추상적인 목표를 가지고 창업주의 고집으로 추진한 것이다. 초기 투자는 많고 수익률은 낮았다. 생산 중심의 메모리 반도체가 핵심 사업이 되었다. 실리콘 밸리를 벗어나 아이다호 주에 본사를 두고 있던 마이크론 테크놀로지가 실질적인 경쟁 업체였다.

가전 업계에서 일본 기업들과 연대가 많던 LG는 일본 NEC의 협력으로 반도체, 컴퓨터 사업에 진입하였으나 국제 경쟁이 심하던 당시 추진력은 삼성전자보다 약했다. 1인 경영 체재였던 삼성에 비해 구씨, 허씨의 협업체재로 구성된 LG는 리스크가 큰 투자에서 늦었다. 후에 LCD 투자에서는 삼성을 오히려 앞서갔다.

후발 업체인 현대전자는 건설업이 중심인 현대 그룹의 그늘에 가려 전자 사업에 적극 투자를 못 하다가 1980년대 발전 설비 과잉 투자에서 시작한 제5공화국 산업 구조 조정의 일환으로 LG 반도체 사업과 합병하여 Hynix로 개편되었다. 정부에서 임명하는 경영진은 단기 경쟁력을 위하여 저가 생산에 치중했고 일본 기업들이 이 저가 시장을 떠나고 살아남을 수 있었다.

대우그룹은 미국 기업인 Zymos를 인수하여 반도체 사업의 기반을 마련하고자 했다. 그러나 Intel의 공정 기술에 의존하여 Hart Pacer(심장 박동기)를 생산하던 이 회사는 주기적인 반도체 시장의 변화를 못 넘기고 운영을 중단했다.

대우의 실패 사례를 살펴보자.

1984년 여름 건조한 실리콘 밸리에 비가 내리는 늦은 오후로 기억한다. 샌프란시스코 공항에 도착하니 김우중 회장에게서 만나자는 연락이 왔다. 나는 앞에서 언급한 것처럼 대우를 떠나서 스탠퍼드대학 방문학자Visiting Scholar로 공학 설계 두 번째 학기를 가르치고 있던 시절이다. 공항으로 영접을 나간 나에게 김회장은 "반도체 사업을 어떻게 하면 좋지?" 하고 물었다.

"서울에서 이헌재 상무(그는 후에 경제부총리가 된다)가 담당하고 있지 않은가요? 저는 진행 사항을 몰라 말씀 드리기 어렵네요."

"아니 다른 기업들은 실리콘 밸리에서 반도체 사업을 추진하고 있다던데."

"삼성은 이임성 박사가, 현대는 배명승 박사가, LG는 김정순 박사가 주재하면서 추진을 하고 있지만 저도 그 내용은 모릅니다. 정보 수집 정도 아니겠어요. 삼성만이 연구실을 운영하고 있으니 심각히 투자를 하고 있겠지요."

나는 즉각 실리콘 밸리와 한국 사이에는 임금 격차가 커서 같은 조직에서 협력하는 것이 실질적으로 어렵다는 것을 염두에 두고 이어서 말했다.

"미국 사람들이 운영하는 기업을 인수하여 현지 기술 정보를 수집하는 것이 더 효율적일 것입니다."

실제로 버클리 대학에서 교수를 하던 이임성 박사를 산타클라라 삼성 반도체에 초빙한 조건과 본사의 반도체 사업 총괄 이윤후 과장(당시 직책, 후에 그는 부회장으로 은퇴했다.)의 봉급은 10배 이상 차이가 났을 것으로 짐작한다.

"좋은 아이디어야, 적합한 기업을 살 수 있을까?"

"저의 설계과목 세미나에서 발표한 Zymos라는 회사는 인텔 공정 기술로 심장 박동기를 만들고 있는 회사인데 관심이 있으시면 소개할 수 있습니다."

당장에 가보자며 김회장은 그날 오후 늦게 퇴근하는 사장을 불러 인수 의지를 밝혔다. 두 달 후 협상 끝에 대우중공업 이경훈 사장이 그 회사를 인수했다고 들은 것은 내가 MIT로 강의를 시작하러 간 후였다.

내가 장황하게 이런 얘기를 쓰는 것은 기업의 성패는 조직 상의 개인들이 하기 나름이라는 것을 강조하기 위하여서이다. 사람 중심 사회이다. 무엇을 달성하려는가, 최적 해결책은 무엇인가를 찾기 위해서는 개인들이 창의성을 발휘할 수 있는가에 성패가 달려있었다. 이건희 회장(주인)과 이윤후 부회장(대리인) 사이에 상호 만족할만한 고용 계약은 어떤 것이었을까?

설계의 변화를 비교적 예측이 가능한 메모리 분야에서 한국 기업은 생산 기술로 비교우위를 차지했다. 수익률이 비교적 적었던 메모리 분야에서 디자인 룰에 따라 효율적인 첨단 생산기술에 투자를 해오던 삼성전자와 하이닉스는 빅 데이터 시대가 도래하면서 시장의 폭발적인 수요 증가로 호황을 맞고 있다. 공정 기술이 발전하면서 새로운 투자가 주기적으로 이루어지면서 숙련된 현장 인력을 가지고 가동률을 높여 경쟁력 제고를 하고 있다. 동시에 세계 반도체 수요의 파고를 넘기 위해서 한국 반도체는 생산 투자 규모를 대형화했고 인력 훈련을 효율적으로 했다.

반도체 기술

한국의 삼성전자 반도체 사업부와 SK하이닉스는 합쳐서 RAM 메모리 반도체 분야에서 세계 시장 점유율이 50%가 넘는다. 한국의 삼성전자와 LG 전자는 세계 OLED 평판 디스플레이 시장에서 점유율이 50%를 넘는다. 반도체 제조에서 핵심 공정은 박막 처리 공정이다. 실리콘 웨이퍼^{Wafer} 위에 회로를 그려 넣고 반도체 소자들을 식각^{蝕刻}하는 공정이다.

삼성전자, LG전자, SK하이닉스는 기술이 '좋아서' 강한 시장 경쟁력을 보유하게 되었다. 그 기술이 무엇인가? 잘 팔리는 상품을 경쟁적으로 저렴하게 만들어 효율적으로 판매하면서 시장 경쟁력을 보유하게 되었다.

설계기술은 시장 수요를 고객의 필요성부터 선택하여 이를 만족하는 상품을 설계한다. 고객의 만족도를 예상하고 생산 공정을 선택하여 생산 원가와 품질 수준을 예측한다. 상하 공정들은 피드백 시행착오를 거쳐 최적화한다.

생산 기술은 생산 공정에서 기계장비와 숙련된 작업자, 그리고 그 공정은 운영 관리하는 기술 관리자와 투자 결정을 하는 기업 경영자로 나누어 생각할 수 있다. 시장 수요에서 판매까지 어느 부분이 경쟁 회사보다 앞서가는 것인가? 시장 수요에서부터 판매 공급까지 모든 과정은 시간에 따라 변한다. 예측을 하고 결정을 해야 하기 때문에 리스크 관리이다.

우리는 어떻게 세계 일등이 되었나? 기술혁신의 성공은 어떻게 달성했는가? 우리의 기술은 어디에 축적된 것이며 그것을 기업들은 어떻게 기업의 핵심 경쟁력으로 만들었는가?

세상은 투자 결정한 기업가만 본다. 그러나 그 안에는 수많은 사람들의 협업으로 이루어진 것이다. 개인들의 창의적 생각을 모아서 경쟁력이 만들어진다. 그 속에 수많은 사람들의 협업이 보이는가? 그 많은 사람들이 한국 문화 속에서 사는 사람들이다.

'오래 지속되는 것이 진실이다'라는 린디 효과^{Lindy Effect} 면에서 반도체 산업을 보자. 오늘날 삼성반도체와 SK하이닉스는 시장 점유율에서 세계를 앞서간다. 제조 현장 기술에서도 미국의 인텔, 마이크론 테크놀로지, 일본의 도시바, 히타치, 대만의 TSMC 등을 앞서간다. 대량생산 기술이다. 초기에 거대한 투자를 해야 하고, 많은 사람이 공동으로 규율에 맞는 작업을 하는 것이다. 생산 경험을 통해서 작업자 팀이 서로 신뢰가 구축되어야 상업적인 품질을 만들 수 있다. 경쟁 업체들이 할 수 없는 수준이다.

삼성전자는 중국 시안^{西安}에 새로운 반도체 공장을 짓고 있다. 과거 위치 선정에는 깨끗한 물, 먼지 없는 공기, 공장 건물의 무 진동 등이 고려 사항이었다. 그러나 이 경우는 투자가 좀 더 들더라도 작업자 팀의 우수성을 감안한 결정이 아닌가 짐작한다.

보통 공장이 건설된 후 상업적 가동을 하려면 2년 정도 걸린다. 기계들의 디버깅^{Debugging}과 작업자 훈련이 복합적으로 이루어지는 기간이다. 수요처의 신제품에 대한 적응 기간으로도 활용한다. 상업적 운영이 개시된 후 신제품이 출시되고 3년 정도 운영을 하면 현장 제조 공정을 일부 또는 전부 변경해야 생산성이 경쟁 수준을 유지할 수 있다.

작업자 팀이 새로운 공정에 익숙해져 생산 품질이 경제적인 수준까지 향상되는 시운전 기간이 다시 필요하다. 변경 사항에 대한 팀 멤버 간의 상호 신뢰를 개선해야 한다. 살아도 같이 살고 죽어도 같이 죽는다? 소수라도 탈락하는 사람들이 생긴다. 그래서 신뢰를 끊임없이 쇄신하여야 한다. 대량 생산 시스템에서 대량 수요 시스템에 이르기까지 시장 변경에 신속하게 적응할 수 있는 것이 핵심 경쟁력이다.

과거 반세기 동안에는 한국 기업은 미국, 일본의 선진 기업들을 열심히 추격하여 이젠 앞서가기 시작했다. 앞으로 반세기는 시장 경쟁이 변하고 경영 여건이 변하는데 어떻게 대처해야 하는가? 인텔은 어떻게 변화해 왔는가? 도시바, 히타치는 삼성의 추격을 인식하고 다른 방향을 선택하였는가? 중국 시안에 건설하는 삼성 반도체 공장은 한국 공장의 복사판이다. 자동화를 더 해서 사람의 작업 공차를 줄이긴 하였으나 근본적인 공장 구조는 같다. 중국 근로자와 한국 노하우가 잘 어울릴까?

초기 결정은 결정권을 가진 지도자들이 구체적인 방안 없이 육감으로 결정한 것이다. 그것은 높은 리스크를 동반하는 결정이었기 때문에 논의가 아니라 지도자의 일방적인 결정이었다. 그 후 현장에서는 기왕에 정해진 목표를 향해 효율적으로 가는 방안을 만들었다. 제한된 자원을 제한된 방법으로 배분했다. 그래도 제한된 조건 안에서 개인적인 창의성이 발휘되었다. 우리 팀의 공동 목표를 위해서 개인의 안이함을 희생하였다.

과거 삼성전자는 노동조합을 구성하지 않고 강력한 CEO 중심 체재의 발 빠른 결정으로 경영해온 결과 세계 일등 기업으로 성장했다. 전국 노동조합이 추구하는 보편적인 목표와 삼성전자 반도체 사업부 내부 근로자들의 합의하는 목표는 서로 다르고 변화하는 시간적인 차이도 있다. 삼성전자 내부에서 실시간으로 미세한 조정을 할 수 있는 체재를 유지해 왔다. 그것은 박정희 정부 시절의 개발도상국에서나 가능했던 일인지도 모른다. 같은 방식으로 당분간 중국에서도 가능할 수도 있다. 여러 가지 요인들을 동기화해야 하는 복잡계 시스템이다. 시장이 변해서 과거 삼성식으로는 반복이 안 된다.

삼성전자의 주식 가치는 상승했다. 삼성전자 종업원들의 봉급도 올라갔다. 경쟁력도 세계 제일이 되었다. 일자리도 안정되었고 현장 기술 혁신도 끊임없이 일어나고 있다. 선진 기술을 쫓아가고자 하는 치열한 노력의 결과이다. 경영자들과 종업원들이 단결하여 한 목표를 향해 열심히 달려온 결과이다. 서로 양보하고 희생이 없었으면 이런 결과를 달성할 수 없다. 중간 관리자들의 미세한 조정이 돋보이는 경우이다.

세계 최고의 경쟁력을 유지하기 위해서는 앞으로 개선할 점은 많겠지만 그러나 국민 정서라는 명분으로 외부에서 압력을 가하여 판을 깨서는 안 된다. 경쟁력이 뒤져가면 모두가 불행해진다. 언젠가는 판을 깨는 개혁을 해야 경쟁 우위를 유지할 수 있을지도 모른다. 그것은 시장 경쟁에 대비하여 내부 경영진과 종업원들이 결정할 사항이다.

현재 한국 삼성전자가 세계가 부러워하는 자랑스러운 반도체 기업이 된 것은 내부 사람들의 선택이고 노력이 있었기 때문이다. 그냥 축복을 받아야 할 일이지 적폐 청산을 한다고 외부에서 경영 간섭할 일이 아니다. 삼성전자의 미래는 기업 자체가 결정할 수 있게 해주어야 경쟁력을 유지할 수 있다. 삼성전자 반도체 사업이 국가 경제 금융 건전성을 결정한다.

미국의 반도체 기업들은 시장 중심의 혁신 상품을 출시하고 있고 일본은 품질 향상과 원가 절감으로 경쟁력을 가다듬고 있다. 대만은 생산의 경제 단위가 작은 주문 생산 체재를 강화하고 있다. 한국도 대량 생산 체재에서 그냥 남아 있을 수는 없다. 반도체 분야에서 고객 맞춤 생산은 무엇인가? 현장 인력의 기술 유연성이 중요한 시대가 다가오고 있다.

과거 삼성이 PC 사업을 위하여 1995년 AST를 인수할 당시 미국 인력과 국내 인력 간의 협력에 차질이 생긴 점을 고려하면 삼성의 반도체 미국 투자에도 생산현장 기술의 전수가 성공의 관건이 되지 않을까? 현장 기술의 경쟁력은 한국 문화에서 나왔다. 경쟁력 있는 기업 문화는 기업 내부에서 스스로 개선할 수 있도록 여유를 주는 것이 국가 경쟁력을 지키는 길이다.

중화학 산업 구조조정

1980년 전두환 정권 시절 2차 오일 쇼크는 국가 재정 위기를 불러왔다.

대우의 울산 발전소 건설로 발전 설비 사업 전망이 좋게 평가되었다, 정부의 중화학 공업 정책과 더불어 발전설비 사업에 투자가 과열되었다. 어차피 정부가 과잉 투자를 제한할 것이므로 먼저 투자하는 기업이 시장을 독점할 것으로 예상했다. 현대양행이 먼저 대규모 투자를 시작했다. 현대중공업, 대우중공업, 삼성중공업, 대한화학기계, 효성중공업 등이 모두 발전 설비를 하겠다고 했다. 이미 투자를 진행한 현대양행의 투자는 국내 시장을 독점한다 해도 채산성이 없다는 것이 문제였다. 수출을 해야 하는데 세계 시장은 이미 기술적인 명성을 가진 GE, Westinghouse, Hitachi, Mitsubishi, Toshiba, GEC, BBC, Siemens 등의 과점 상태로 유지되고 있었다.

신병현 당시 상공부 장관은 서석준 경제기획원 차관, 금진오 국보위 (국가보위비상대책위원회) 상공분과위원장, 오명 국보위원, 유종렬 국보위원 등이 배석하고 대우그룹 김우중 회장, 박세영 사장, 배순훈 부사장과 현대그룹 정주영 회장, 정세영 사장, 이명박 사장이 참석한 가운데 중화학 공업 분야의 업종 전문화를 요청했다.

중화학 투자 과잉으로 인한 가동률을 높이기 위한 산업구조 조정이었다. 현대는 현대양행이 투자한 발전 설비 분야의 사업을 대우에게 이전하고 대우는 자동차 산업을 현대에게 이전하라고 했다. 대우는 현대양행 인수 작업을 추진하여 만도기계를 현대양행 그룹에 돌려주고 발전 설비 사업과 중장비 사업을 인수하여 한국중공업으로 이름을 변경하여 추진한다는 계획을 수립했다.

나는 한국중공업 원자력 사업 담당 상무로 임명되어 울산화력 건설팀을 다시 모으고 원자력 발전소 건설 계획을 세우고 있었다. 미국의 TMI사고가 1979년에 일어났기 때문에 미국 원자력 발전소 건설은 모두가 기피할 때이다. 현대양행은 세계에서 가장 큰 단조 해머를 도입했는데 이것은 저압터빈의 축과 원자로 압력용기를 제작하는 것 외에는 용도가 없었다. 독일의 Siemens, 영국의 GEC 등 해외 유명 제조기업은 일본제강 무로랑 공장에 있는 단조기를 임차해서 제작을 하고 있었다. 나는 그 고가의 장비를 재 매각하려 했다.

정부는 그 결정이 6개월 지난 후 갑자기 내가 납득할 수 없는 불투명한 이유로 구조조정 결정을 백지화 해버렸다. 별 다른 회의도 없이 개별 통보로 한국중공업은 한전이 운영한다고 했다. 울진 발전소 초기 지반 공사를 하던 대우건설도 철수했다.

자기 개인 재산을 모두 사회 환원을 하고(대우재단 설립) 한국중공업의 전문 경영인이 되겠다고 선언했던 김우중 회장은 오히려 실망하는 나에게 "내일은 옥포에 가서 바다 낚시나 하자"고 제안했다.

그 낚시를 하고 다음날 나는 해외 발전소를 건설하기 위해서 리비아로 출발했다. 처음 만난 리비아 사람들은 나에게 알파타 대학에서 핵물리 강의를 해 달라고 했다. 웬 핵물리? 원자탄을 개발하려 했던가?

나는 리비아에 도착하면서 처음 시작한 오래된 시멘트 공장 재건축이 끝나기 전에 리비아 건설 현장에서 탈출했다. 여름이면 3개월이나 계속되는 사하라 사막의 더운 모래바람은 나를 질식하게 만들었다. 나는 리비아를 떠나면서 건설 일을 접고 제조업 일을 새로 시작하겠다고 마음을 고쳐먹었다. 단순히 옥외 작업보다는 공장 건물 안에서 작업을 하는 제조 직업을 택한 것이다.

1980년 중화학 공업 산업 구조 조정 이래 우리나라 원자력 발전소 건설사업은 우여곡절은 많았지만 그래도 순조롭게 진행되어 왔다. 국영기업으로 정상 운영을 찾은 한국중공업도 IMF 경제위기에서 탈출한 후 20년 만에 두산 그룹에 인수되어 민영화되었다.

그러나 문재인 정부의 탈 원전 정책으로 원자력 발전소 건설 사업에 또 차질이 생겼다. 고리 발전소 1호기가 설계 수명을 다하고 새로운 원자력 발전소 건설이 지연되었다. 건설기간이 10년 걸리는 미국 원자력 발전소는 화석 연료를 쓰는 화력 발전소와 비교하여 발전 단가가 높았던 반면 한국 원자력 발전소는 건설기간이 5년-6년 이었기 때문에 경쟁력이 있었으나 여러 가지 이유로 지연되면서 경제성은 악화되었다. 기기 공급, 건설 공정 지연으로 발전 단가가 상승한다면 원자력 발전의 장점은 무엇인가?

안전성과 사용 후 연료 처리에 비용이 많이 들어가는 대신 탄소 배출이 없다. 우리 국가의 우선 위는 무엇인가? 방사능 물질 취급의 위험성인가? 온난화 가스 방출로 지구 온난화인가? 차분히 문제를 정의하면

합리적인 최적 해결책을 찾을 수 있다. 그러나 지금 결정이 10년 후에나 효과가 나타난다.

1980년 중화학 산업 구조조정은 무엇을 해결하기 위한 것이었던가? 우리 역사상 가장 유리하게 3저(유가, 금리, 원화가치) 여건으로 긴급하던 재정에 여유가 생기면서 취소한 구조조정은 당시 경제대통령이라던 김 재익 경제 수석비서관이 주관해서 마련한 것 아닌가?

당시 원자력 발전에 관한 우리 장기 발전 계획을 수립하고 진행했다면 세계 탄소 감축 정책에 핵심적인 역할을 했을 터이다. 한국중공업, 한국전력, 한국수력원자력발전 등 관련 기업들에 투자도 활발히 진행되지 않았을까? 원자력 발전 기술이 미국에서 전수된 것이기 때문에 현장에서 우리의 창의성이 가미되었다 하더라도 우리는 쉬쉬하고 지내왔다. 그것이 한국형 원자로에서는 미국 NRC^{Nuclear Regulatory Commission} 인증을 받았다. 그리고 그 발전소들이 세계에서 가장 안전한 것이고 동시에 미국 NRC 인증을 받은 것이다. 미국은 원자력의 평화적 이용을 관리하는 IAEA^{International Atomic Energy Agency}를 통해서 실질적으로 세계경찰 역할을 하고 있다.

이 한국 현장 기술이 세계에서 가장 탄소 배출량이 많은 미국과 중국 원자력 발전소에 적용되어야 인류 사회의 탄소배출량을 절감할 수 있다. TMI 사고 경력이 있는 미국 발전소와 IAEA 인증을 안 받은 중국 발전소를 세계는 신뢰를 하지 못한다.

프랑스의 비싼 전기를 수입하여 사용하는 독일은 탈 원전에 성공한 나라이다. 긴 국경선을 공유하는 독일과 프랑스가 프랑스 원자력 발전소에서 발전되는 전기를 공유하는 것이 독일의 탈 원전이다. 독일은 탈 원전으로 무엇을 달성하려 했던가? 인위적으로 결정하려는 탄소세는 유리해졌을지 몰라도 발전 비용은 높아졌고 독일에서 프랑스로 이전했더라도 국경이 접해 있기 때문에 발전소의 위험성은 변화가 없다.

메르켈 총리가 떠난 후에도 탈 원전은 지속될 것인가? 시스템의 결정이 아니라 시스템을 이끌어 가는 개인들의 결정이다.

한국 원자력 발전의 안전 기술

정부가 탈 원전 정책을 발표하자마자 공과대학들의 원자력 공학과가 문을 닫고 있다. 원자력 발전소를 폐쇄하면 원자력 공학과 출신들의 일자리가 없어지는가?

1959년 서울대학교 공과대학에서 원자력공학과를 처음으로 개설할 때는 우리 정부에 공식적인 원자력발전소 건설 계획조차 없었을 때이다. 20명 정원 모집에도 불구하고 전국에서 고등학교 성적이 제일 우수한 학생들이 지원하여 커트라인이 어느 학과보다 높았다. 공과대학 입시 성적에서 전체 1등을 한 학생도 원자력공학과를 지망했다. 그때는 원자력공학이 첨단 기술이었다.

미국 케네디 정부 시대 얘기다. 소련의 스푸트니크 인공위성에 뒤져 미국은 인공위성과 원자력 평화적 이용에 집중적으로 투자했다. 한국 학생을 거의 안 받던 MIT도 한국 학생들을 연구조교로 한두 명씩 선발하기 시작했다.

MIT 원자력공학과는 화학공학과 교수들이 열전달 과목을 가르치는 것으로 시작했다. 미국은 제2차 세계대전에서 원자탄의 파괴적인 기술을 경험하고 이 분야에 투자했던 시설과 인력을 활용하여 평화적으로 전용하기 위해서 발전 기술에 집중적인 투자를 했다.

핵분열 시 발생하는 막대하고 집중적인 열에너지를 용기가 녹지 않는 온도에서 속도를 제어하면서 서서히 방출하여 안전하게 전기로 전환하는 기술을 개발했다. 탄소가 산화할 때 발생하는 열을 고도로 집중하여 한순간에 폭발 시켜 폭탄을 만드는 것과는 반대 방향의 반응이다. 전기와 같은 일 에너지를 만들기 위해서는 고온의 열원을 일부 일 에너지로 전환하고 나머지 열을 폐기할 수 있는 열 폐기 장소가 필요하다. 폐기 열은 대기나 바다로 확산된다.

원자핵과 중성자가 어느 정도의 속도 이상으로 충돌하면 핵이 분열을 하기 시작한다. 이때 핵분열로 인하여 발생한 중성자가 인근에 있는 다른 원자핵과 충돌하면 연쇄 반응Chain Reaction이 일어난다. 연쇄 반응이 임계치를 넘어 계속하면 폭발을 한다. 원자탄이다.

이 연쇄 반응의 속도를 제어하기 위하여 처음에는 흑연 같은 완충제를 사용했다. 자연에 존재하는 우라늄Uranium-238에 동위원소인 우라늄-235가 일정 량 이상 포함되어야 연쇄반응이 저절로 일어난다. 우라늄-235 농도를 높인 농축 우라늄이 있어야 원자폭탄을 만들 수 있다. 농축 과정은 우라늄 동위원소들의 질량 차이가 적기 때문에 막대한 에너지가 필요하다. 대안으로 우라늄이 핵분열을 하면 플루토늄Plutonium이 발생한다. 이 플루토늄도 우라늄-235처럼 연쇄반응을 일으킬 수 있기 때문에 원자탄 원료로 쓸 수 있다. 일본 히로시마에서 폭발한 원자탄은 농축 우라늄탄이고 일본 나가사키에 투하된 원자탄은 플루토늄탄이다.

핵분열을 제어하여 서서히 열을 방출하려면 발생한 중성자의 숫자를 임계치 이하로 유지하는 완충제가 필요하다. 이 완충제로 시카고 대학 엔리코 페르미 교수가 처음 사용했던 흑연 대신에 물을 사용하기 시작하면서 원자로 안에서 핵분열은 안전하게 제어할 수 있게 되었다. 핵분열에서 발생하는 열 전달 매개체로는 경수輕水나 중수重水 액체 물을 사용한다. 핵분열을 제어하는 완충제와 발생한 열을 전달하는 열 전달 매개체로 상용 원자력발전소에는 고압의 물을 사용한다.

일부 실험용 소형 자로에서는 액체 금속도 사용하고 있다. 현재 가동하고 있는 발전용 경수로 원자로에서는 고압수 원자로PWR; Pressurized Water Reactor가 있고 비등수 원자로BWR; Boiling Water Reactor가 있다. 한국에서 가동하거나 건설하는 원자로는 전부 고압수 원자로이다.

월성 1, 2 호기는 중수로重水爐이다. 중수로에서는 우라늄 농축 비용을 줄이기 위하여 천연 우라늄에 포함된 미량(0.7% 이하)의 우라늄-235를 가지고도 연쇄 반응을 유지하도록 완충제로 천연 물輕水 대신에 중수重水를 사용한다. 고압수 원자로보다는 물의 압력이 낮아 건설비도 절감되고 안전하게 운전할 수 있으나 사용 후 연료 양이 많아진다. 미국 대신에 캐나다Canada에서 개발하여 기술과 차관 부담을 했다. 고압경수로의 안전이 기술적으로 확보되었기 때문에 우라늄 연료 소비가 많은 저압 수로인 Candu 원자로는 인기가 없어졌다.

미국은 한편으로는 핵 확산 금지를 주장하면서 다른 한편으로는 원자로 안전 기술을 위한 교육과 연구에 막대한 투자를 했다. 원자핵 분열에 대한 연구는 핵물리학자들의 담당이었고 핵분열에서 발생하는 집중적으로 밀집된 열을 서서히 안전하게 방출할 수 있도록 열 전달을 제어하는 기술은 전통적인 화학공학과의 전문 분야이었다. 그 방대한 열을 저장하고 증기를 발생하여 터빈을 돌려 발전을 하는 기술은 기계공학과의 전문 분야였다. 핵물리학 분야는 넘어서 공학 기술 분야에서 안전성을 다루게 되었다.

미국 정부는 정부 R&D 예산을 기초 과학과 방산 기술에만 직접 투자해왔다. 목표가 분명했기 때문이다. 목표가 다양한 민간 기술은 시장을 잘 아는 민간이 개발 투자를 하도록 했다. 그러나 예외적으로 정부가 유일하게 민간 기술에 투자하여 성공한 사례가 원자력 발전 기술이라고 주장한다. 그러나 안전 규제가 지나치게 많아 초기에는 경제성이 없었다.

기술 혁신은 특수한 발명만으로 이루어지는 것이 아니다. 사회적인 필요성이 인지가 되고 그 필요성을 해결하기 위한 자금이 조달될 때 일어나는 것이다. 개인이 그런 필요성을 인지하고 수익을 기대하는 자본가들을 설득하여 투자하게 하는 경우도 있다지만 아주 드물다. 국가가 공공 목적으로 투자를 하여 기술 혁신이 일어나는 수도 있다. 그러나 민주 국가에서 국민들의 의견은 항상 엇갈리기 때문에 방산술을 제외하고는 불확실한 미래에 대한 국가 주도 기술 혁신이 성공하는 사례는 극히 드물다.

미국에서 원자탄은 가공할 만한 위력을 보여주었다. 개발에 참여한 여러 명의 과학자들이 일본에서 원자탄이 폭발한 후에 개인적인 회한悔恨으로 과학계를 떠났다. 그러나 과학자, 기술자들의 역할은 원자탄을 만드는 일이고 무엇을 하려고 폭탄을 사용하는가는 국민의 위임을 받은 국가 정치 지도자가 결정한다. 아인슈타인의 상대성 이론이 없이도 미국 국방부의 의지만으로도 원자탄은 만들어 질 수 있었다. 동서 양 진영의 대결로 미국과 소련은 더 이상 용도가 없는 수소폭탄까지 개발했다.

동시에 원자력의 평화적 이용을 위하여 원자력 발전 기술을 개발했다. 한편으로는 핵 확산 금지라고 하여 핵폭탄 기술 확산을 금지하고 다른 한편으로는 평화적 이용이라고 하여 발전 기술을 전파하려는 미국의 노력은 잘 받아들여지지 않았다. 냉전 기간에는 경쟁적으로 비밀스럽게 국방 기술 개발이 진행되었다. 소련의 붕괴가 너무 갑자기 이루어지면서 냉전은 끝났으나 핵 기술 문제에 대한 세계적인 합의가 이루어질 겨를이 없었다. 미국과 적대 관계가 있는 나라는 UN 제재를 받으면서도 핵폭탄 기술을 계속 개발하고 있다. 단지 미국과 같이 전력 소비가 큰 필터링 농축과정을 이용하지 않고 다단계 원심분리형 농축과정을 사용하고 있다.

이런 와중에 한국의 탈 원전 정책의 목표는 무엇일까? 문재인 정부가 신재생 가능 에너지에 중점을 둔다는 얘기라면 향후 늘어나는 수요를 재생 가능 에너지로 충당하는 것만도 공급에 차질이 발생할 것이다. 에너지 수급 계획에서의 차질은 국가 경쟁력 저하를 가져온다. 한국이 산업 경쟁력을 걸고 아직 현실적으로 증명이 안 된 태양 에너지로 모험을 해야 하는 중대한 이유일까?

더욱이 월성 1호기는 농축이 안된 천연 우라늄을 사용하는 원자로이다. 원자로의 운영 압력도 농축 우라늄을 사용하는 PWR 원자로보다 낮다. 서둘러서 가동 중단을 해야 하는 타당성이 없다.

만약 목표가 고준위 폐기물의 안전 보관이라면 국제적인 합의 아래에서 투명하게 이루어져야 한다. 고준위 폐기물 부피를 줄일 수 있도록 IAEA 승인을 받아 핵 폐기물 가공을 해야 한다. 한국은 폐기물 처리 기술을 이미 개발해 놓고 있다.

탈 원전 목표가 원자로의 불완전한 운전 위험을 제거하는 것일 수도 있다. TMI 사고와 같이 제어가 불가능하게 될 경우를 대비하는 것이라면 약간의 추가 투자로도 가능하다. 그리고 추가 냉각 장치를 설치할 수도 있다.

한국 원자로에서는 냉각수 손실Loss of Coolant 사고가 일어나지 않았다.

현재 핵반응으로 내부에 있는 냉각 장치를 외부에 추가 보완하여 냉각수 손실 위험을 절반 이하로 낮출 수는 있다. 현재 리스크 방지 대책으로도 세계 표준을 만족시킬 수 있다. 그러나 한국에서 추가 장치를 한다면 서방 세계의 세계 표준을 변경해야 한다.

탈 원전 목표가 사용 후 연료의 방사능 제거라면 이 역시 한국 기술자들이 제안하는 핵 반응로에서 핵분열을 추가로 일으켜 사용 후 연료의 물리적 양을 대폭 감소시키는 방안도 타당성이 있다. 이 역시 국제 표준을 변경해야 하는 문제이긴 하다.

이러나저러나 탈 원전을 하여 화석 연료로 전환한다 하면 온실 가스 발생을 피할 수 없고 태양열, 풍력 등 재생 가능 에너지로 간다면 에너지 밀도를 높이기 위해서 막대한 자연환경을 변화시켜야 하므로 인류 생활 환경의 파괴를 방지할 수 없다. 단지 탈 원전하는 속도보다 사용 에너지 양을 빠르게 감소시킨다면 인류 생활 환경을 개선하는 셈이 된다. 경쟁력 있는 원전 기술을 보유한 한국이 화석 연료 사용을 점차로 원전으로 대체하고 에너지 사용량을 줄여간다면 인류 생활 환경에 개선하는 것이 된다.

한국 정부가 탈 원전 정책을 추진한다 하더라도 미국과 중국이 원자력 발전에 계속 투자를 하고 있기 때문에 원자력 공학과 출신의 일자리는 계속 존재한다. 그 일자리는 희소가치가 높은 재능이 필요하다. 인류가 아직 미래 리스크를 예측하기 힘든, 경험이 비교적 덜 축적된 분야이고 원자 핵 분열에서 나오는 에너지 밀도가 매우 높기 때문에 안전하게 관리하는 데는 고도의 지식과 기술이 필요하다.

한국의 원자력 기술은 과감한 지도자의 무리한 결정으로 시작되었다. 이승만 정부 시절 원자력 연구소를 세운 목적은 무엇이었던가? 박정희 정부는 어떻게 고리 1호기 건설을 결정했으며 미국에서 10년 걸리던 원자력 발전소를 6년 만에 완공하여 원자력발전소의 시운전을 한 과감한 결정은 어디서 나온 것인가? 가난한 나라에서는 원자탄과 원자력발전소를 혼동한 것 아닌가? 당시 우리는 안전에 대한 인식보다는 국방이 중요했고 전기가 부족해서 기초 생활조차 힘든 나라였다. 화력 발전소보다 원자력 발전소 건설 단가가 적어도 5배 이상 되던 시절이다.

1979년 미국의 TMI 사고가 미국 원자력 기술이 한국으로 몰려드는 계기가 된 셈이 되었다. 미국에서 건설이 중단된 원자력 발전소를 한국에 재정 지원을 해가며 건설했다. 원자력 발전소 건설 기업의 지속성을 유지하기 위해서다. 냉전으로 원자력 기술을 해외로 이전하기를 꺼리던 미국 정부는 한국에 건설하기 위해서 재정 지원뿐만 아니라 미국은 핵확산 방지를 위하여 NRC^{Nuclear Regulatory Commission} 규정을 전수했다. 미국에서도 비용이 많이 들어 실행하기 힘든 안전 규정을 당시 개도국 한국에 강요한 것은 현실적으로 성공 가능성이 희박했다.

그러나 한국 사람들은 자부심을 가지고 그 완성도가 떨어졌던 미국 기술을 보완하여 세계에서 가장 안전한 발전소를 지어 놓았다. 과정에는 시행착오로 인한 엄청난 비용도 부담했다. 미국에서 평균 12년이 걸리는 건설 기간을 6년으로 줄였다. 미국 U.S. NRC 안전 규정을 완전하게 적용했다. 투자 규모로 보아 이미 인건비가 상승된 한국에서도 다시 재현할 수는 없는 기적이었다. 그래서 세렌디피티^{Serendipity}라고 했다.

미국 NRC 규정은 현장 경험이 없는 작업자의 작업들을 안전하다고 간주하지 않는다. 오랜 기간 원자력발전소 건설을 중단한 후 미국의 경험 있는 기술자들이 현장을 떠났다. 현재는 세계에서 유일하게 한국 기술자들만이 그 경험을 축적하고 있다. 우리도 탈 원전 5년을 하면 그 기술자들이 현장을 떠날 수밖에 없다. 세계는 새로운 경험이 축적될 때까지 기다려야 한다. 중국, 러시아, 등 과거 공산권 국가들이 U.S. NRC 규정을 무시하고 원자력발전소를 건설하고 있다. 그들도 초기 시행착오를 겪을 것이다. 한국의 탈 원전이 세계 원자력 평화적 이용 판도를 바꾼다는 인식을 하고는 있는가?

2016년 파리 기후협약 속에서 우리의 탈 원전 정책이 성공하려면 또 다른 기적이 일어나야 한다. 원전 기적을 만들기 위해 반세기 동안 수만 명의 기술 인재들이 힘을 합쳐 해온 노력을 반대 방향으로 투입하여 탈 원전을 한다 하더라도 성공에는 기적이 필요하다. 무엇을 위하여? 2035년에는 탄소제로가 우리를 기다리고 있다.

빌 게이츠가 투자한다고 하여 요즘 자주 거론되고 있는 소형 원자력 발전소는 무엇을 달성 하려고 개발하는가? 송전 구간을 줄일 수 있도록 소비지에 가까운 지역에서 발전을 한다면 효율적일까? 과거 한때 유행하던 초 전도체Superconductivity 개발로 저항이 없는 송전선을 개발하면 어떨까? 문제는 열 이동에 매우 효율적인 액체 금속을 냉각제로 사용하면 폭발성이 강해 위험하다는 점이다. 압력수 원자로의 안전성에 버금가는 SMR을 개발하려면 비용이 막대하게 들기도 하겠지만 현장 운전 경험을 축적하는 것은 미국 정치 상황에서는 실질적으로 불가능하게 보인다.

지식정보 사회로 가다

1998년 텔레비전 공중파 난청지역에는 동네 라디오 방 주인이 중계소를 설치하고 집에까지 동축同軸 케이블로 연결해 주었다. 특별한 규제가 없었기 때문에 민간 업체들이 난립했다.

다른 한편 정부는 난청 해소를 위하여 케이블 텔레비전 업체를 선정하여 인가를 해 주고 있었다. 인구 30만 정도의 지역에 지상파 방송을 중계할 독점권을 주었다. 중계 표준을 정하고 규제했다. 이미 중계를 하고 있던 라디오 방 주인들에게는 경쟁 입찰을 통하여 정부 인가를 받아야 한다는 것은 억울한 일에 틀림없었다. 정부는 중계 품질을 개선하기 위해서 규제를 해야 했다.

자생적으로 발전해 온 기존 케이블 중계업체들과 신규 정부인가를 받은 케이블 방송 업체 간에 독점권을 가지고 시비가 일어났다. 군사정권이 물러가고 첫 문민정부가 들어서고 발생한 일이다.

내가 장관으로 부임하고 첫 번째 민원이 발생했다. 장관실 앞에서 케이블 중계 업체들이 시위를 했다. 민원 해결은 담당 부처가 책임지고 적절히 해결해야 했다.

체신부가 정보통신부로 개편되고 시스템분석 전문학자인 경상현 박사가 초대 장관으로 취임하면서 한국의 전화 통신망을 획기적으로 개편하였다. 그리고 다음 이석채 장관은 행정 전문가로 여러 가지 통신업의 독점권을 인가하면서 민간들의 분쟁을 야기하였으나 우리 통신업이 한층 더 업그레이드하는 데는 큰 기여를 했다. 다음 강봉균 장관은 김영삼 정권 말의 분쟁들을 합리적으로 정리하여 민원을 민주적으로 해결하였다. 다음 정부에서는 IMF 경제 위기 와중에서 경제가 축소 과정에 있었기 때문에 독점권의 수익률이 감소하여 통신 업체들의 운영이 힘들었다.

나는 제4대 정보통신부 장관으로 부임하면서 통신 업체들의 과잉투자를 정부 개입 없이 시장에서 자율 조정하도록 했다. 경제 전문가인 강 장관의 정책을 그대로 유지한 것이었다. 시장이 성장하여 저 수익률을 기업들이 스스로 해결할 때까지 기다리자는 것이었다.

문제는 김대중 정부의 '지식 정보 사회로 가자'는 정치 구호였다. 김대중 정부는 엘빈 토플러의 <제3의 물결>에 감명을 받아 매우 추상적인 의미의 정보사회를 주창했다. 구체적으로 실행 정책을 세워야 하는 장관의 입장에서는 IMF 위기 속에서도 고속 광대역망廣帶域網에 당시로는 과대한 추가 투자를 해야 한다는 고민이 생겼다. 텔레비전 동화상을 전달할 수 있는 광대역망을 민간주도로 투자하게 하는 일이다.

SOC 투자를 민간에 의존한다는 것은 전혀 설득력이 없었다. TV 수상기를 제조 판매하던 대우전자 회장을 하며 광고 모델로 출연해서 '탱크 장관'이라 불리던 시절이었다.

민간주도 투자라는 것은 단기간에 수익성이 보여야 한다는 뜻이다. 수익성 추구라는 것은 투자를 적게 하여 비용을 줄이고 적정한 가격에 많이 파는 것이다.

당시 통신 선진국들은 인터넷 보급을 위하여 NII^{National Information} Infrastructure를 추진했다. 세계에서 가장 앞서가던 미국과 캐나다는 중계 유선 TV 망 용도로 설치한 동축 케이블에 케이블 모뎀^{1M bits per second}을 설치해서 고속 인터넷 통신을 했다. 광케이블 업체인 AT&T는 경제성이 없다는 이유로 가입자 망 보급을 포기하고 AOL^{America on Line}이 이 부문의 선두 업체로 등장하였다. 일본은 일반 전화선^{Twisted Pair}에 디지털 모뎀을 설치한 저속 인터넷 통신 속도^{58K bits per second}를 높이기 위해서 ISDN^{128K bps}을 채택하기 시작했다. NTT Docomo는 프랑스 미니텔^{Minitel} 서비스와 비교하여 꿈의 통신이라고 했다. 주요 고속도로는 광케이블 망을 이미 깔았고 가입자 망^{The Last Mile} 투자를 선진국 간에 경쟁을 하고 있었다. 일본은 ISDN 이후를 막연히 광케이블로 생각하고 전봇대 위 광케이블이 지나갈 선로 확보를 위하여 전력회사와 통신 회사 간의 분쟁 중이었다.

미국은 TV 망을 보안하기 위한 케이블 망을 보급하면서 CBS, ABC, NBC 등 세 개의 중앙방송국들 외에도 소규모 케이블 TV 방송국들이 설립되어 방송이 다양화되었다. 여기에 당시 앨 고어 부통령의 NII 주창으로 고속 인터넷 가입자 망이 추가된 것이다. 최소한의 추가 투자로 설치된 가입자 망의 가입자 수는 1998년 총 인구의 30%를 약간 상회했다. 가입자 수의 비율은 캐나다가 세계 1위로 미국보다 1~2% 높았다.

반면에 일본은 정부 주도로 GII^{Global Information Initiative}을 위한 새로운 인터넷 망을 계획했다. 그러고는 통신회사들이 중심이 되어 ISDN^{Integrated Service Digital Network}으로 문자, 음성, 화상을 통신할 수 있는 복합 망을 깔기 시작했다. 보급률은 약 25% 정도였다. 단지 미국 케이블 모뎀보다는 속도가 느려 동화상은 전달할 수 없었다. 유럽은 프랑스의 미니텔 서비스가 이미 세계를 앞서갔기 때문에 광대역망에 관심이 적었고 스칸디나비아 3국만이 광대역망의 확산을 고려하고 있었다.

한국 정부는 ISDN을 KT를 통하여 초기 실험에 착수한 상태였다. 김대중 정부가 선언한 것처럼 지식 정보 사회로 가려면 광대역망이 설치되어야 했다. 58K 모뎀으로는 겨우 문자 인터넷을 사용할 수 있는 정도였다. 투자가 막대하여 10M bps 광케이블은 경제성이 없다고 생각했다. 그래서 기존 전화선에 프랑스 알카텔^{Alcatel} 사의 ADSL^{Asymmetric Digital Subscription Line} 모뎀을 부착하자고 했다. 여기에 EMPEG IV로 데이터 축소를 하면 TV 화면을 전송할 수 있다.

여기에는 두 가지 문제가 있었다. 하나는 모뎀의 가격 문제이다. 당시 개당 가격 600달러를 1/10로 낮추지 않으면 대중적인 보급이 어렵다고 생각했다. 다른 하나는 ADSL 모뎀의 데이터 송출은 전화선이 3km를 넘으면 급속히 전송속도가 떨어진다.

나는 1백만 대 이상의 대량 생산으로 가격을 낮추기 위해서 한국, 프랑스, 대만 등지의 민간 기업들을 설득했다. 정보통신부 내의 실장, 국장급의 행정 경험이 많은 고위직 공무원들은 아직 형성되지 않은 시장에서 서비스를 파는 것에 대하여는 보수적인 입장이었다. 캐나다, 일본 미국 등 통신 선진국에서도 안 하는 광대역망을 IMF 경제 위기 속에서 상업적으로 확산한다는 것은 현실성이 없는 정책에 틀림이 없다. 행정 경험이 없는 기업인 출신 장관은 '돈키호테' 처럼 '풍차'를 향해 달려가고 있었다.

경제학에서도 점감하는 수익률$^{Diminishing\ Rate\ of\ Return}$ 이론 대신에 점증하는 수익률$^{Increasing\ Rate\ of\ Return}$ 이 거론되기 시작하는 시기였다. 손해나는 기업의 주가가 시장에서 폭발적으로 상승하는 이유는 궁극에 시장 독점 체재를 형성하는 것을 기대하는 것이다. 당시 마이크로소프트가 이미 성공 사례를 보여 주었다.

나는 우선 미국 앨 고어 부통령이 제안한 NII (국가 정보 하부구조 건설)에 대한 미국 산업계의 의견을 듣고 싶었다. 마침 한국을 방문 중이었던 칼리 피오리나$^{Carly\ Fiorina}$ 당시 AT&T Lucent Technologies 부사장이 장관실을 방문하고 있었다. 대화를 자유스럽게 하기 위해서 그냥 통역 없이 영어로 하자고 제안하고 먼저 질문을 했다.

"미국은 부자 나라가 되어 광케이블을 전국적으로 깐다고 하는데 어떻게 진행되고 있나요?"

"정치가들은 말로만 하는데 정작 투자를 해야 할 민간 기업들은 별 흥미가 없습니다."

미국도 진전에는 어려움을 겪고 있는 듯했다.

"현재는 용도가 별로 없어 그렇지만 곧 텔레비전이 디지털화되면 쉽게 확산이 될 것입니다."

나는 희망적인 이야기를 나누고 싶었다.

"장관님은 기술자이시니 디지털 기술이 곧 확산되리라 생각하시는 것 같지만 시장에는 그렇게 빨리 변할 동기가 없습니다."

여전히 부정적인 답변이 왔다.

"피오리나^{Fiorina} 부사장님도 MIT 출신이지 않아요? 인터넷에 동화상이 들어가기 시작하면 예상외로 빨리 확산될 것입니다. 그리고 전화 교환기를 통하지 않고 라우터로 직접 전송이 되는 시대가 이미 닥쳐오고 있습니다."

나는 나름대로 확신이 있었다.

"그래도 세계 통신 계는 그렇게 움직이지 않을 것이에요."

MIT MBA 출신 피오리나 부사장은 당시 한국의 IMF 경제 위기를 더심각하게 생각했다. 그 후 그녀는 휴렛 팩커드^{Hewlett Packard} 회장을 지냈고 한동안 대통령 출마설도 있었다. 미국 사회에서는 매우 영향력 있는사람들 중에 한 사람이다.

다테이시^{立石} NTT Docomo 사장을 만난 것은 동경에서 개최된 국제통신회의에서다.

"인터넷 시대에 부자 나라 일본은 왜 장난감 같은 '아이모드^{i-Mode}'로 100엔짜리 물건이나 사고파는 서비스를 하고 있지요? 그것도 오래 전에 프랑스에서 하던 미니텔^{Mini-tel}을 리엔지니어링한 것 아닌가요?"

프랑스 '미니텔^{Minitel}' 이후 세계적으로 화제가 되었던 i-Mode를 비꼬면서 내가 건넨 말이다.

"아직은 가난한 나라인 한국 서울에서는 1인당 주거 면적이 일본 도쿄보다 넓고 1인당 소고기 소비도 일본보다 많으니 IMF에 차관으로나 국가 경제를 유지하는 것 아닙니까? 아직은 협대역망도 과한데광대역망은 미국도 경제성이 없다고 합니다. 한국에는 아직 일본의 ISDN도 사치스럽지요."

그의 답변에는 가시가 있었다.

"손정의 씨는 동경전력 전신주를 빌려 광케이블을 설치하여 광대역 서비스를 하겠다는 데요. 일본의 'GII^Global Information Infrastructure'는 그냥 정치 구호인가요?"

1996년경 프랑스 톰슨^Thomson Multimedia 사를 인수^M&A하고자 할 때 Thomson 기술이라 하던 ADSL^Asymmetric Digital Subscriber Line이 생각났다. 미국 유학 시절부터 잘 알던 이용경 박사에게 전화를 했다. 그는 당시 KT 연구소장이었던 것으로 기억한다.

"ADSL^Asynchronous Digital Subscriber Line이 어떻게 작동하는 것이지요?"

"아이 배 장관, ADSL은 비 동기화^Asynchronous가 아니라 비대칭^Asymmetric이예요. 한쪽으로는 고속, 다른 쪽으로는 저속인 통신 라인입니다. 그래서 쌍방향 통신이라고는 하지만 TV 방송 같은 수준이지요."

통신 전문가인 이용경 박사는 기계공학 박사인 장관이 실수할 것 같아 단어를 수정해 주었다. 그러나 나는 당분간 인터넷의 정보 전달이 한쪽으로는 고속이라 해도 다른 쪽은 '예, 아니오' 등의 간단한 대답을 전달하면 된다고 생각했다.

당시 정보통신부에서는 주말이면 간부들이 동서울 기지국에 모여 테니스 시합을 했다. 지금은 기억이 어렴풋하지만 그곳에서 연세대 전자과 출신인 신용섭 전파과장과 ADSL에 대한 의견을 주고받았던 것으로 기억한다. 그 다음날 그는 장관실로 찾아와 기지국에서 3km 이내에 있는 가구가 전 가구의 80%에 해당하니 속도 문제는 없다고 했다. 형태근

과장은 이 서비스를 하나로통신에서 시작하려고 하는데 월 통신비만 3만 원 이하로 정하면 보급에는 문제없다고 했다. 정부 부처의 과장들이 장관하고 직접 대화하려면 관료적인 절차가 필요하던 시절이었다.

무선 전화 통신이 고속으로 발전하면서 기지국과 소비자 간의 거리가 가까워졌다. 고속 통신에 연결해야 집에서 공부하는 학생들에게 유리하다고 부모들은 생각했다. 통신 시설의 발전이 너무 빨라 그 용도도 모르고 경쟁적으로 우선 설치하고 보자는 가정이 많았다. IMF 위기 속에서도 생활비를 절약하여 자녀 교육에 투입해야 살아남을 수 있다는 생각이 팽배했던 시절이다.

광케이블 사업으로 인가를 받은 하나로통신은 부가서비스 인가를 추가하여 ADSL 서비스를 시작했다. 하나로통신의 성공은 전적으로 고집스러운 신윤식 사장의 기업가 정신 덕분이다. 당시 ADSL 서비스로 민간 기업이 수익을 낸다는 것은 프랑스 알카텔^{Alcatel}의 세르즈 처럭^{Serge Tchuruck} 회장도 상상하지 못했다고 했다. 미국, 일본의 전문가들도 안 된다는 것이었다.

20여 년이 지난 지금은 세계가 광케이블로 고속 망을 경쟁적으로 깔고 있지만 당시에 사용률이 3%도 안되던 고가의 광케이블은 당시에도 과잉 투자였다. 징검다리 역할을 한 것이 보통 전화선에 ADSL을 사용하여 투자 비용을 줄이는 것이었다. 일단 소비가 늘어나기 시작하면서 광케이블도 경제성이 있다고 금융계가 인정하여 투자 자원을 마련할 수 있게 된 것은 한국이 앞서 간 후에 일이다. 경제성이 없다던 미국과 일본도 한국을 쫓아서 고속 망에 투자를 크게 늘렸다.

미국, 일본 등 선진국에서도 가능성이 없다던 이 정책이 IT 강국을 만들었다. 2000년 한국의 초고속 통신 보급률은 미국, 일본을 능가하여 세계 제일이 되었다고 IOC^International Organization of Communication에서 집계했다. 그리고 한국은 자타가 공인하는 IT 강국이 되었다.

IT 강국이 될 때 정보통신부 장관이었다는 것은 아주 생색이 나는 일이다. 그러나 CDMA 등 최첨단 통신망을 깔고 난 직후 IMF 사태가 벌어진 것은 어떻게 설명해야 하는가? 인터넷 망으로 사용되던 ADSL 광대역망은 점차로 광케이블로 대체되어 속도가 더 빨라졌고 이제 많은 부분이 5G 무선망으로 교체되고 있다. 경제적인가? 이젠 경제성보다는 변화의 관성이 기술 푸시를 하는 것 아닌가?

그동안 문제의 케이블 TV는 시장 경쟁에서 어떻게 되었나? M&A를 통해서 규모는 커졌으나 적절한 부가가치 사업은 아직 보이지 않는다. 패자 부활전은 가능할까? 3대 통신 업체가 독과점 체재를 이루고 있는 통신 시장의 규제는 이제 정보통신위원회 소관이다.

국가 출연연구소

중화학 공업을 추진하면서 박정희 정부는 여러 출연 연구소를 설립했다. 주요 목적은 중화학 공업에 필요한 기술 개발이다. 그러나 세계 시장의 경쟁력은 기술혁신에서 온 것이 아니라 높은 생산성에서 발생했다. 공정 선택의 차별화가 아니라 현장 작업자 숙련도에서 생산성의 차별화로 경쟁력이 향상되었다. 철강, 조선, 자동차, OLED, 반도체, 등에서 현장 숙련도는 세계를 앞서간다.

그러면 지난 반세기 동안 출연 연구소들의 기여는 무엇인가? 제임스 왓트 스팀엔진이 1차 산업혁명의 시발점이라면 에디슨 전구 필라멘트에서 시작하여 GE의 스팀터빈, BWR^{Boiling Water Reactor}까지가 2차 산업혁명이고 펜실베이니아 대학의 ENIAC에서 시작하여 IBM 대형 컴퓨터 그리고 Apple 개인용 컴퓨터가 3차 산업혁명이라고 하면 ETRI에서 개발한 AI, 빅 터이터가 4차 산업혁명에서 시발점이 될 것인가?

KAIST의 창립초기 터만^{Fredric Terman} 보고서처럼 특별한 임무를 가지고 시작했지만 50여년이 지난 이 시점에서 돌이켜 보면 국가의 두뇌집단으로 역할을 충분히 해 왔다. 이 과학 기술 두뇌집단이 있어서 그들의 특별한 기여로 한국이 선진국이 되었다거나 투입 비용 대비 경제적 성과가 컸다거나 등의 평가는 후에 역사 학자들에게 맡기고 미래 방향에 대한 얘기를 해보자.

앞의 에피소드에서 설명한대로 ADSL 모뎀을 전화선에 설치하여 광대역망 보급이 되었다면 모뎀을 설치한 수 있는 전화선이 미리 깔려 있어야 했고 단말기 모뎀들을 관리하는 주기기가 설치될 CDMA 이동전화기 교환소가 미리 설치되어 있었다는 의미이다. 그래서 한국이 미국을 앞서가게 되는 것이다.

ETRI에서 전화 표준을 만들었고 이것이 IT 강국으로 이어진다. ETRI가 없어도 IT 강국은 될 수 있으나 우리의 경우 ETRI가 있어 초고속망이 경쟁국들 보다 빨리 보급된 것도 사실이다. 출연 기관의 중요한 역할이다.

지난 50년 간 사회 변화가 많았고 우리 국민들이 바라는 상품, 서비스도 크게 달라졌다. 정부 출연 연구 기관들은 어떻게 변해야 하는가? 우선 두뇌집단은 지식집단이 아니라 창의력 집단이 되어야 한다. 창의적 연구를 해야 하고 교육을 해야 한다. AI, 빅데이터를 익숙하게 활용하면 전문 자격증이 없어도 과거 전문지식 집단이 하던 많은 일을 할 수 있다.

사람들은 한국의 KAIST 가 세계 일류 대학인 MIT, Stanford와 같은 대학이 될 수 있을까 질문한다. 이 질문은 과거형 질문이다. 반대로 MIT, Stanford와 다른 대학이 될 수 있을까 라는 미래형 질문을 해야 하는 시대가 되었다. 미래형 질문은 반드시 긍정적인 방향으로 발전한다는 보장은 없다. 부정적인 리스크를 감안하여 시도를 해야 하고 피드백을 통해 반복하여야 한다.

개인들이 자유스럽게 창의성을 발휘할 수 있는 시스템을 어떻게 설계해야 하는가?

출연기관은 원래 정부가 투자를 하고 정부로부터 독립적인 운영을 한다는 정부 예산이 투입되는 기관의 인사 재정 문제는 반드시 정부의 감독을 받는 것이 원칙이다.

제 4 장

디지털 디바이드

레일리 방정식 (Rayleigh Equation)

$$\frac{P_G - P_\infty}{\rho} = \frac{2\sigma}{\rho R} + \frac{d^2 R}{dt^2} + \frac{3}{2}\left(\frac{dR}{dt}\right)^2$$

물속에 있는 공기 방울의 진동을 표현하는 레일리[Rayleigh]의 운동방정식이다.

　1966년 나의 MIT 첫 수업에 들어온 샤피로[Ascher H. Shapiro] 교수가 칠판에 써 놓은 방정식이다. 그 교수는 돌아서서 학생들에게 질문했다. 봄에 시냇물 소리가 음악적으로 들리는 이유는? 그러고는 위의 미분방정식에서 물에 섞인 공기방울의 고유 진동수를 계산하는 방법을 설명했다. 봄에 시냇물이 녹는 온도에서는 공기 방울의 고유 진동수가 피아노 음역이 들어가기 때문에 음악적으로 느낀다고 설명했다.

　"교수님, 피아노 음역의 음이라도 단일 주파수 음으로는 음악이 안됩니다. 피아노의 E음은 그냥 소리이지 음악이 아닙니다. 시냇물이 녹는 온도에서 공기방울의 고유진동수를 계산하면 C 또는 E음 높이의 소리는 나올 수도 있겠지만 C와 E음과 같이 서로 다른 주파수의 음들을 강약과 길이로 조합하여야 사람에게 감동을 주는 음악이 될 수 있습니다. 시냇물 소리가 음악적으로 들리는 것은 물이 바위 사이를 흐르면서 압력과 온도가 적절하게 변화를 만들고 피아노 음 대역에 있는 여러 주파수의 높고 낮은 음들이 적절한 조합을 만들었기 때문입니다."

영어가 부족하여 머뭇거리다가 수업이 끝난 후 강의실을 나가던 샤피로 교수를 붙들고 문법도 맞지 않는 영어로 내가 한 말이다. 샤피로 교수는 잠시 쳐다보더니 "자네가 그 음들의 변화를 수리적으로 풀 수 있으면 그 해답을 가지고 내 방으로 찾아와" 하고는 가버렸다.

유체역학 미분방정식은 변수 간에 커플링^{Coupling}이 생겨 어느 경우에도 맞는 일반 해가 없다. 특수한 경우에 가상적인 모델을 만들어 필요한 수치(이 경우는 공기 방울의 고유 진동수)를 구할 수도 있다는 것을 예시한 것이었다. 그런데 비행기 날개를 설계하기 위해서 유체역학 지식이 왜 필요한가? 비행기 날개를 설계하는 사람에게는 어떤 유체역학 지식이 필요할까? 샤피로 교수에게서 유체역학을 배운 사람은 비행기 날개를 더 잘 설계할 수 있는가?

그 교수의 학기 후반부 강의는 미분방정식이 하나도 없고 모두 유체 유동을 그림으로 표현하는 정성定性적인 해석이었다. 목욕 통에서 물이 빠지면서 소용돌이^{Vortex}가 발생하여 높은 음역에 소음이 나는 것, 골프 공에 딤플^{Dimple} 있으면 멀리 날아가는 것, 성냥갑처럼 생긴 MIT의 지구 과학 연구 동(I.M Pei 설계) 1층에 바람이 많이 부는 이유 등 정성적인 분석을 미분방정식이 아니라 손짓 설명으로 유체 역학을 가르쳤다. 미분방정식으로 해결이 안 되는 유체의 운동을 분석하고 예측하는 방법을 가르쳤다.

후일 페이I.M. Pei가 설계한 보스턴Boston 번화가의 존 핸콕John Hankock 보험회사 고층 빌딩에서 사무실 내외의 압력 차이로 거대한 유리창이 길거리로 빠져나오는 사고가 발생했다. 샤피로 교수 연구실에서 그 문제를 해결했다. 어떻게? 유리창 틀을 더 견고하게 키웠고 강화 유리를 껴 변형이 적게 했다. 건물 내 외부의 공기 압력 차이가 커도 견딜 수 있게 만들었다. 아날로그 유체역학 지식이 필요했던가?

그 수업 이래로 나는 유체역학 분야의 모든 과목에서 항상 최고점인 A 학점을 받았다. 학기말 고사 시험 문제를 잘 풀기도 했겠지만 당대의 세계 최고라고 평가를 받던 샤피로 교수가 항상 내가 구두시험을 치를 때마다 교실 뒤에서 나에게 개인적인 격려의 말을 하고 나갔기 때문이다. 나는 교수 찬스를 매우 잘 활용했던 셈이다.

시험 성적은 미분방정식을 잘 푸는 실력이 아니라 문제를 인지하고 해결 방법을 제시하는 실력대로 학점을 매긴다. 언뜻 보면 기준이 매우 모호하여 불공정하다. 그러나 나는 줄을 제대로 섰다. 교수, 학생 중에 80% 이상이 유태인이던 MIT는 그렇게 끼리끼리 모여 그룹을 만들고 교육하면서 최고의 명성을 유지해왔다.

영어를 잘 못해서 촌스럽던 이 한국 학생은 어렵사리 유태인 그룹에 끼여서 그들의 동료가 되었다. 나는 시험문제의 정답을 찾아내는 공부를 한 것이 아니라 교수들은 왜 그런 문제를 냈고 학생들이 어떤 방식의 해답을 제출하려고 노력하는가 하는 그들의 생활 문화를 열심히 배우려고 했다. 결국 내가 MIT에서 배우고자 했던 것은 훌륭한 엔지니어가 되기 위해서 필요한 지식, 스킬, 자세가 아니었던가?

같은 실험실 동료인 호로위즈(Jeffrey Horowitz; 그도 유태인이다)는 나에게 포트란^{FORTRAN} IV 컴퓨터 응용 프로그램을 가르쳐 주었다. 서울서 가져간 헤미^{Hemmi} 대나무 계산자(Sliding Rule; 곱하기 계산에 편리하다) 대신에 MIT 기계과에 있던 IBM 1130 컴퓨터를 사용하라고 일러 주었다(컴퓨터는 이진법 0,1의 덧셈을 매우 빨리 해낸다. 그러나 당시에는 곱셈을 계산자로 하는 사람보다 특정한 곱셈은 빠르지 않았다).

MIT 졸업장 속에는 많은 사람들과 그들의 관계에서 발생하는 수많은 이야기가 있다. 이것을 단순히 MIT를 졸업했다고 한다.

디지털 시대가 시작하던 때의 이야기다. 이제는 나비에 스토크스 방정식을 가지고 유체역학 해석을 하지 않는다. 그냥 주위 조건을 컴퓨터에 입력하면 압력 분포, 속도 분포를 숫자로 알려준다. 디지로그(이어령 박사가 역설; 아날로그와 디지털의 합성어) 시대를 건너 뛰어 바로 디지털 시대로 진입했기 때문에 오히려 불연속 갭이 생겼다.

디지털 문화

IT 발전으로 정보 전달이 신속하면서도 광범위하게 전달되는 시대가 되었다. 우리는 세계에서 가장 빨리 정보 인프라가 투자된 나라에 살고 있다. 이 기술을 잘 활용하는 나라에 시장 경쟁력이 생긴다고 한다.

세계에서 경쟁력이 있어 경제 성장이 앞선 나라를 선진국이라 한다. 대부분이 민주주의를 한다는 민주공화국이다. 그리고 민주주의 나라들은 시장경제를 한다. 경제가 빨리 성장하다 보니 빈부의 격차도 벌어졌지만 가난한 사람도 예전보다는 잘 살게 되었다.

빈부의 격차를 보고 "분노를 하는 것이 정당하다"라고 주장하는 정부가 5년간을 집권했다. 빈부의 격차를 줄이겠다고 정부가 개입하니 '소득 주도 성장'도 그렇고 '아파트 가격'도 바람직한 방향으로 조정이 안되었다.

디지털 경제로 변하면 무엇이 달라지는 것인가? 우리가 오늘 사는 방식을 생활 문화라고 한다. 우리 생활에 IT가 들어오면서 무엇이 달라졌는가? 그 변화가 우리가 바라던 그런 방향인가?

컴퓨터가 발명되고 그것이 우리 생활에 들어오는 과정에서 많은 선택이 과학 기술자들에 의하여 이루어지면서 기술 논리가 주도하여 IT가 발전되어 왔고 인간 문화가 인문 사회학보다는 과학 기술로 주도하여 변해 왔다.

레일리 방정식을 이해하지 못해도 봄 시냇물 소리는 아름다운 음악이라 느낀다. 그러나 햄버거 가게에서 주문을 하려고 키오스크Kiosk 앞에 서면 IT 숙련도가 있어야 하게 되었다. 숙련도는 방법을 지식으로 아는 것뿐만 아니라 그 방법을 틀림없이 신속하게 수행하는 익숙한 행동을 말한다. 개인들이 남들과 같이 살아가려면 나의 IT 숙련도를 높여야 하게 되었다.

1958년 '과학주의'를 제창한 스노Charles Percy Snow 교수는 영국 케임브리지Cambridge 대학에서 '두 문화와 과학혁명The Two Cultures and the Scientific Revolution'이라는 강연을 했다. 영국 학생들은 문과 이과로 나누어 가르쳤기 때문에 이과 학생들은 찰스 디킨스Charles Dickens를 안 읽었고 문과 학생들은 열역학 법칙을 모른다고 했다. 그렇다고 해서 그 시대에 양자역학이 대중을 떠났고 비트 문학이 대중을 떠났나? 당시 고 에너지 물리학High Energy Physics 분야에서는 이론과 실험 분야의 학자들조차도 같은 문제를 풀면서 서로 대화가 없었다. 캘리포니아 히피 족들은 기존 문명을 전체적으로 거부했다.

1959년 경기고등학교 1학년 시절 〈요한 시집〉 저자 장용학 선생님이 국어를 가르쳤고, 2학년에서는 〈흙 속에 저 바람 속에〉 저자 이어령 선생님이 가르쳤다. 학생들은 앙드레 지드의 작품을 읽었고 헤르만 헤세, 토마스 만, 제임스 조이스의 소설을 읽었다. 그리고 어둡던 대학 시절 1960년대 초에는 존 오스본의 〈성난 얼굴로 돌아보라〉를 읽었다. 그리고 서울대학에서는 문리대 민광식 교수 강의, 파울리의 '양자론'에서, 하이젠베르크의 '불확실성 원리', 볼츠만의 '통계역학'을 배웠다.

한국의 교육 현장에는 후진국 시절부터 세계적인 시야를 가진 선생님들이 있었고 총명한 학생들이 있었다. 단지 그런 교육 기회가 제한적이긴 했다. 그래도 운이 좋게 기회를 잡을 수 있었으면 한국에도 기회는 있었다. 가난한 나라에도 훌륭한 선생님들이 있었기 때문이다.

그 가난했던 선생님들은 왜 가르쳐야 하는지도 모르고 외국 대학 교수라면 가르치지 않았을 것들도 가르쳤다. 지식보다도 학생들이 스스로 삶에 대한 자세Attitude를 배우려니 했다. 선생님 세대보다 한 세대 다음 학생들에게 자기 삶에서 오는 지혜보다는 책에서 읽은 이야기들을 가르쳤다.

우리 현장에서는 가난을 벗어나려는 의지와 자세가 필요했다. 뜻이 있으면 길이 있다 해서 당시 가난했기 때문에 선진국 학생들보다 더 열심히 공부해야 한다고 생각했다. 지식이 힘이라고? 1960년대 이야기다. 그 시대에 한강의 기적이 일어났다. 지식을 알고 모르는 문제가 아니라 사회적인 규율을 지키고 의지를 가지고 협력해서 선진국이 된 것이다.

그 당시 후진국에는 그런 문과, 이과 지식이 필요한 현장이 없다고 했다. 그 현장은 30-50클럽이 된 지금에서야 생겨났다. 오래전 그 지식을 배운 학생들은 벌써 은퇴하고 현장을 떠났다. 우리 교육은 항상 현장에서 멀었다. 현장과 가까운 지식이 무엇인가? 이제는 지식을 현장에서 활용하는 방법은 알고 있는가? 방법은 머리로만 알아서 되는 일이 아니라 해보고 터득해서 숙련도가 있어야 한다. 그리고 하고자 하는 의지가 있어야 한다. 가난한 나라에서는 먹고 살아야 하는 의지가 강했다.

노인들은 젊은 세대의 독서량이 부족한 것을 걱정한다. 이젠 그 지식을 알파고AlphaGo처럼 클라우드Cloud에 연결된 스마트폰에 넣고 다니는 시대가 되었다.

현장에서 스마트폰에 들어 있는 지식을 어떻게 익숙하게 활용할 것인가? 특별한 숙련도가 필요하다. 고도의 숙련도를 AI 도움으로 단시간에 취득할 수 있을까? 어떻게? 컴퓨터 기기를 사용하는 데 익숙해야 하고 동시에 가상 공간Virtual Reality에서 시행착오Trial and Errors 방법에 익숙해지도록 연습을 해야 한다.

기원전 4세기 에피큐리언Epicurean 철학을 가진 루크레티우스Lucretius는 〈On the Nature of Things〉라는 시詩에서 모든 물질은 아톰으로 구성되어 있다고 했다(Stephen Greenblatt, The Swerve, Norton, 2011).

물질의 본성은 아톰이 공간에서 운동하며 만드는 것이라 했다. 이 시는 기독교 사회가 시작하면서 사라졌다가 14세기 르네상스 시대에 우연히 기독교 사제들에게 복사되어 지하에 숨겨서 읽혔다. 그리고 종교개혁이 일어났고 갈릴레오의 지동설이 종교와 논쟁이 되었다. 르네상스 시대를 열었다.

아톰 이야기는 2000년 후 17세기 말 뉴턴의 고전 역학을 거쳐 20세기 초 독일의 물리학자 막스 플랑크Max Planck의 양자 개념까지 발전했다. 아톰은 입자와 동시에 파동인 양자가 되었다. 아인슈타인의 상대성 원리다. 그리고 1945년 일본에 원자 폭탄이 떨어졌고 아인슈타인은 자기의 연구 결과가 인류에 큰 해를 준 일에 대하여 실망하며 노후를 프린스턴 고등연구소에서 불행하게 여생을 지냈다. 오늘날 양자역학은 새로운 길을 찾고 있다.

우리는 대학에서 양자역학에 대해 아톰의 6차원 운동이 일어나면 물질에는 어떤 물성이 생기는가를 미분 방정식으로 계산하는 방법부터 배웠다. 그것이 왜 기독교의 교리를 벗어나는지도 몰랐다. 어차피 하느님이 창조한 세상만사는 미분방정식으로 풀 수 있는 문제가 거의 없다. 인문학 관점에서 모든 물질이 아톰과 공간으로 구성되어 있다는 주장이 신의 창조를 모욕하는 것이라고? 천주교 사제들의 논리 비약이다.

자유 운동을 하는 입자의 운동을 분석하면 점성粘性을 계산할 수 있다. 그러나 자연현상에서 점성을 측정한 것과는 거리가 멀다. 입자 간의 1차 충돌이 주 운동인 희박한 혼합 가스Lean Mixture인 경우는 계산이 가능하지만 밀집한 유체에서는 다중 충돌로 점성을 계산할 수 없다. 물리학은 인간의 논리이다. 자연현상을 이해하기 위한 인간의 논리이지 그 자체가 자연 현상 변화의 섭리가 아니다.

인문학과 과학의 분류는 오랜 기간에 걸쳐 기독교가 지배해 온 서양 사회의 독창적인 논리의 전개가 아닌가? 고등학교 2학년부터 왜 문과와 이과를 분리해야 하는가? 대학입시 문제가 다르기 때문이다. 문과에서는 미적분을 포함한 수학Ⅱ를 가르치지 않았다.

에피쿠로스Epicurus 이후 2500년이면 우리의 역사는 고조선 시대에서 삼국시대를 거쳐 고려, 조선 왕조까지 이어왔다. 우리의 유전자는 그동안 어떻게 변했을까? 우리는 양자 역학을 어떻게 배웠어야 했던가? 학교에서 배운다고 유전자에 기록이 되었을까? 찰스 디킨스를 읽었다고 영국의 산업혁명을 이해한 것일까? 제4차 산업혁명에 들어가면서 세계사적 관점에서 우린 무엇을 배워야 하고 어떤 연구를 해야 하고 어떻게 시작해야 하는가? 우선 역사적 관점에서 디지털 문화를 보자.

첫째 부류는 뉴턴 역학에서부터 자연과학을 배운 세대이다.

자연 현상을 수학적으로 표현하기 위하여 단순한 모델을 만들고 그 모델을 분석했다. 미분방정식으로 표현해도 안 풀리는 문제는 더 단순화하여 수치해數値解를 얻을 수 있는 선형화를 했다. 그 선형 모델이 성립할 수 있는 미세 구간으로 나누어 고속의 연산을 해서 답을 얻었다. 컴퓨터의 디지털 세계이다. 그 수치해를 가지고 자연현상을 재구성하는 것은 합리적인 이론의 전개가 아니라 감성적인 추상적 사고이다.

둘째 부류가 찰스 디킨스를 읽은 인문 사회계열 세대이다.

추상적인 변수들을 복합적으로 구성하여 미래를 예측할 수 있는 이론이 성립하지 않는다. 여건이 변하기 때문이다. 내로남불이다. 같은 행동을 하더라도 나와 남의 여건이 다르다. 경제학에서부터 시작하여 변화를 미세 구간으로 나누어 진행적인 분석을 하기 시작했다. 연속적인 사고를 작은 구간의 서로 독립적인 변수의 집합으로 구분하는 것이 가능한가? 이제는 LP와 CD의 소리를 구분하기 힘들게 된 것도 사실이다.

셋째 부류가 처음 사고를 시작할 때부터 컴퓨터를 가지고 태어난 세대이다.

카너먼Daniel Kahneman의 시스템 2(Daniel Kahneman, Thinking, Fast and Slow, Farrar, Straus and Giroux, 2011)를 학교 교육에서 훈련 받은 논리가 아니라 가지고 있는 스마트폰을 눌러서 해결했다. '시스템1'은 사람의 동물적 반응에서 나온다고 하자. '시스템2'를 스마트폰에 의존한다면 스마트폰 모델에 따라 편향, 과신, 선택이 달라진다.

이 세 부류의 사람들 사이에 디지털 디바이드가 발생했다. 그러나 같이 살아가려면 동일한 문화 속으로 들어가야 한다.

연속적Continuous인 아날로그 시대가 분별적Discrete 디지털 시대로 변하면서 인간의 생활 방식이 변했다. 미분방정식을 풀어야 하는 시대가 지나고 그냥 바로 수치 계산만 하면 되는 시대로 변했다.

기술이 발달하면서 디지털 시그널이 인간이 인지할 수 없을 만큼 작은 구간의 집합이 분별적이 아니라 연속적이 되어 버렸다. 아날로그와 디지털 잡종Hybrid인 디지로그Digi-log 시대는 없고 그냥 디지털 시대로 전환해 버렸다.

    이제는 모두가 디지털 시대에 살고 있다. 그러나 디지털 숙련도의 차이로 발생한 디지털 디바이드는 보수 세대와 진보 세대를 갈라 놓았을 뿐이다.

나비에 스토크스 방정식 <small>(Navier–Stokes Equations)</small>

$$A_Z \frac{dP}{dz} = A_Z \frac{a}{d_0}[a\rho_v + (1-a)\rho_l] + \tau_0 S + \frac{1}{g_0}\frac{d}{dz}(U_v W_v + U_l W_l)$$

유체 역학에서 유체의 유동 해석에 사용하는 기본 방정식이다. 비선형 3차원 편미분방정식으로 일반적인 해법<small>General Solution</small>은 존재하지 않는다.

나는 1969년 3월 이 방정식을 이용하여 관 내부를 흐르는 액상液相과 기상氣相 Two Phases, 두 개의 다른 상相의 유체들이 환상環像 유동Annular Flow을 이룰 때 압력 변화와 열전달 계수를 수치 해법으로 계산해 냈다. 일반 해법이 아니라 조건이 붙는 한정된 구간에서만 맞는 답이다. 당시에는 비교적 대형이던 IBM 1130에 FORTRAN IV 언어를 사용하여 반복 연산으로 수치해를 계산해 놓은 것이다. 비슷한 경우에 누구라도 이용할 수 있는 특수한 계산자를 새로 만든 셈이다.

그전까지는 미국 냉동공조학회ASHRAE에서는 비슷한 현상의 실험 데이터를 통계학적으로 처리하여 지수함수로 만들어 사용하는 것을 표준으로 했었다. 내가 제안한 계산 방법은 1960년대 MIT에서 처음으로 발표한 인공지능 알고리즘의 일종이다.

워렌 로제노우Warren M. Rohsenow 지도 교수는 "나도 너의 해법이 맞는

지, 틀리는지 수학적으로 증명할 수 없으니 여러 교수들이 오류를 찾아내도록 하자"라고 했다. 그러고는 미국기계학회 관련 분야 전공 교수들에게 그 논문을 보냈다. 여러 교수들이 비판적인 지적을 해 왔다. 내 해법은 맞는지는 판명이 안 났지만 틀린 점도 발견할 수 없었다.

그 해 6월에 박사 논문이 심사에 통과하였으니 당장에 취업을 하라는 통지를 받았다. 1966년 9월에 입학했으니 2년 9개월 만이고 석사학위 논문을 제출한 지는 6개월이 지나서이다.

그리고 서둘러서 자동차 부품 회사인 보그워너^{Borg-Warner}사에 취직을 했다. 그것도 로제노우 교수가 친지인 보그워너사 칼 무어^{Carl Moore} 부사장에게 추천해서 마련된 직장이었다.

나는 대학교수가 되었으면 했는데 로제노우 교수는 기술 현장을 추천하면서 "네가 3년 정도 현장 경험을 얻고 다시 오면 대학교수 직도 알아 봐줄 수 있어"라고 했다. 1년 반의 군 복무를 합쳐서 서울공대 5년을 다닌 셈이고 MIT를 3년 다닌 정도로는 훌륭한 공학 교수가 되기에 부족한 경험이라는 말씀이었다. 로제노우 교수 자신도 다이나테크^{Dynatech}라는 회사를 창업하여 학생지도보다는 회사 경영에 더 바쁘던 시절 이야기다. 로제노우 교수는 그로부터 15년 후 첫 학기 강의를 마친 나에게 MIT 종신교수 과정을 천거했다.

MIT 교수들은 학생들에게 친절했다. 그러나 박사 학위를 받고 졸업하기는 매우 어려웠다. 동급생 200여 명 중에 15명 정도만이 학위를 받았다. 기계공학과의 박사 학위 수여 요구 조건은 2년간 MIT 대학원 과정에 등록을 해서 학기당 두 과목 이상을 수강해야 하고 박사 학위 심사에 합격하는 것이다.

한국에서도 학업 성적이 뛰어나지 못했던 나는 경쟁이 심하던 미국 사회에서 발탁되는 노하우를 터득해야 했다. 당시 MIT 교육은 새로운 이론을 연구하는 학자 양성이 아니라 산업 현장에서 당면하는 문제 해결사 양성을 우선했다. 물론 과거의 오랜 경험에서 오는 육감으로 짐작했던 해법을 구체적으로 수학 모델을 만들어 해결하는 과학적 방법을 가르치려고 했다.

시험 성적을 잘 받으려면 우선 시험 문제를 출제하는 교수의 의도를 이해해야 한다. 열심히 공부도 해야 하겠지만 담당 교수의 교육 의도를 읽고 시험 문제를 예측하여 준비하는 것이 좋은 성적을 받는 방법이다. 나는 초등학교부터 일류 학교를 다녔지만 MIT에 가서야 성적이 좋게 된 이유는 타고난 머리가 좋아서가 아니라 좋은 성적을 받는 노하우를 터득하였기 때문이다. 입시 준비 학원 교사들이 잘 하는 방법이다. 불평하지 마라. 내가 사는 세상은 공정하지도 공평하지도 않다.

내 논문은 로제노우 지도교수가 1970년 열전달 분야의 노벨상이라 할 수 있는 막스 야콥 기념상(Max Jacob Memorial Award; 미국 기계공학회[ASME]가 1961년 제정하여 매년 열전달 분야 공로자에게 수여)을 받을 때 그의 업적으로 자세히 기술되었다(Warren M. Rohsenow & James P. Hartnett, Handbook of Heat Transfer, McGraw-Hill, 1974, pp12-19-27).

1979년 KAIST 박사 학위 논문 지도학생이었던 고려대 최영돈 교수의 논문을 발표하려고 영국 스완시[Swansea] 대학에 갔을 때 일이다.

"유선형 자동차 표면 곡선에서 바람의 속도를 계산하기 위해서 수치 해석을 하셨다는데 계산 시간이 얼마나 걸렸습니까?"

"슈퍼컴퓨터로 3개월 계산한 결과입니다."

"아니 슈퍼컴퓨터가 1시간 계산하는 양의 입력 데이터를 작성하는데도 여러 학생들이 6개월 이상 작업을 하여야 하는데 컴퓨터 작업 시간 만 3개월은 너무 많은 노력을 한 것 아닙니까? 저는 손가락에 침을 칠해 근처에 대면 정확한 속도는 몰라도 유동 경계층이 분리되었는지의 여부는 알 수 있는데 계산을 지나치게 많이 한 것 같네요."

"교수님같이 어린 시절 들판에 나가 놀아 본 경험이 있는 사람들은 손가락에 부는 바람의 속도를 짐작할 수 있을지 몰라도 어린 시절 컴컴한 방 안에서 컴퓨터 게임만 하고 자란 세대는 바람의 속도 차이를 피부로 느낄 수는 없습니다. 그래서 이런 슈퍼컴퓨터 계산은 후세대를 위한 연구이고 교육입니다."

그로부터 40년 후 현재 전기차를 설계하는 사람들은 이런 연구 결과를 이용하고 있을까?

1990년대 내가 방문한 미국 제너럴 다이나믹스General Dynamics의 전투기 F-16 설계에는 2000명의 박사급 엔지니어가 일하고 있었는데 동시대 프랑스 닷소Dasso의 전투기 미라지Mirage 설계에는 20여 명의 경험 있는 엔지니어가 일하고 있었다. 아날로그 설계와 디지털 설계의 차이인가? 수치로 평가한 전투력에는 큰 차이가 없었다.

디지털 세계로 와서 개선된 것 없이 소요 인력만 증가하였다면 기술의 발전은 무엇을 의미하는가? 20명 프랑스 엔지니어들이 밤새워 일했다면 2000명의 미국 엔지니어는 '9 to 5' 정규시간만 일했을 가능성이 높다. 전투기 생산은 가격 경쟁을 안 했다. 엔지니어 개인들은 일 시간을 절약하여 일상생활이 행복해졌나? 미국의 IBM, GE 등 시장 경쟁을 하는 민간 기업들의 엔지니어들은 노동 시간이 길어 불행한가?

디지털 소비

디지털 기술을 이용하여 공학적 문제를 해결하는 것을 그냥 디지털 소비라고 했다. 공학적 문제 해결에는 전통적인 방식이 있다. 디지털 기술이 들어와도 그 방식이 변한 것이 아니라 해결 범위가 넓어진 것이다.

17세기 중반 영국 산업혁명은 기계 동력을 사용하기 시작하면서 생산, 교통에서 획기적인 생산성 변화가 일어나 발생한 사회 변혁이다. 특정한 수요가 있어서 발명된 것도 아닌 스팀 엔진이 그냥 시장 경쟁을 하다가 개인들이 자율적으로 기계 동력을 사용하게 되었다.

그 결과 사회 전체적으로 생산성이 폭발적으로 증가했다. 국가가 특정한 목적을 가지고 정책적으로 일으킨 산업혁명이 아니다. 그냥 우연히 시장경쟁을 하다 보니 발생한 산업혁명이다. 전기, 컴퓨터가 인류 생활에 보급되었을 때도 마찬가지였다. 이제는 시장경쟁도 세계화가 되었다. 정부의 간섭 없이 기업들이 경쟁하고 있다.

대량 소비에서는 원가 상승으로 인해 실질적으로는 할 수 없었던 맞춤 소비가 IT 활용으로 가능해졌다. 표준화하여 정보량을 줄였던 것을 다시 다양화하여 정보량이 늘어난 것을 기계가 신속하게 처리해 주고 있다. 이 과정에서 다양한 인간의 연속적인 감성적 요구를 어떻게 디지털 AI로 처리할 수 있는가 하는 문제가 발생했다.

정보 기술은 기술 개발 스스로의 관성으로 발전해 왔다. 기술 푸시 Technology Push라고 한다.

제4차 산업혁명으로 들어가면서 향후 IT 기술은 수요를 발굴하고 수요에 맞게 설계하는 의도적인 발전 형태가 될 것이다. 특히 스팀 엔진에서 물리적 힘을 얻었던 것과는 달리 컴퓨터에서는 인간의 사고 능력에 큰 변화를 가져오고 있기 때문에 이 사고 능력을 확대하여 시장 경쟁력 제고와 개인 생활의 편리성 개선에 초점을 맞추어 산업이 발전할 것이다.

과학 발전의 관성이 아니라 사람 중심 시대의 변화이다. 정보를 수집, 저장, 처리해야 할 양이 폭발적으로 증가했다. 처음부터 에니악ENIAC을 그런 목적으로 개발한 것이 아니다. 컴퓨터 기술이 발전하다 보니 그리 되었다. 그래서 기술 푸시Push라고 했다.

시장의 풀Pull과 기술의 푸시Push 사이에 괴리가 생겼다. 디지털 숙련도가 소비 패턴의 변화를 만들게 되었다. 개인 생활의 편리성이 기술 숙련도에 달린 셈이다. 숙련된 개인들만이 넓은 세계 시장의 상품을 선택할 수 있게 되었다. 빈부의 격차처럼 디지털 격차Digital Divide가 발생하기 시작했다.

우선 우리에게 당장에 위협이 되는 두 가지 디지털 디바이드를 생각해 보자.

첫째, 생산 현장에서 생산에 참여하는 개인들의 IT 숙련도는 생산성에 큰 격차를 가져온다.

기계 동력을 사용하기 시작하면서는 인간들의 재치Dexterity로 기계의 약점을 보완해 왔다. 기계의 비정상적인 작동 수정, 입력의 오차 범위 조정, 고장 수리 등은 고유의 인간 업무였다.

인간의 업무가 기계로 대체되기 시작하면서 초기에는 인건비와 자본재 투자 비용이 경쟁하는 요소라고 생각했다. 그러나 인권이 신장되면서 인력의 주위 환경 비용이 급격히 늘어났고 기계 운영에 투입되는 에너지 비용뿐만 아니라 유지 보수 비용도 크게 늘어 단순 초기 투입 비용만 가지고는 비교하기 어렵게 되었다.

그러나 인간의 재치를 AI^{Artificial Intelligence}가 대체하기 시작하면서 인력을 기계로 대체하는 것이 가속되고 있다. 현장 기술자의 작업 편리성을 위해서가 아니라 생산성 향상을 위한 자동화 투자가 되었다. 저가 대량 생산뿐만 아니라 가격의 증가가 없이 맞춤 생산도 가능해지고 있다. 현장에서 소요되는 인력의 숙련도의 종류가 달라졌다. 인간의 재치가 필요한 작업의 종류가 달라지고 있다. 필요한 경험 세트가 달라지고 있다.

IT 기술이 생산 현장으로 들어오면서 현장 작업자 개인들 간에 IT 숙련도 차이로 인한 생산성 격차도 발생했다. 대량생산 학습 효과^{Learn Curve Effect}에 의한 현장 작업 숙련도가 아니라 AI를 활용한 개인들의 디지털 숙련도 차이로 만들어지는 격차다.

기존에 숙련된 현장 근로자의 일자리가 불안정하게 되었다. 러다이트 운동에서와 같이 숙련된 작업을 AI를 이용하여 비 숙련 일반 근로자로 대체하여 비용을 줄일 수 있게 되었다. 오랜 경험으로 생산성이 높았던 근로자의 일자리 문제이다. 생산 증가에 따른 노동 수요 증가보다 디지털 노동 공급이 더 빨리 증가하여 생긴 문제이다.

그러나 인공지능이 인간의 재치를 대체할 수 있는 것이 매우 제한적이다. 양자 역학이 입자의 선형적 운동을 분석할 수 있다하여 입자로 구성된 자연의 변화를 해석할 수 있다고 생각할 수 있는가? 허리리의 호모 데우스는 지금의 변화를 성급하게 외삽^{Extrapolate} 하여 상상한 소설이다(Yuval Noah Harari, Homo Deus, A Brief History of Tomorrow, Harvill Secker, 2016).

과거 영국 산업혁명 시대의 러다이트 운동을 방지할 수 있는 방법은 없을까? 숙련공들이 반사회적 운동을 할 것이 아니라 기계 동력을 생산에 적용하는 방법을 제시했으면 찰스 디킨스의 여성, 아동 노동 착취를 방지할 수 있지 않았을까? 공학도, 과학도들이 찰스 디킨스를 읽어야 할 이유가 아닐까?

둘째, 개인 생활의 편리성에서 발생한 디지털 격차로 인한 인간 공동 사회들 간의 분쟁이다.

디지털 기술의 발전은 미국 실리콘밸리의 작은 기업에 거대한 투자가 몰려들면서 시장 독점적으로 발전했다. 초기 시장 수요가 발달하기 이전에 순익은 무시하고 초기부터 독점을 목적으로 저가로 공급하였기 때문에 경쟁이 발생할 수 없었다. 시장 규모가 큰 미국에서 제조 원가가 추가로 들지 않는 소프트웨어 중심으로 발전했다.

점증 수익률Increasing Rate of Return의 신 경제이다. 거대한 자본과 기술이 합쳐 시장 독점을 만들어 냈다. 미국 국내에서 시장 독점은 법적 규제로 제한을 할 수 있으나 세계 시장의 독점적 위치는 쌍방이 합의하여 해결해야 한다.

개인들이나 공동 사회들이나 두 문제 모두 합리적인 타협으로 양보 해결하는 것이 협상 당사자들 모두에게 분노하며 힘으로 전쟁을 하는 비용보다 작게 든다는 것을 인류 역사는 가르쳐 주었다.

IT 강국인 한국에서는 고속 통신 기반 시설이 이미 확산되어 있기 때문에 경쟁력을 위해서는 보수 세력의 디지털 숙련도를 높이는 것만이 유일한 해결 책이다. 뒤로 돌아갈 수는 없지 않은가? 영화 〈기생충〉에서 젊은이들이 IT 숙련도(가짜 이력서)를 가지고 일자리를 얻었다는 사실을 가지고 공정하지 못했다고 취업 취소를 해서야 우리 사회가 선진 사회로 갈 수 있는가? 사회 발전을 위한 공정성 문화를 새로 만들어야 한다 (Michael J. Sandel, the Tyranny of Merit, Wise Berry, 2020).

기성 세대의 디지털 숙련도를 어떻게 높일 것인가? 전통 자본주의 시장은 사회가 수렴하지 않고 분산하는 방향으로 몰고 간다. 디지털 규제는 점진적 시행착오를 거쳐야 한다. 복합 시스템의 범용적인 해법^{Exact Solution}은 없고 점진적인 수치 해법만 있다.

공급 측의 디지털 기술 격차는 시장 경쟁으로 기술 푸시^{Technology Push}가 지속적으로 일어날 것이다. 중소기업 보호나 국산화는 국내 문제이나 기술 푸시는 세계적인 경향이다. 치열한 세계 경쟁에 참여하기 위해서는 국내 시장을 개방해야 한다.

그러나 우리나라 대부분의 일자리를 마련하는 중소기업을 보호하지 않으면 많은 일자리가 없어질 것이다. 새로운 일자리가 벤처 기업에서 창출되고 있고 정통 중소기업의 일자리를 대체하고는 있으나 변화의 속도가 차이가 있고 근로자 숙련도에서 수요와 공급의 미스 매치가 일어나고 있다. 시장이 미스매치를 풀도록 방임하면 중화학 공업 발전에 기여했던 근로계층이 희생을 당한다. 노동운동이 단순한 노동임금 투쟁이 아니라 이 미스매치를 해결하는 방향으로 일어나야 한다.

동시에 과거 중소기업의 과보호로 소부장(소재, 부품, 장비) 산업의 국제 경쟁력이 침체된 것도 사실이다. 일본 , 중국의 의존도가 높아 국가 안보에 위협이 되고 있는 것도 사실이다. 담당 중소기업부에 전문성을 높여 장기적인 대책을 가지고 꾸준히 노력해야 한다. 정부가 우선적으로 경쟁력 기수 개발을 지원해야 하는 분야이다. 디지털 생산 기술로 전환이 현재까지 활발하게 이루어지지 못하고 있다.

국산품을 사용하는 것이 애국이라던 시대도 지나갔다. 개방된 국내 시장은 규모가 작아 마켓 풀Market Pull을 할 힘이 없다. 새로운 시장을 창출하는 모험 기업들은 창업 기간에 국내 시장에 시작품을 시험할 수는 있다. 그러나 정부의 시장 간섭은 실시간으로 변화하지 않으면 시장 참여자들에게 왜곡된 신호를 줄 수 있다. 벤처기업도 시장과 시행착오를 겪으면서 성장할 수 있는 것이다. 지난 반세기 동안 한국은 정부 지원이 농업 분야와 중소기업 분야에서 허약한 체질을 만든 경험이 있다.

현장의 생산성과 개인들 생활의 편리성은 서로 독립적으로 해결해야 할 분야가 아니다. 복잡계를 형성한 문제들은 현장과 개인들이 시행착오를 통해서 공동으로 협력하여 차근차근 풀어나갈 수 있다. 시장 경쟁에서 피치 못하게 발생하는 패자들의 복지는 별개 문제로 다루어야 국가 경쟁력을 유지할 수 있다. 디지털 해결 기법이다.

시행착오를 끊임없이 반복하는 것이다. 정답은 없으니 만족스러운 답이 나올 때까지 반복하는 것이 디지털이고 디지털 숙련도이다.

블랙-솔즈(Black-Scholes) 옵션 가격 모델

$$rF = \frac{\partial F}{\partial t} = S \frac{\partial V}{\partial S} + \frac{1}{2} \delta^2 S^2 \frac{\partial^2 y}{\partial S^2}$$

로버트 머튼Robert Cox Merton은 1997년 노벨 경제학상을 받은 경제학자이다. 그의 중요 업적은 1970년 MIT에 제출한 박사 논문이 근간이 된다. 그 논문에서 Black-Scholes 옵션의 가격 계산 방정식의 수치 해법을 제시했다.

당시 피셔 블랙Fischer Black과 마이론 솔즈Mayron Scholes는 MIT 슬론 경영대학원Sloan School of Management 교수진에 참여했고 로버트 머튼은 같은 학교 경제학과 폴 새뮤얼슨Paul Samuelson 교수의 지도하에 박사 학위 논문을 쓰고 있었다. 이때 세 사람의 업적은 후에 블랙, 솔즈, 머튼Black-Scholes-Merton 방정식으로 알려졌고 공동으로 노벨상을 받게 되었다. 블랙Fischer Black은 1995년 사망하여 1997년 노벨상은 받지 못했다.

위의 Navier-Stokes 방정식과 Black-Scholes-Merton 방정식은 같은 구조로 되어 있다. 수치 해석 방법도 비슷하다. 로버트 머튼 교수는 같은 MIT 안에서도 학과가 다르기 때문에 나오는 서로 몰랐으나 같은 해법으로 비슷한 시기에 박사학위를 받았다. 미분방정식의 수치해를 구했다

174

는 것보다는 당면한 상황을 분석하여 미래를 예측했다는 업적으로 학위를 받은 것이다.

오랜 세월이 지난 후 1999년 나는 KAIST 경영대에 교수로 취업할까 생각하면서 나에게는 아직 생소하던 금융 파생상품에 대하여 강의를 해 보고 싶었다. 1969년 Robert Merton과 비슷한 방정식에 같은 해법으로 박사 학위를 받은 실력으로 <시 연속 재정학Continuous Time Finance >을 가르쳐 보자는 것이었다. 수학은 같으나 응용 현장만이 다를 뿐이다. 학교에서 이론을 강의하면서 한편으로는 금융 현장에서 온 학생들에게 현장을 배우고 싶었다.

그래서 2000년도 학기부터 10년간 리스크Risk 관리와 기업의 지배 구조를 개설했다. 내 강의에 대한 학생들의 평가는 항상 최고 수준이었고 전공 선택 과목이라도 항상 수강생이 많았다. 현장에서 온 학생들은 많은 경험을 이야기해 주었다. 우리는 월가Wall Street의 퀀츠Quants와 거래인Traders들처럼 서로 협력하여 시너지 효과를 찾아내려 했다. 그것이 미국식 경영대학 교육 방식이다.

위의 방정식에서 2차 미분 항項은 적절한 주기로 진동하는 모멘텀Momentum 항이다. 1차 미분 항은 선형적으로 변하는 프릭션Friction 항이다. 그리고 1차 함수函數 항은 퍼텐셜Potential 항이다. 수학적으로는 물의 흐름이 돈의 흐름과 같다.

금융 시장에서 자금 흐름은 변화해오던 관성으로 변하는 요소가 있고 시장 규제로 인한 변화 요소가 있으며 장기적인 수익성 차이에 의한 변화 요소 등 세 가지 항으로 분리해서 분석할 수 있다. 세 요소는 서로 연관되어 변하지만 좁은 구간에서는 서로 독립적으로 변한다 가정하고 세 변화의 합을 전체 변화로 해석해도 대부분의 현실 환경에서는 맞는 답이다.

파생상품 가격의 변화를 세 가지 항의 변화로 분리하여 들여다보면 안 보이던 것이 보인다. 변수들이 서로 연계되어 복잡계를 형성하고 있을 때는 광범위하게 맞는 정답은 없다. 그러나 작은 구간에서 환경 조건이 고정되었다고 가정하고 수치해를 구할 수 있다.

이것을 가지고 IMF 위기가 끝나고 2000년 초반 벤처 붐이 불 때 나는 외부 기업들의 투자 자문을 했다. 외국 은행들은 꽤 비싼 자문료를 지불했다.

나는 한국의 IMF 위기로 금융 시장에서 발생하는 모멘텀을 계산하여 금융상품을 설계하도록 도와주었다. 일반해General Solution가 없는 문제는 현장 맞춤으로 답은 구할 수 있다. 그 답은 특수한 경우에만 맞는다.

설립한 지 반세기가 지난 KAIST는 미분방정식을 가르치기 전에 기술자들이 평생 쓰지 않는 미분방정식을 왜 가르치려는가부터 생각해 보아야 하지 않을까? 이제 국가적으로 코딩 교육을 고려하고 있다고 한다. 미분방정식은 왜 가르치려 했나?

미분방정식을 알아야 뉴턴 역학을 이해할 수 있다. 열역학의 평형상태를 이해하려면 역시 미분방정식을 알아야 한다. 그럼 학과목으로 배우지 않은 문과 학생들은 평형상태나 운동 관성을 어떻게 이해하는가? 금융의 옵션 주식 가격과 같은 복잡계의 리스크를 어떻게 관리하는가?

이제는 AI 계산자를 쓴다. 미분방정식이 아니라 IT 네트워크의 숙련도로 해결한다. 그래서 코딩 교육이 필요하다. 표준 프로그램을 나의 목적에 맞게 계산자로 쓰려면 맞춤 코딩이 필요하다. 나 스스로 하거나 복잡한 경우 전문가에게 코딩을 의뢰하더라도 내가 코딩을 할 수 있어야 한다. 점점 떨어져가는 내 기억력을 보완하기 위해서도 내게 맞춤 기억력 보완 AI는 내가 나의 특성에 맞게 주문 맞춤을 해야 한다. 적어도 코딩이 어떻게 이루어져야 하는지 이해는 하고 있어야 한다. 이것이 코딩 교육이다.

전 국민 맞춤 교육이다. 누가 맞춤 교육을 할 수 있는 선생님인가? 디지털 격차를 줄이려는 국가적 행사가 되어야 한다. 지방 대학들도 2류가 아니라 특정 분야에서 일류로 탈바꿈을 할 수 있는 맞춤 교육 기회이고 교육부가 지원을 해서 개혁을 이끌어야 내야 하지 않을까? IT 강국의 생산성이 획기적으로 향상되는데 어떻게 일자리가 늘어갈 수 있는가? 디지털 서비스의 폭발적인 증가이다.

수학 II 에서 미분방정식을 가르치듯 체계적인 AI 교육은 전문가 양성에는 효율적일 것이다. 해답을 도출하려는 목적을 달성하는 것은 전문가에게 의뢰하기로 하고 그러나 일반 사람들에게 필요한 코딩 교육은 디지털 시대에 창의적인 생각을 하기 위해서, 생각의 순서를 익히기 위해서이다. 지식이 아니라 숙련도이다.

춤추고 노래하는 휴머노이드 로봇 코딩을 가르쳐 주면 재미있을까? 누군가는 BTS처럼 춤추는 로봇을 만들어 낼 것이다. 인기가 있을까? 사람들은 먼 데서도 춤추는 BTS의 표정을 읽는다. 로봇이 그 표정을 전달할 수 있어야 사람들은 감동을 하고 그래야 인기가 생긴다. 컴퓨터 전문가가 잘 할 수 있는가? 아니면 코딩 방법을 배운 가수, 무용수가 잘 할 수 있는가? 노래방 기기가 음악뿐만 아니라 무용까지 할 수 있다면 인기가 있을까?

디지털 시대

디지털 시대 사회 경쟁을 그냥 디지털 경쟁이라 했다. 입학시험이나 취업 시험의 목적은 무엇인가? 수월秀越한 사람을 공정公正하게 뽑기 위한 과정이다. 입시는 다음 학위 과정을 성공적으로 잘 끝낼 수 있는 능력이 있는 학생을 선발하는 것을 목적으로 한다. 기업은 기업의 수익을 내는 데 큰 기여를 할 사람을 뽑는다. 그러나 입학시험이나 취업 시험은 정해진 룰에 의해서 응모자들 중에서 선발한다. 그래서 수월성이냐, 공정성이냐 문제가 발생한다.

시험 출제 측과 수험생 간의 정해진 룰을 정확하게 지키는 것을 공정성이라 했다. 그러나 학교가 교육계의 평판을 쌓고 기업이 금융 시장의 평판을 높이는데 필요한 인재를 확보하는 것을 효율성이라 했다.

공정성과 효율성이 서로 보완이 되도록 만드는 것이 최선이다. 그러나 우리 사회는 학벌, 지역 안배, 남녀 차별 등을 고려하던 관행은 목적 일부를 희생해 가며 특혜를 베푸는 공정하지 않은 선택을 해 왔다. 그리고 세계에서 가장 빠른 경제 성장을 달성해 왔다. 공정하지 않지만 효율적이었다. 이젠 선진국에 진입하였으니 성장률이 떨어지더라도 공정하게 가자고? 정치적인 선택의 문제다. 여기에 디지털 시대로의 변화가 심각한 영향을 미치게 되었다.

대학 수학능력 시험에는 학생들의 지식, 스킬, 자세를 평가한다. 주로 고등학교에서 배운 지식의 이해도 평가 위주로 이루어진다. 과거 인간의 두뇌로 기억하던 많은 데이터가 이제는 컴퓨터 기억에 의존하게 되었다. 그래서 수험생이 컴퓨터를 사용하여 해답을 마련하면 지식의 이해도보다는 컴퓨터 숙련도에 크게 영향을 받는다. 어차피 대학 교육은 컴퓨터 숙련도가 있어야 수학修學 능력이 생기게 변했다. 수능 시험에 왜 컴퓨터를 못 쓰게 하는가? 이제 컴퓨터 접속은 스마트폰으로 이루어진다.

당장에 입시생들에게 스마트폰을 사용하라고 하면 불공평하다. 시험용 스마트폰을 구입해야 하고 기기 사용 숙련도가 서로 다른데 숙련도 차이로 입시 성적을 차별화하는 것은 형평성에 어긋나는 것이다. 누구나 사용할 수 있게 공유 폰을 제공하고 입시 준비생들에게 미리 알려 숙련도를 제고할 시간적 여유가 있어야 공평하다.

그러나 실제 해보면 예상했던 대로 되지 않는다. 약간의 착오가 생긴다. 때로는 예상치 못한 여건의 변화도 생기기 마련이다. 그래서 변화를 만드는 것은 항상 일부 계층이 손해를 보게 된다.

대학 수학 능력뿐만 아니라 모든 분야에서 우리 생활에 컴퓨터 숙련도가 경쟁력을 가름하는 지식 정보 사회 시대가 되었다.

지금 통보하고 5년 후 입시에서는 사용할 수 있게 한다면 어떨까? 입시생들에게 준비 기간을 주는 셈이지만 2030년에는 우리도 제4차 산업혁명에 진입되어 있을 터인데 너무 늦은 것 아닌가? 한국에서만 제4차 산업혁명이 늦게 일어나고 있다 하면 국가 경쟁력이 저하되어 다시 개발도상국으로 추락할지도 모른다.

IT 강국은 고속 통신망이 설치되었다는 의미이지 컴퓨터 숙련도에서 선진국이라는 의미는 아니다. 국민 전체로 보면 우리가 다른 나라들을 앞서가는 것은 틀림없지만 숙련도에서 뒤진 계층에 대한 배려가 없는 IT 강국은 선진국이 아니다. 도덕적인 관점이 아니라 사회 효율적인 관점에서도 그렇다.

어찌하든 간에 초기에는 시행착오를 피할 수 없다. 그것도 사회비용으로 간주하고 비용을 지불해가면서도 컴퓨터 숙련도를 가정하고 입시, 취업 시험을 치르기 시작해야 경쟁력 있는 사회가 된다. 피치 못하게 발생하는 불평등에 대한 사회비용은 국가가 부담해야 한다. 빈부의 격차는 사회 발전을 저해하는 것처럼 내부의 디지털 격차도 외부와 경쟁력을 저해한다.

다시 IMF 위기와 비슷한 경제 위기가 닥치면 어떻게 될까? 지니 계수가 나빠졌다고 분노해야 할 이유를 경제학적으로 분석하여 출판하는 경제학자들이 많아질 것이다.

살기가 더 힘들어지면 공부 잘하는 사람들은 시험을 잘 보아서 일류 대학 교수가 되려 할 것이다. 교수가 되면 정규 봉급보다는 비용 공제를 할 수 있는 기타 수입을 늘려 절세를 하려고 노력할 것이다.

입시 성적이 좋아 머리가 좋다고 분류되는 사람들은 '영끌이'하여 아파트 투기도 하고 정체가 분명하지 않은 사모펀드에 투자하여 일확천금의 기회를 노릴 것이다.

하이 리스크 펀드에 투자하면 검찰은 불법 여부를 조사할 것이고 일단 조사가 결정되면 털어서 먼지가 나올 때까지 조사하기 위해서 우선 구속할 것이다. 검찰 개혁이라고? 이것이 어떻게 제도적인 해결책으로 풀릴 문제인가? 스마트폰 없이 고시를 합격하여 판사, 검사가 된 사람들이라 경쟁하듯이 일을 열심히 하다 보면 그렇게 되는 것이 아닌가?

어렵사리 공무원 시험에 합격한 사람들은 에너지 정책에 손을 댈 것이다. 태양열, 풍력 발전으로 전기 값이 오를 때쯤 다른 보직으로 옮길 것이니 더 이상 내 문제가 아니다. 빅 데이터를 보관하기 위한 전력 수요는 급증하는데 임기가 한정된 정치가들은 공급에 대한 책임이 없다. 고속 디지털 사회가 만든 시각의 차이다. 정보 비대칭 시대에는 정당화되던 일이다.

다시 경제 위기가 오면 디지털 숙련도가 취약한 계층이 사회의 손실을 많이 떠안게 된다. 디지털 숙련도가 높은 사람들이 일찍 탈출해 버렸기 때문이다. 취약 계층이 위기의 위험을 모두 부담하여야 한다면 10배 이상의 고통을 받아야 한다. 최근까지 세계에서 가장 부국 중의 하나인 베네수엘라에서 발생한 일이다. 1차 산업혁명의 러다이트 운동과는 차원이 다른 고통이다.

국민이 주인이라고는 하는데 비전 공유가 없고 고속 통신망의 확산이 세계 최고라는데 컴퓨터를 배워야 하는 세대와 컴퓨터와 같이 태어난 세대 간의 격차를 해소하려는 노력이 없다. 디지털 기술을 외면하고 살고 있는 사람들 차별에 대한 구제 대책이 없다. 세계가 지식 정보 사회로 변해가면서 그 와중에 선진 IT 강국이 된 한국에서 일어난 IT 격차이다. 한국이 반만년 만에 겨우 진입한 선진국 대열에 자리 굳히기를 하려면 이 격차를 해결해야 한다.

이 격차가 한국의 독특한 디지털 디바이드이다.

디지털 기술은 전문가들에 의해 문제 해결 중심으로 개발되었다. 더욱이 전문 기술자들이 경쟁적으로 개발하여 지적 소유권을 개인 재산으로 하였기 때문에 자유시장 체재에서 보호를 받으며 거래되었다. 그러나 신기술들이 초기 시장 경쟁이 없이 독점적으로 거래되었고 기술에 대한 개발자와 소비자 간에 정보의 격차가 커서 경쟁 가격이 형성되지 못하였다. 당시 미국의 모험자본이 대규모로 투입되면서 독과점적 시장이 형성되었다. 그것이 소비자들 사이에도 정보 격차를 심화하여 기술의 확산을 지연 시켰다.

특히 시장 규모가 큰 미국 시장에서 독점적 위치를 선점한 미국 업체들은 시장 경쟁을 배제하고 있다. 마이크로소프트, 구글, 애플, 아마존 등 세계 시장을 과점하고 있는 미국 대기업과 세계 시장에서 협력하는 일은 우리가 당장에 미래 방향을 결정해야 하는 문제이다.

어차피 디지털 격차는 생기기 마련이라면 모두에게 IT 숙련도를 높일 동기 부여와 교육 기회가 필요하다. 빈부의 격차라고 하여 가난한 사람 기준으로 모두를 가난하게 만들 수는 없지 않은가?

동기 부여를 하기 위해 어떤 시험에서든 개인들이 익숙한 자기 스마트폰을 사용하게 하자. 못하게 하면 가짜 서명을 골라내기 위해 엄청난 사회비용을 지불해야 하고 형평성을 해친다. 그러고는 전 국민이 스마트폰을 소유해야 하고 IT 교육을 받아야 한다. 평생 교육이다. 맞춤 교육이다.

정부가 나서서 실질적 형평성을 보장해야 한다. 학교 교육을 통해서 IT 지식과 숙련도를 습득할 수 있어야 기회가 균등한 것이다. 우선 학습 효과의 차이를 해결하는 방법을 교육에서 찾아야 한다.

교육의 목표는 형평성이 아니라 수월성이다. 그 교육 속에서 공동 사회Fraternity를 이루어 같이 사는 연습을 해야 한다. 선진 사회로 가는 교육이다.

홍익인간이라 했던가? 디지털 수능 시험을 보면 수월성을 가려내기는 편리하겠지만 형평성을 어떻게 보완할 것인가는 세월을 두고 피드백 시행착오를 해야 한다. 공정한 경쟁을 하여 승자를 골라내는 것이 경쟁력 있는 사회이지만 동시에 패자를 위한 디지털 복지를 강화하는 것이 선진국이다. 패자들을 위한 배려가 없이는 지속 가능한 선진국이 될 수 없다.

디지털 경쟁은 시험 점수 차이로 결정되는 것이 아니다.

제 5 장

디지털 문화 만들기

한국 사람이 되는 방법

1960년대 김포공항에서 출발하는 보잉 여객기는 도쿄, 호놀룰루를 거쳐 샌프란시스코에 도착했다. 마침 항공 파업 기간이라 나는 그레이하운드 버스를 타고 한 달여 걸려 샌프란시스코에서 보스턴으로 갔다. 오래된 나의 첫 해외여행 이야기다. 도중에 만난 서양인들은 나에게 어디서 왔느냐고 했다. "일본에서 아니면 중국? 그도 아니면 어디서 왔냐?"라고 했다.

그로부터 4반세기 후 1983년 3월 31일 자 Harold Tribune 미국 워싱턴 판에 실린 아트 버크월드Art Buchwald의 칼럼 일부를 번역했다. 40년 전 미국의 생산 경쟁력이 독일이나 일본에 밀려 제조업 전체가 위기의식이 있던 시기이다.

"안녕하세요, 피터 사장님. 저를 기억하세요? 허레이쇼 앨저 4세입니다. 6개월 전 용접기술이 미숙하여 해고당하고 나서 용접 기능 과정 기사 수료증을 따고 다시 취직하러 왔습니다."

"미안하네, 앨저 군. 자네가 떠난 후 회사에선 인력으로 용접을 하는 것보다는 자동 로봇 용접에 투자를 하기로 하였네. 이제는 혹시 자네가 로봇 운전에 대하여 잘 안다면⋯⋯"

"잘 몰라요, 그러나 로봇 기술을 배워 6개월 후에 다시 오겠습니다."

"좋은 생각이네, 앨저 군. 자네가 로봇에 대하여 좀 알게 된 후 다시 응모하면 일자리가 있을 것일세."

중략…….

6개월 후 로봇 서비스를 배운 앨저는 재취업에 도전했으나 이젠 사람이 로봇을 조정하는 것이 아니라 컴퓨터가 자동 조정한다는 얘기를 들었다. 앨저는 다시 컴퓨터 언어 BASIC, PASCAL, FORTRAN을 배우고 재도전을 한다. 그러나 회사에서는 전산부가 없어지고 경영전략부가 생겨 제조 현장을 해외로 이전하려고 한다는 대답을 받았다. 다시 도전하여 경영전략 전문가가 되기 위해 3년 후 하버드 대학 경제학 박사 학위증을 들고 가니 이번에는 회사가 아예 한국으로 옮겨갔다고 한다.

"네 이해합니다. 피터 사장님의 잘못이 아니지요. 당연히 좋은 물건을 싸게 만들 수 있는 곳으로 회사를 이전하는 것이 옳은 방법이지요."

"그러니 앞으로 앨저 군은 어떻게 하지?"

"저는 의욕 있는 미국 젊은이들이라면 누구나 도전할 것처럼 나 자신을 재훈련하여 한국South Korean 사람이 되려고 합니다."

허레이쇼 앨저Horatio Alger는 1852년 하버드 대학을 졸업한 미국 작가이다. 가난한 미국 젊은이가 가난을 벗어나 부자가 되는 이야기를 소설로 썼다. 작가는 자기 이름으로 주인공을 설정하여 당시 미국의 빈부격차를 타결할 수 있는 '자수성가한 사람Self-Made Man'의 표본을 제시했다.

칼럼니스트 버크월드의 허레이쇼 앨저 4세는 1980년대를 살아가던 대표적인 미국 젊은이들을 말하며 같은 인물 설정을 통해 이 칼럼은 많은 공감을 준 바 있다. 동시대에 우리에게는 386(이제는 586이 되었다) 세대가 있다. 대량 생산 공산품의 품질이 일본 품질관리 시스템 TQC의 위협을 받는다고 MIT와 스탠퍼드가 새로운 제조업 품질 교육 프로그램을 만들 때였다.

나는 버크월드의 칼럼을 들고 미국 젊은이들에게 '한국 사람이 되는 방법'을 가르치기 위해 1984년 9월 MIT로 갔다. MIT 1984~85년도 가을 학기 기계공학과 제조 및 생산성 연구실Laboratory for Manufacturing & Productivity과 슬론Sloan 경영대학이 공동으로 'ME 2.996 산업 동역학Industrial Dynamics'을 개설했다.

당시 MIT 기계공학과 과장 서남표 교수와 공대 대학원 원장 워렌 로제노우Warren Rohsenow 교수가 초청하여 객원 원로 강사Visiting Senior Lecturer 자격으로 간 것이다. 다른 교수들과는 전혀 다른 경력이 있으니 창의적인 교육을 해 보라는 의미였다.

MIT에서 첫 학기 수강 신청 학생들은 대부분이 슬론경영대학원 경영석사MBA 과정의 학생들 18명이었다. 50여 편의 학술 논문을 읽고 토론했다. 나는 자동차 부품회사인 보그 와너Borg-Warner사와 디젤 엔진 제조사인 대우중공업에서 총 8년의 경험을 가지고 기술개발과 생산성에 관한 이야기를 했다. 학생들은 현장 작업자들의 작업 태도에 많은 관심을 가지고 있었다. 그다음 학기는 구체적인 집행 계획을 세우기로 했다.

그로부터도 또 40년이 지난 오늘날에 미국 바이든 정부는 한국 기업들의 반도체, 배터리 투자를 유치하고 있다. 허레이쇼 엘저 4세는 이미 은퇴하고 이젠 허레이쇼 엘저 5세가 한국 기업에 취업하기 위해서 입사 시험을 준비하는지도 모른다. 아니면 한류를 즐기기 위해서 한글을 배우고 있을까? TV, 냉장고, 세탁기 등 가전품 구입자들도 IoT를 잘 쓰려면 한글을 배워야 할지도 모른다. 한국 생산 현장은 벌써 세계를 앞서가고 있다.

개인정보와 빅 데이터(Big Data)

디지털 시대 혁신은 어떻게 달라지는가?

혁신에는 항상 주도하는 개인이 있어야 한다. 그 개인들에게 혁신의 강한 동기를 부여하는 여건이 마련되어야 한다. 과거 개도국 시절 군사 정부는 개인들의 혁신 활동을 억압하기도 했거니와 개인들도 현황에 불만을 품고 사회 변혁을 일으키려 했으나 부정적인 여건을 극복할 수단이 없었다.

과거 산업의 발전은 수출 위주의 정부 주도형으로 성장해 왔다. 개인들이 중심인 모험 기업들은 성공하지 못한 경우가 많다. 일부 초기 성공을 거둔 모험 기업들도 지속 가능Sustainable하지 못했다. 여러 가지 요인 중에서도 소량다품종 생산에서 폭발적으로 증가하는 데이터 양을 관리할 능력이 없었던 것도 중요한 문제였다. 보따리 장사에서 시작하여 일본의 식민지 관리, 그리고 한국 전쟁에 참여한 미군의 군수 관리 등에서 배운 우리 군사 정부의 엄격한 규율에 따른 단순한 규제에 익숙해져 왔다.

이제 추격 전략은 선도 전략으로 변환이 일어나야 한다.

한국은 개혁에 필요한 인력 기반을 축적하였기 때문에 과감한 혁신을 시도해 볼 수 있다. 그러나 후진 경제에서 선진 경제로 이전하는 단계에서 경제 성장 속도가 대폭 감소되었다. 거시경제가 완만한 변화를 하면서 미시경제의 안정적인 변화를 만들 수 있게 되었다. 소득분배, 지역별 균형발전, 고용, 개인들의 안전, 사회복지, 의료서비스 비용분배, 등등 과거 단순 분류하여 일괄 처리하던 빅 데이터를 활용하여 맞춤 처리할 수 있게 되었다. 오히려 개인정보를 위해서 데이터의 수집, 처리를 제한하고 있다. 개인정보를 보호하는 방법을 더 적극 개발하더라도 개인적인 맞춤 서비스는 적극 권장해야 한다.

사회의 변화는 불확실한 미래를 예측하고 일어나기 때문에 초기에는 변동의 진폭이 커졌다가 정보가 많아지면 감소한다. 진동의 진폭이 급격히 감소되려면 의도적으로 정보 확산 속도를 높여 감폭減幅 지수를 크게 만들어야 한다. 신속하고 자유스러운 정보의 확산이 정보의 비대칭을 줄이기 때문에 감폭 요인으로 작용할 수 있다.

지난 반세기 동안 한국 사회의 가장 큰 변화는 민주화에 따른 시장 경제의 발전이다. 개인의 인권이 확대되면서 창의성이 발휘되어야 경쟁력이 생긴다. 그럼에도 불구하고 지금 한국에 살고 있는 대부분 국민들은 정부의 규제를 받는데 익숙해져 있고 과거 반 체재 인사들은 타협하여 생산적인 혁신을 이끌어 갈 능력이 없다.

과거 인류는 기근, 질병, 전쟁의 리스크를 감안하여 사회를 구성했으며 공동 대처를 하기 위하여 세금도 내고 동시에 개인들이 재산을 축적하고 이 재산을 교환하여 필요한 자원을 구입할 수 있게 형성되어 왔다. 시장은 필요한 자원을 분배하기 위하여 형성되었다. 시장의 자유 경쟁이 효율적인 분배를 촉진한다. 개인들이 자유스럽게 창의적 활동을 할 수 있도록 만드는 협상체재이다.

민주주의로 가면서 경제 활동의 가장 큰 장애물이 낮은 사회 신뢰이다. 사회적인 신뢰가 있어야 혁신을 위해 처음부터 미래를 보고 실패를 용납할 수 있다.

프랜시스 후쿠야마 교수는 〈트러스트〉에서 한국 사회의 경제 발전 속도에 비해 낮은 사회적 신뢰가 경제 발전에 걸림돌이라고 지적했다. 재벌의 가족경영은 아직도 우리 사회가 개인이나 신규 집단이 사회적인 신뢰를 축적하기 어렵다는 약점을 만들고 있다. 자본의 세계화로 외국인 투자가 증가하면서 재벌의 순환출자, 상속 경영, 부품 소재 산업의 계열화, 시장 독과점 체재 등 문제점을 정부 규제보다는 시장 경쟁을 유도하는 정책으로 가는 것이 효율적이다. 문제는 제한된 시장규모와 생산체제의 조화이다. 빅 데이터를 이용한 AI가 공정한 판정을 할 수 있을까? 기계에 의존하는 것은 사람들이 협상을 통하여 기준을 만든 다음 집행 단계이다.

개인이나 개인들의 집단인 개인기업들 간의 거래는 정부의 일괄적이고 단순한 규제로 제한하기에는 세부 사항에서 차이가 너무 많다. 더구나 시장 경쟁력이 개인들의 창의력에 의하여 결정되는 사람 중심 사회에서는 더욱이 다양화되어 가고 있다. 빅 데이터를 기반으로 인공지능을 활용하는 것은 사회의 테두리 안에서 사람 간에 정서적인 타협이 이루어진 후의 문제다.

부동산 대책, 최저임금제, 소득 불균형 등 동적인 경제 정책은 현장에 맞추어 유연하게 즉각 대처해야 하므로 목표가 한정적이고 분명해야 효과적이다.

노벨 경제학 수상자인 로버트 실러[Robert Shiller] 교수(Robert J. Shiller, The New Financial Order: Risk in the 21st Century, Princeton University Press, 2003)는 기술

혁신도 기본제도를 파괴하지 않으면서 새로운 제도를 만들어야 한다고 주장한다. 국가가 민주주의, 시장경제에서 사람들의 경제 활동을 촉진시키려면 개인들의 재산권을 보호해야 한다. 그래야 기술혁신이 일어난다. 국가가 규제를 하는 이유는 경쟁의 피해자를 구제하기 위한 것이지 동등한 권리를 가진 개인들의 경쟁을 막기 위한 것이 아니다.

신뢰문화 경영

1985년 추운 보스턴의 봄날 새벽 김우중 회장이 전화를 했다. MIT에서 둘째 학기를 시작하려고 준비하던 시기이다.

"GM이 해외에 공장을 세울 때는 항상 GM이 투자하고 자체 경영진을 파견하면서 노동 인력만 현지인을 고용하는데 이번 처음으로 한국에 대우와 GM이 50:50 합작 투자를 하고 공동 경영진을 구성한다고 합의했어. GM의 Roger Smith 회장과 첫 CEO를 배 박사로 하기로 합의했으니 즉시 귀국하게."

"그렇게 초빙하는 부탁 전화라면 꼭두새벽이 아니라 제가 정신 차리고 일하는 낮에 걸어주시죠."

"내가 있는 곳은 늦은 오후야. GM이 인건비가 저렴한 멕시코나 이미 산업 기반이 있는 프랑스와 비교 검토하여 한국을 선택한 것은 큰 행운이야. 이런 기업들이 성공해야 한국에서도 해외 투자를 받을 수 있어."

민주화는 말로만이고 아직 권위주의에서 살고 있던 시절 대화이다.

당시 한국은 저가 상품을 수출하여 제2의 일본이 아니냐는 평판과 제5공화국 당시 정국은 안정이 안 되었고 생산성 증가에 비해 인건비는 급히 상승을 하고 있었다.

과거 GM이 대우자동차에 투자를 한 것은 생산 경쟁력 때문이 아니라 한국 시장에 진입하기 위한 것이었다. 과연 한국의 생산이 세계 경쟁력이 있을 것인가? 결국 품질이 문제라고 생각하면서 미국 이민을 포기하고 대우자동차부품 사장직을 수락했다.

세계적인 품질을 만들 수 있을까? 생산 원가 경쟁력은 이미 한국의 수출로 증명되었다. 외국 자본 투자를 받을 수 있을 가능성이 생긴다. 외자가 투입되면 한국 현장 사람들의 일자리가 생긴다. 수익을 낼 수 있으면 국가 경제 발전이다. 당연히 나의 봉급도 높아질 것이다.

나는 수테크Suhtech의 경영은 천정훈 박사(후에 MIT 교수가 됨)에게 위임하고 MIT를 떠나 한국델파이(대우자동차부품, 현재 이래오토모티브 시스템) 창립 사장이 되었다. 5명의 미국인 부사장들에게 한국인South Korean이 되는 방법을 교육하는 셈이 되었다. 자연스럽게 우리 이사회는 영어로 진행되었다.

그들이 GM의 프랑스 젠느빌르Genneville 공장과 멕시코 티후아나Tijuana 공장에서 배울 수 없었던 것이 무엇인가? 미국이 독립전쟁 후 겨우 인종차별주의Racism에서 탈피하고 남녀평등Equal Right Amendment 법이 제정된 시점이었다. 포디즘Fordism에서 비롯된 생산라인의 수평적 분업은 하면서도 인사 관리는 권위주의를 벗어나지 못했다.

어떻게 개혁할 것인가? 과거 대우전자 오디오 생산라인의 젊은 여성 근로자들이 만든 현장의 품질은 워크맨의 일본 소니Sony를 능가했다. AQL은 같은 1.5%라도 유럽 전자 상가에서 소비자 평가는 달랐다.

젊은 공학박사 사장은 품질 관리 내용은 알려 하지도 않았고 소비자

의견만 전달했다. 회계부서의 실적 원가 분석만을 전달했다. 누가 누구를 야단치고 문책하는 일은 없었다. 회사라기보다는 그냥 같이 모여서 일하는 공동체였다. 어차피 달리 일할 데도 없고 가난에서 살아남기 위해서는 일은 해야 했다. 좋아서 하는 일이 아니라 그냥 싫어도 해야 하는 일이었다.

앞에서 설명한대로 우리 공동사회는 러시안 룰렛Russian Roulette 게임을 하고 있었다. 실탄이 들어간 순서가 오면 모두 죽는다. 불량품이 섞여 납품을 거절당하면 L/C 할인 대출이 안되고 대출을 못 받으면 빚으로 운영하는 회사는 금방 부도가 난다. 부도가 나면 대표이사 사장은 은행 빚을 못 갚아 사기, 횡령죄로 감옥 갔고 종업원들은 일자리를 잃었다.

극한 상황에서 우린 협력했고 최상의 품질을 만들어냈다. 자본의 여유가 있는 일본 회사들에게는 만회할 기회가 있었지만 우리에겐 한 번의 실수로 끝장이었고 패자전은 없었다.

GM의 부품공장도 마찬가지였다. 해외 부품 업체가 납기와 품질을 못 지키면 가차 없이 공장을 이전해버렸다. 대량 생산에서는 연간 생산량에 비해 초기 투자가 작아 저임금 지역으로 이전하는 생산은 쉽게 이동할 수 있다. GM이 미국 중부 러스트 벨트Rust-Belt 지역에 있던 부품공장을 멕시코로 이전했다가 다시 한국으로 이전하고 있었다.

개발 도상국의 초기 임금은 저렴하나 숙련도가 높아져 생산성이 향상되면 임금의 상승도 매우 빠르다. 그래서 숙련도가 높아지기 전에 공장 이전 문제를 결정한다. 따라서 정규 생산 이전에 납기와 품질 예측을 한다. 충분한 실측 자료를 가지고 합리적인 결정을 하기 이전에 경영진의 주관적인 선입관으로 결정해 버린다. 휴리스틱Heuristic한 결정이다.

미국 경영인들에게 한국 공장에 대한 불필요한 선입관을 없애는 것부터 시작했다. 그러고는 장기적인 신용Trust를 구축하기 시작했다. 신용은 사람과 사람 사이에 믿음이다. 믿음은 단기적인 인상이 아니라 장기적인 관계이다.

미국 기계 공장과는 다른 인상을 주려 했다. 우선 기계 공장을 반도체 공장처럼 먼지를 제거하여 청결하게 했다. 공장 작업복은 현장의 진한 청색을 없애고 전부 백색으로 했다. 남성 전용 기계 회사에 절반 이상의 현장 작업자를 여성으로 채웠다.

여성들은 무거운 물건을 운반하지 못한다고? 어차피 남성들도 포크리프트Fork Lift 트럭을 사용하지 않는가? 힘이 약해 기계 운전을 신속하게 할 수 없다고? NCNumerical Control 기계는 단추만 누르면 된다. 기계공장을 유지하려면 기계 구조를 이해할 수 있는 운전 경험이 필요하다. 그래, 여성 근로자들이 6개월 정도 현업에서 숙련도를 쌓게 하자.

근로 임금은 남녀 차별 없이 같은 공단에 있던 농기계 공장보다 30% 높게 책정했으나 당시 남성 근로자들은 불평을 했다. 옆 회사와 비교하는 것이 아니라 동료 여성 근로자와 동등하게 취급 받는다는 것이 불만이었다. 미국과 임금 격차는 4:1 정도였다.

원칙적으로 기본 소재 외에는 내재를 원칙으로 하고 외주를 최소한으로 한 이유는 품질을 미국 수준보다 높이기 위해서였다. 외주를 주면 비용은 싸게 되었으나 초기 품질을 잡을 수 없었다.

GM에서 이미 축적된 기술과 경험을 제공했고 초기 운영의 시행 오차에 필요한 자금^{Capital Expenditure}까지 자본금으로 충당해 주었다. 초기 시험 운전은 한국에선 경험할 수 없었던 아주 선진국 스타일이었다.

문제는 신규 시작^{Greenfield Operation}에 대한 종업원 간 신뢰와 고객의 신뢰를 어떻게 단시일 안에 구축하느냐였다.

첫째는 수요자들이 품질 수준을 확립하는 길고 복잡한 절차를 요구하는 것이었다. 가격 경쟁력에도 불구하고 현장에서는 납품 기업을 변경하는 것에 대한 저항감이 있다. 신규 공급처의 약점은 품질과 납기를 실질적으로 증명하라는 것인데 공급처의 입장은 기계, 인력을 동시에 대량 생산 체재를 갖추었기 때문에 공급도 대량으로 해야 한다는 점이다. 나는 2년간 걸리는 시험을 거치지 않고 실무 경험 있는 결정권자가 보고 결정하자고 했다. 완성된 현장 설비와 훈련된 종업원을 2년간 생산 없이 기다리게 할 수는 없지 않은가?

둘째는 미국인 부사장들이 적용하고자 하는 GM의 품질 관리 매뉴얼이었다. 경상도 사나이들의 강력한 기질에 맞지 않는 매뉴얼을 어떻게 강요할 것인가? 나는 자청하여 싱가포르에서 시행하던 GM 품질 교육을 받았다. 한국은 그 미국 매뉴얼 적용에서 제외하여야 하는 이유를 설명했다. 품질은 매뉴얼대로 한다고 저절로 목표가 달성되는 것이 아니다.

40여 년간의 현장 업무를 거쳐 현장 경험이 많은 짐 맥도널드^{James McDonald} GM 사장을 한국으로 초빙했다. 그는 공장을 둘러보고 그 자리에서 GM 현직 사장 자격으로 품질 보증을 할 터이니 GM의 모든 부서들은 한국산 부품을 2년 걸리는 인증 검사 없이 사용해도 좋다는 편지를 써 주었다. 한국 운영은 품질에 문제가 없거나 있더라도 그것을 단기간에 개선할 능력을 가지고 있는 운영으로 평가했다.

맥도널드 사장 부부를 이태원 의류 상가에 초빙하여 유명 상표 모조 상품을 여러 벌 구입하여 상표와는 별도로 드렸다. 불법 복제 품에는 상표가 없어야 미국 세관 통과할 수 있었다. 한국 생산품 품질을 보여드리기 위한 것이었다. 그 이후 이태원은 GM 손님의 정규 관광 코스가 되었다.

품질 불량률 6시그마를 넘어서 30PPM 이하(AQL 1.5%는 15,000PPM에 해당한다)를 목표로 잡았다. 주문은 독일 오펠Opel에서 시작하여 대우자동차, 일본의 혼다에 이어서 도요타, 그리고 현대자동차에서도 왔다. 고객 만족도에 합격했고 초기 생산은 성공했다.

이것이 공정 거래인가? 개인 친분을 이용한 편파적인 거래인가? 40년 이상 현장에서 생산을 관리해온 맥도널드 사장은 왜 회사 정규 절차를 건너 뛰어 품질을 인증해 주었는가? GM의 자동차 조립 공장은 저렴한 가격에 최고 품질의 부품을 구매할 수 있었지 않은가? 매뉴얼이 아니라 사람들이 모여 사는 문화가 품질을 만든다. 맥도널드 사장의 대우자동차 부품 생산 문화의 평가는 전적으로 주관적이었다. GM 전 사업장은 그 사장의 개인적인 주관적 판정을 존중하여 주었다.

우리는 생산 재고를 절감하는 JITJust in Time 계획을 세웠다. 제품 내구성 개선 연구에 착수하였다. 차세대 제품 연구개발 인원을 뽑기 시작했다. 자동차 조립업체들은 모든 부품 공급자를 다중多重으로 가지고 간다. 신규 공급자는 2차Secondary 공급자로 시작하지만 품질 납기가 안정되면 1차Primary 공급자가 된다. 주 공급자가 되려면 자본 형성이 안정되어 시장 변화를 흡수할 수 있어야 했다.

관리자, 기술자들은 대학을 갓 나온 젊은 사람들로 구성하여 미국으로 연수를 보냈다. 현장 근로자들은 자체 교육을 했다. 그런데 아직도 현장이 안정되기 전에 문제는 노동조합에서 시작되었다.

"사장님, 우리도 파업 시위를 한번 해 봅시다." 젊은 노조 위원장의 말이다. 그는 대부분 근로자들이 노동조합 가입 필요성을 느끼지 못할 때 작은 인원으로 노동조합을 결성하여 대경(대구 경상북도) 노조 연합회에 가입한 사람이다.

"나도 20년 전, 1964년 6·3(한일 국교 정상화 반대) 학생 시위에 참여해 보니 시위대의 희생이 커서 아무에게도 이익을 주지 못하는 형태로 끝났어요. 나 자신도 시위를 진압하는 정보부에 몰려 피신하다가 우연치 않게 해병대에 자원 입대했고 백령도에 가서 고생을 많이 했어요. 회사가 들어 줄 요구 조건이 있으면 얘기해 보세요. 시위는 노사 관계에도 큰 피해를 주지만 외국인 투자를 겨우 유치했는데 GM에게 한국에 대한 나쁜 인상을 줄 수 있어요."

"우리 회사는 봉급도 높고 직업환경도 좋아서 특히 불평할 것은 없습니다. 그러나 앞으로 민간정부가 들어서면 전국적으로 노동조합운동이 활발해질 것이고 지금 우리 노조가 활동을 하지 않으면 전국노조에서 발언권이 약해질 것입니다. 그러니 짧게라도 시위를 하게 해주세요."

"이것은 그렇게 간단한 문제가 아닙니다. 우리 회사와 같이 모범적인 회사에서 시위가 발생하면 그것을 빌미로 우선 대우그룹 회사들이 동조 시위를 한다고 할 것이고, 경상북도 경찰이 진압에 나선다고 할 것이고, 검찰이 전국 노조와의 연계를 조사할 것입니다. 지금 노조가 하는 일은 앞으로 큰 문제들을 불러오는 시발점이니 장난스럽게 할 일은 아닙니다. 내가 6·3 데모 시절을 생각해 보면 타협으로 끝내야지 분규를 하면 모두가 큰 손해를 봅니다. 우리 직장 일이니 우리끼리 상의해서 끝냅시다. 좋은 조건으로 이런 일자리를 만든다는 것은 기적 같은 일이에요."

또 다른 문제도 있었다.

비서가 여성 기술자 한 사람이 면담 신청을 했다고 한다. 회사를 사직하려고 사직서를 써 들고 왔다고 한다.

"아니, 무슨 일이지?"

"저희 시어머니가 이제는 집안 살림하면서 애도 낳아야 한다고 퇴직하라 하십니다."

"내가 출산 휴가도 주고 근무 시간도 특별히 조절해 줄 터이니 어떻게 타협이 안될까?"

"사장님, 경상도 부모 잘 아시지 않습니까? 애초 타협을 하려 하시지 않습니다."

KAIST 김충기 교수가 소개해서 알게 된 경북대 손병기 교수가 여성이라 취업이 안된 전자공학과 졸업생을 부탁하여 받은 사람이다. 자질이 뛰어나 미국 델코 일렉트로닉스에 2년간 교육 훈련을 보냈다. 미래 자동차 반도체 사업을 이끌어 갈 인재였다. 그래도 당시에는 시부모에게는 순종을 해야 하는 것으로 믿었다. 그래, 조직보다는 사원들의 개인 생활 문화가 우선한다고 믿었다. 회사는 손해가 나도 나중에 보전할 수 있지만 개인들은 그런 여유가 없으니 회사가 양보 결정을 했다.

3일 동안 노조의 공장 점거는 여러 가지 후유증을 가져왔다. 외부 침입자들이 버리고 간 쓰레기를 치우던 회사 직원들은 눈물을 흘렸다. 대우 본사에서는 김준성 회장이 와서 사후 대책을 논의했다. 나의 업무는 창원 대우조선 자동차 사업부에서 800CC 경승용차 티코를 생산하는 것으로 변했다. 그리고 후임자도 결정되었다. 책임지고 물러난 것이다.

공급과 수요가 이렇게 안정된 사업 기회는 극히 드물다. 사람들 사이에 트러스트가 구축되지 못하면, 특히 외부에 의존도가 높아지면 기업 조직은 쉽게 취약해진다. 정성껏 만들어 놓은 내 직장이 얼마나 소중한지를 남들은 모른다. 우리는 공유하는 미래 비전이 없었던 것인가? 정치에 뜻이 있던 현장 사원은 기존 권력에 저항하는 것만이 권력을 잡을 수 있는 길이라 생각했던가?

30PPM의 품질은 일본의 TQC 시스템이 아니라 한국 사람들의 개인 협동 문화로만 만들 수 있다고 생각했다. 후에 대우전자 생산공장이 유럽 국가들에 진출할 때도 같은 원리가 성공을 거두었다.

코딩(Coding) 교육

사람들의 뜻이 맞아 생산적인 협동체제는 만들어도 작업 순서가 맞아야 좋은 결과를 달성할 수 있다.

공학이나 경영학같이 공급자와 수요자가 상호반응Coupling하며 일어나는 활동에 대해 이제는 정보처리 능력을 확대하여 조금 더 완벽하게 수요 조건에 맞추는 맞춤 공급을 해야 하는 시대가 되었다. 가상공간에서 시행착오를 수행하면 완벽한 수요 맞춤이 가능하다. 그것도 수요자의 예상 반응을 실시간으로 알아보고 이를 적용하여 설계를 수정하는 것이다. 실시간 피드백Real-time Feedback이다.

피드백은 아무리 컴퓨터가 대형이라도 무한대로 반복할 수는 없다. 반복이 유한하면 완전할 수는 없다. 적절한 곳에서 끝을 내는데 이 결정은 결과를 책임지는 사람의 주관적인 판단이다. 사람 중심이다.

자동차 회사 대우와 GM이 합작하여 한국의 생산적인 노동을 활용할 목적으로 자동차 부품회사를 한국에 설립했었다. 그 회사에서 현장 근로자들은 치열한 경쟁 속에서 살아남기 위해서 품질을 높이고자 힘을 합쳤고 생산성 향상을 위해 열심히 일했다.

일단 목적을 달성하기는 했으나 지속 가능하지 않았다. 선진국의 노동은 개인들의 희생을 최소화하는 효율성을 강조했다. 선진국에서는 어떤 개인 능력의 변화가 있어야 하는가?

AI, 빅 데이터 기술이 우리 생활 속에 들어왔다. 개인들이 익숙해져야할 기능, 사고 방법, 살아가는 자세에 대하여 생각해 보자.

건축 구조를 계산하는 사람들도 이제는 미분방정식을 풀려는 노력을 하지 않는다. 구조 계산을 하는 컴퓨터 프로그램에 입력 데이터를 작성하여 넣으면 즉각 출력 데이터를 제시해 준다.

그러나 전문가들의 역할은 현장 여건에 적합한 입력을 넣고 컴퓨터에서 제시한 출력을 설계에 맞게 해석한다. 대니얼 카너먼의 'Thinking Slow(시스템2)' 노력을 절약하고 'Thinking Fast(시스템1)' 노력과 창의력에 집중한다.

컴퓨터의 역할은 계산자$^{Slide\ Ruler}$와 같은 것이었다. 그 계산자가 계산기^{Calculator}로 발전하면서 약간의 기억^{Memory} 데이터를 저장할 수 있게 되었다. 그 기억이 대형화되면서 기억과 연산을 순차적으로 진행하여 어려운 미분 방정식을 푸는 수치 해석 계산 순서^{Algorithm}를 순식 간에 처리하는 컴퓨터가 등장했다.

컴퓨터가 하는 작업은 0과 1의 더하기, 빼기뿐이다. 이제는 알고리즘을 작성하는 인공지능이 출현하였고 자가 학습 효과가 있어 입력과 출력 작성도 사람이 하는 것보다 잘 할 수 있게 되었다.

학생, 교수 간의 소통은 미분방정식을 통해서 자연 현상을 이해하면 동적인 변화를 공감하기 쉽다. 정확한 수치를 원하면 컴퓨터를 사용하면 된다. 학습효과가 있는 AI를 이용하여 빅 데이터와 크라우드 컴퓨팅으로 소통하는 방법^{Skill}이 익숙해지도록 연습을 해야 한다. 문제를 반복해서 푸는 연습을 하다 보면 익숙해진다.

현재 거론되고 있는 코딩^{Coding}교육이다. 코딩은 컴퓨터 언어로 적은 알고리즘이다. 많은 사람들에게 필요한 코딩은 표준 응용 소프트 웨어로 시장에서 거래되고 있다.

그러나 개인들의 필요에 의하여 맞춤 코딩을 할 수 있으면 차별화된 창의적인 일을 할 수도 있다. 시스템2 싱킹 스로우에 컴퓨터 도움을 받고자 하는 시도이다.

이 방법에 익숙해지는 정도, 즉 숙련도가 학생들의 능력 평가의 기준이 되면 곤란하다. 대학 교육은 학생들이 해결할 문제를 정의하고 여건에 따라 최적 해법을 구하는 능력을 길러주는 것이 일차적인 목적이다. 그래서 컴퓨터 이전에는 계산자를 쓰던, 안 쓰던 문제가 되지 않았다. 이제는 사람과 기계가 상호작용하여 문제를 해결하는 시대가 되면서 지능적 사고가 기계에 크게 의존하게 되었다. 그러나 사람이 문제를 해결하고 AI는 인간이 원하는 정보를 제공할 뿐이다.

수학II로 이과, 문과로 나누는 것은 이제 의미가 없어졌다. 수학은 또 다른 언어와 같이 필요한 사람이 배워 사용하면 된다. 융합의 시대가 되었다.

영어로 소통하는 능력을 TOEFL 성적으로 평가할 수 없게 되었다. 수능 성적으로 대학 입학생을 선발하는 것은 대학의 자율로 맡겨야 하는 시대가 되었다. 개인의 자유가 확장되고 창의성이 존중되는 사회에서 하나의 잣대로 개인들의 능력을 평가할 수 없는 시대가 되었다. 정시 비율을 높이는 것은 과거로 돌아가는 모순이다.

평등과 자유가 상충되는 것을 현명하게 풀어야 한다. 사회에는 변화의 모멘텀이 있어 제도를 바꾸려면 변화가 전후로 진동한다. 규제는 변화의 진폭을 감폭^{Damping} 하는 역할을 하는 것이다. 규제에는 변화를 안정시키는 집행 기술이 필요하다. 변화가 긍정적으로 시간을 두고 일어날 수 있게 환경을 조성해야 한다.

'인간이 컴퓨터의 도움을 받고자 하는 것이 무엇인가'라는 질문에 대답하기 전에 '컴퓨터는 인간에게 무엇을 해 줄 수 있는가'라는 질문부터 생각해 보자.

컴퓨터의 연산 작용은 거의 무한정으로 반복할 수 있다는 면에서는 인간의 두뇌보다 큰 역량을 발휘할 수 있다. 그리고 동시에 이 연산 과정을 전부 영구히 기록할 수 있어 인간 기억력의 한계를 넘어간다.

다시 말하자면 인간이 하고자 하는 연산 작업을 컴퓨터가 할 수 있도록 알고리즘을 만들어 컴퓨터 언어로 입력하면 인간보다 경제적으로 답을 낼 수가 있고 그 과정을 모두 기억할 수 있다. 인간은 같은 연산 작용도 할 수 있고 또 기억도 한다. 그러나 반복하기 시작하면 싫증을 내고 기억은 오래가지 못한다. 빅 데이터는 데이터 마이닝^{Mining} 기법이 있더라도 과거의 기록을 외삽^{外挿; Extrapolate}하는 것이다. 대형 컴퓨터를 묶어서 크라우드^{Cloud} 컴퓨팅을 하지만 그것도 현실적으로는 한정된 연산 능력이다.

'휴테크'라는 개념을 제안한 문화심리학자인 김정운 박사는 화가가 되려고 자신이 물감과 붓을 가지고 직접 그림을 그리고 있다. 컴퓨터에 '에디톨로지^{Editology; 편집학}' 알고리즘을 집어넣으면 원하는 그림을 그려줄 수 있지 않을까? 그가 하고자 하는 것은 완성된 작품뿐만 아니라 작품을 만드는 과정인지도 모른다. 그래서 그는 컴퓨터를 옆에 놓고 끝도 없이 붓으로 그림을 그리고 있을 것이다. 그 과정에서 생기는 자신의 감성을 책으로 써서 시장에 파는 것이 그의 먹거리 아니던가? 그 일을 인간과 컴퓨터의 하이브리드^{Hybrid}로 형성하면 훨씬 생산적이 되지 않을까?

과거에는 없던 것이다. 남들이 하는 방식과 다르다. 팔리니까 인간 사회에 도움을 준다. 그래서 창조적이다. 시스템 2를 컴퓨터에 효율적으로 의뢰하여 인간의 창의력을 의도적으로 확대하는 사례이다.

컴퓨터가 계속해서 연산 속도가 빨라지고 기억 용량이 커지면 인간을 대체할 수 있는가? 수학자는 무한대 개념 속에서도 결정을 할 수 있지만 컴퓨터는 빅 데이터라도 한계가 분명해야 해법을 낼 수 있다.

인간 사회에서는 경제성이 없으면 안 된다. 호모 데우스는 무한정 자본을 투입해서 반복 연산을 무한정 빠르게 처리하여 인간의 감정도 계산해 낼 수 있다고 가정했다. 현실적은 아니다.

자연 현상을 과학에서는 간단한 몇 가지의 공리로 해석하고 앞으로 일어날 일을 예측한다. 그러나 공리는 자연 현상에 전제 조건을 달아 단순하게 정리한 상상일 뿐이다.

데이터 숫자를 크게 줄였다. 인간 두뇌로는 많은 양의 데이터를 짧은 시간 안에 계산하기 어렵기 때문이다.

적은 데이터로 예측을 하려고 하니 자연현상을 간단한 모델로 만들었다. 이 모델이 성립하기 위해서는 전제 조건들이 필요하다. 자연 현상이 이 모델과 전제 조건들에서 멀리 벗어난 경우에는 변화를 예측할 수 없다.

어느 경우에도 성립하는 한 가지 일반해正答가 없는 경우, 여러 가지 결과들을 예상하고 그 결과들이 발생할 확률을 계산하여 한 가지 최적 결과를 선정한다. 그러나 이런 오차 계산 도중에 데이터의 양이 폭발적으로 증가하여 컴퓨터의 용량과 속도의 문제가 될 수 있다.

사람들이 순간적인 육감으로 결정해오던 일을 수많은 슈퍼컴퓨터를 연결하여 막대한 데이터를 처리해야 한다면 경제성이 없다. 경제성이란 계산에 투입되는 비용과 그 결과에 대한 효용도의 비례를 말한다. 무어의 법칙이 성립하여 컴퓨터의 연산 용량과 속도가 증가한다 해도 인간이 순간적으로 감성적인 결정을 할 때 폭발적으로 증가하는 디지털 데이터를 처리하기에는 역량이 부족하다.

사람들을 어떻게 교육 훈련하면 컴퓨터와 협업하여 효율적으로 일할 수 있는가? 과연 이런 기술자를 어떻게 교육할 것인가?

몇 가지 사례를 살펴보자.

IBM에서 개발한 인공지능 왓슨Watson은 암 진단에 활용이 되고 있다. 암 진단 정확도 측면에서는 통계학적으로 인간 의사의 능력을 앞서간다고 한다. 그래서 여러 병원에서 채택을 하고 있다.

그러나 환자 치유 면에서는 아직 인간 의사의 우수성을 고집하는 병원도 많다. 데이터 추출 속도의 문제인가? 현재까지 우리가 알고 있는 지식으로는 암의 진행은 환자의 심리적 상태와 연관이 있다고 한다. 암의 진단과 치유는 서로 독립적 변수가 아니라 변수가 상관하여 일어나는 복합적인 문제가 되어 버렸다.

왓슨을 활용하는 의사에 따라 치유 성과가 변한다. 암세포와 면역 사이의 전쟁은 우리가 알 수 없는 요인에 의하여 영향을 받기 때문에 현재 빅 데이터도 예측을 하지 못한다.

인텔의 자회사가 된 모빌아이Mobileye는 자동차 충돌 방지 장치를 공급하는 인텔Intel의 자회사다. 차선 변경은 아직도 해결해야 하는 문제라고 한다.

차선을 변경하려면 옆에 오는 차의 속도 정보를 관측하고 그 차의 운전자와 언제 끼어들 것인가를 협상을 한다. 이 과정에서 데이터 양이 급격히 늘어난다. 쌍방의 운전자의 심리적 안정도 사고 방지에 중요한 요소이다.

모빌아이는 한국에서도 운전 문화에 관한 빅 데이터를 수집하고 있다. 그러나 아무리 데이터 양이 많아도 운전자들이 새로운 문화에 익숙해질 때까지 몇 건의 사고는 예방할 수 없을지도 모른다.

기술을 공급하는 측에서는 고객에게 맞춤 서비스를 제공하기 위하여 노력한다 하더라도 고객들은 특정 기술을 사용하기 위해서 지금의 생활 습관을 바꾸어야 한다. 자율 주행을 하는 동안 다른 업무를 하기 위해서는 자율주행차와 승차 고객 사이에 신뢰가 형성되어야 한다.

신뢰는 교육 훈련을 통하여 효과적으로 수립할 수 있다. 운전자에게 어떤 교육이 필요한가? 운전자가 차선 변경 시 자율주행 차의 운전 방식을 이해하고 기대하지 않으면 사고가 발생할 수도 있다. 자율주행차의 운전 방식을 이해하고 익숙해져야 한다.

이제는 인공지능이 빅 데이터를 기억하고 분석하여 필요한 지식을 사람들에게 전달해 주는 시대가 되었다. 사람들의 사고 과정은 오랜 세월 축적된 경험으로 만들어졌다. AI가 안 쓰이던 세월로부터 내려오는 유산이다. 그래서 한편으로는 인간이 AI에 다가가는 훈련이 필요하고 다른 한편으로는 인간과 AI 사이에 인터페이스Interface가 사람에게 친절해져야 한다.

탁아소, 유치원에서부터 대학, 대학원에 이르기까지, 평생 교육까지도 다시 고려해 볼 때가 되었다. IT 강국에서 시작해야 한다. 우선은 간단한 코딩 교육을 하여 컴퓨터 알고리즘에 익숙해지면 어떨까?

코딩 교육을 받는다고 누구나, 어느 경우에나 적용할 수 있는 맞춤 해법을 직접 만들 수 있는 보편 타당한 교육 방법은 없다. 그러나 기초 코딩 교육을 받으면 각종 전문가들과 서비스 거래를 할 수 있는 능력이 생긴다. 말하자면 기초적인 대화의 도구에 익숙해져야 한다. 전문가들이 여러 사람들에게 각자 독특한 맞춤 해법을 만들어 준다.

코딩 교육은 사람의 시스템2 노력을 절감하여 시스템1을 확장하게 만들어 줄 수 있다. 산수算數의 숙련도를 코딩 교육으로 대체할 수 있다. 그리고 무엇보다 코딩 교육은 개인과 개인이 놀이하는 것과 같은 즐거움으로 진행하여야 효과가 있다.

일하는 순서는 한가지 정답만 있는 것은 아니다. 그러나 여러 개인이 협동해서 일 할 때 순서와 언어를 통일하고 익숙하게 사용할 수 없으면 생산적이 아니다. 그래서 개인들이 모여서 일하는 데는 서로 익숙한 알고리즘Algorithm이 있어야 한다. 지금 당장에는 필요가 없더라도 익숙해지도록 연습을 해야 한다.

선진국 사업 진출

나는 현장 관리를 떠나 전략적 경영에 몰두하게 된다. 물론 품질은 기본이다. 그러나 이제는 세계 시장에 가전품을 판매하는 일이다. 시장 경쟁이 심해 후발 업체로는 시장 점유율 확대가 힘들던 시대에 대우전자 사장이 된 것이다.

김우중 대우그룹 회장의 "빨리 빨리" 경영이 지속되었고 세계경영으로 해외에서 보내는 시간이 길어지면서 대우의 모든 회사들은 자본구조가 안정되지 못했다. 기업마다 부채비율이 높았다. 성장률에 비해 자본 증자 속도가 늦어졌다. 어차피 김 회장은 소유주가 아니라 경영인으로 자처하지 않았던가?

그러나 김 회장이 경영에 관여하지 않는 대우는 존재할 수 없을 만큼 그의 직접 경영이 기업의 생존을 좌우했다. 모든 금융은 김 회장 한 사람의 신용으로 일어났다. 조직이 없이 한 사람의 슈퍼스타가 경영하기에는 대우그룹의 사업 분야가 너무 다양해졌고 강력했던 군사 정부의 정책적 지원도 줄어들고 있었다.

생산 투자는 중국, 미얀마, 베트남, 인도네시아, 인도, 루마니아, 폴란드, 영국 노던 아일랜드, 프랑스 로레인, 스페인 바스크, 멕시코 등지에서 가전품 조립 생산 라인부터 이루어졌다. 이런 투자는 본격적 자동차 투자로 이어지는 전 단계의 타당성 조사와 비슷한 수준이었다.

대우전자의 해외 사업은 나의 전임인 김용원 사장이 시작했다. 해외 투자는 현지 금융으로 일어났다. 나는 유럽의 인맥 형성을 의도적으로 노력했다. 유럽의 역사와 문화를 공부했고 음식과 예술에 대하여 전문 지식을 배웠다.

내가 신임 사장으로 부임한 시기인 1991년경 규모가 확대된 대우전자는 투자는 많고 매상은 일어나지 않은 상태에서 기업의 현금 흐름 상태가 매우 나빴다. 나는 기본으로 돌아가서^{Back to the Basic} 비상경영을 했다.

첫째, 현장 중심으로 품질을 안정 시키고 수출을 확대하여 매출을 증가하는 것이었다. 수출로 현금흐름을 안정 시키는 것이다. 품질은 설계에서부터 시작한다. 기본 성능이 탄탄한 데서부터 시작했다. 탱크주의다. 과거 대우전자가 추구하던 '하이 터치' 미학적^{Aesthetic} 경영에서 탈출이다.

둘째, 해외 생산을 늘리기 위해서 해외 생산 시설에 투자를 확대했다. 국내에서는 시설투자를 위한 자금을 조달할 길이 없었기 때문이었다. 프랑스 로레인 지방 실업률이 높아 프랑스 정부의 일자리 투자를 협상했다. 공장 부지, 건물 무상 제공과 기계장비는 유상으로 장기 대여를 하고 인력 훈련비로 1인당 10만 불을 정부가 지원하는 조건이었다.

"도미니크 스트로스칸^{Dominique Strauss-Kahn} 장관님, 프랑스는 국내 기업도 이렇게 지원해 주십니까? 이건 WTO 규정에 어긋나는 것 아닙니까?"

"프랑스 정부는 대우전자를 유심히 검토했어요. 지난 4년간 매상이 매년 30% 이상 증가했습니다. 프랑스 일자리는 국적에 불문하고 대우전자같이 성장 추세에 있는 기업이 만들어야 지속 가능할 것으로 봅니다."

스트로스칸은 당시 프랑스 재정 경제 장관이었고 후에 IMF 총재가 된 사람이다.

영국의 메이저 보수 내각 시절 마이클 헤셀틴^{Michael Heseltine} 통상 장관은 영국 상원에서 "영국 노던 아일랜드의 평화는 대우 공장에서부터 왔다"라고 했다. 노던 아일랜드 앤트림 시에 있던 대우전자 공장을 두고 하는 얘기다.

IRA 노던 아일랜드의 반체제 운동권 사람들과 북아일랜드 영국 사람들이 어울려서 고품질의 VCR을 생산하여 유럽 전역에 공급했다. 종교가 다르더라도 협력하여 직장을 지켰고 일자리가 생겨났다. 주변 대학에서 VCR 드럼에 박막을 입혀 마모를 줄이는 기술 개발을 했다. 산학 협동도 활발하게 일어났다. 그러고는 IRA 테러리스트가 없어졌다.

스페인 북쪽 산티아고 드 캄포 스텔라 순례 길은 바스크 지역에 있다. 바스크 지역 사람들은 독립하기 위하여 여러 곳에서 테러를 했다. 대우전자는 비트리오 시에 냉장고 공장을 지었다. 벤츠의 소형 트럭 공장과 함께 이 지방에 일자리를 만들면서 이 지역은 첨단 산업단지로 새롭게 태어났다.

일자리가 생기니 바스크 지역에 테러가 없어지고 거리의 평화가 찾아왔다. 근처 빌바오 미술관과 순례 길에는 연간 5백만 명 이상의 외국 방문객이 찾는 관광지가 되었다. 스페인으로부터 독립 운동을 하자는 운동권 자들은 바르셀로나 지방으로 옮겨 갔다.

누가 제조업의 품질을 일본 사람들의 TQC로 조정할 수 있다고 하였는가? 실업률이 20%를 넘어가던 유럽에서는 나도 잘 이해하지 못하는 사람들의 문화가 품질을 만들었다. 사람 중심 사회라는 것이 아닌가?

대우전자는 일단 상품 탱크주의로 품질을 안정 시키고 유럽 생산은 분쟁지역을 찾아가면서 조립 시설 투자를 시작했다. 그리고 숙련도 없이 운영이 될 수 있는 공정부터 시작했다. 정치적으로 중립적인 위치에서 고용을 했고 안정적인 급료를 지불했다. 인사는 현지인 관리자가 담당했다. 현지인 봉급에 훨씬 뒤진 월급을 받고 있던 한국인 기술자, 관리자에게는 현지 생활비를 추가로 지급했다.

대우전자는 현지에 일자리를 마련하기 위한 지속 가능 공정을 아주 세밀하게 설계했다. 현지 정치 지도자와 개인적인 친분을 쌓은 것도 공감대를 조성하기 위한 의도적인 것이었다.

1995년 프랑스 좌파 정부의 중도파 알랭 주페Alain Juppe 수상은 세계 최대 TV 제조 회사인 톰슨 멀티미디어Thomson Multimedia를 민영화하기로 결정했다. 톰슨 회사 중 방산부문인 CSF는 프랑스 기업 라가르데르Lagardere, 민수 부문인 멀티미디어Multi-media는 한국 기업 대우전자에게 매각하기로 결정했다. 그러나 프랑스 노조의 반대로 민영화 자체가 무산되는 것으로 1997년 결론이 났다.

프랑스 정부는 매각 결정을 취소한 것이 인수하기로 이미 결정된 한국 기업의 경영 능력을 과소평가하여 생긴 문제는 아니라고 했다. 프랑스 국민 정서가 프랑스 국영기업을 한국 업체에게 매각하는 것을 용납하지 않았다. 한국 정부에 사죄 사절단을 보냈고 김영삼 대통령의 프랑스 방문을 추진했다. 알랑 주페Allen Juppe 수상이 이끌던 중립 정부는 결국 실각했다.

이후 톰슨은 국영기업으로 계속 존속되다가 프랑스 기업인 알카텔Alcatel에 흡수되어 방산 부문만 남고 민수 부문은 폐기되었다. 그렇게 프랑스 정부의 전자 산업 분야 일자리 정책은 끝을 맺었다.

솔루션(Solutions) 만들기

설계는 기존 논리의 분석적 해석이 아니라 고객을 만족시키는 해결책을 찾는 것이다. 기술의 푸시Push가 아니라 시장의 풀Pull이다. 그래서 상아탑 속에서 할 수 있는 일이 아니라 시장 현장에서 해야 하는 일이다.

우리의 시장은 국민 정서를 제외한 세계 시장이었고 우리의 고객은 항상 인류사회였다. 지난 반세기 동안 좁았던 우리 국내 시장에서 넓은 세계 시장으로 진출하면서 어느새 우리 목표 시장도 선진 외국이었고 우리 생활도 세계화를 해버렸다. 이제는 세계를 선도하는 선진국 대열에 참여하고 있다.

우선 창의적 생각Design Thinking은 (1) 당면한 문제를 해결할 수 있다고 생각하는 문제로 다시 정의하고 (2) 관련 데이터를 수집한 다음 (3) 무작위로 떠오르는 아이디어들 중에서 (4) 고객을 만족시키는 한 가지 아이디어를 선택하는 과정을 거쳐 (5) 해결책이 맞는가 하는 검증 절차를 거치게 된다. 다섯 개의 독립적 과정으로 나누어 생각하는 것이 의도적 창의적 사고이다. 모든 과정에서 각각 끊임없는 시행착오를 거쳐야 한다.

여기서 시행착오 과정을 현장에서 진행하지 않고 가상 공간에서 컴퓨터 그래픽스Graphics를 활용하면 시간과 투자를 절약할 수 있다. 봉준호 감독의 스토리보드는 배우를 비롯한 제작진과의 대화를 확실히 하는 방법이다. 그러나 봉 감독은 자기의 독특한 기술로 상대가 이해할 수 있는 그림을 그렸고 그림으로 표현하고자 하는 자기 스토리를 동시에 작성했다. 사고와 그림 작성이 시간적으로도 동기화했다. 이것은 타고난 재주도 있었지만 오랜 기간 연습을 통해서 숙련된 작업 방법이다.

소설가가 원고지에 손으로 쓰다가 컴퓨터 워드로 작성하면서 익숙해질 때까지 연습이 필요했다. 키 보드를 누르는 연습도 했지만 동시에 사고의 속도와 워드를 작성하는 속도를 동기화했다.

이런 개인들의 손 기술을 컴퓨터 그래픽스로 해결하면 엄청난 변화를 가져올 수 있다. 단순한 CAD^Computer Aided Design가 아니다. 전산학과와 기계학과의 융합이다. 수직적 아키텍처^Architecture로 이룩하는 학문 이론의 전개가 아니라 수평적 아키텍처로 많은 사람들이 실시간^Real Time으로 협력하는 설계 협업이다.

개인들이 거래를 통하여 재산을 축적하려 할 때 거래 당사자 간의 소통을 할 수 있는 통신 시설과 교통 시설이 중요하다. 통신과 교통 시설이 편리해서 거래 비용이 줄어들면 거래가 활발히 일어날 수 있다.

한국은 IT 강국이다. 그래서 인공지능도 메모리 공간이나 연산 능력을 쉽게 빌려 쓸 수 있다. 우리 기술 혁신은 다른 미국, 캐나다, 일본 등 선진국보다 빨랐다.

통신이나 교통의 첨단 기술은 이미 인간이 제어하기 힘들 정도로 고속이고 광범위 교환이 가능하다. 고속과 교통은 신기술의 안전이 보장되어야 보급이 되듯이 정보 교환도 통신망의 안전이 확보되어야 보급된다.

한국에서 5G가 세계에서 가장 빠르게 상업적 개통을 하였다. 해킹 기술도 동시에 발생할 것이다. 인간 사회의 질서 유지는 그래서 필요하다. 개인들 간의 신뢰도 구축되어야 하지만 동시에 그 신뢰를 지원할 수 있는 기술도 개발되어야 한다.

햄버거를 만드는 로봇이 상업적으로 성공하는 데는 햄버거의 맛을 이해하는 운영자가 고객에게 맞춤 설계한 햄버거를 생산하여 제시간에 배달을 해주어야 한다. 문화와 로봇 기술, 그리고 사회기반 시설이 확충되어야 경쟁력이 생긴다. 기반 시설이 확충되어 사용자 측에서 그것을 최대로 활용하는 다른 생활 패턴을 만들면 공동 사회를 이루는 많은 소비자 측 개인들의 기호 생활 습관도 맞추어 변해야 되고 이 변화가 오면 이에 맞추어 기반 시설도 재수정하고 보완하여야 한다. 피드백 루프가 형성되었다.

한국은 규제 강국이라는 말도 자주 듣는다. 후쿠야마 교수는 한국 대기업들의 중국식 가족경영을 하는 것이 '국가 신뢰National Trust' 수준을 하락 시키는 요인이라고 지적했다. 장하성 교수도 우리의 빈부격차가 경제 발전의 저해 요인이라 하면서 서민들이 부자들에게 화를 내야 하는 당위성으로 제시하였다. 우리가 제4차 산업혁명으로 들어가면서 해결해야 할 가장 중요한 문제 중에 하나이다.

트러스트 수준을 결정하는 요인은 과거 발생한 사실Reality도 중요하지만 사람들의 지각知覺도 중요하다. 고도로 발달한 사회에선 어떤 정보가 실시간으로 전달되는가도 중요하다. 우리의 정치적 콘텐츠를 담은 Youtube는 정화가 되어야 하는 이유이다.

개인들의 창의적 생각을 사회적으로 활용하여 어떻게 경쟁력 있는 사회로 만들어 가야 하는가? 놀이 문화에서 어떤 교육과 실습이 개인들을 행복하고 효율적으로 만들 수 있는가?

근본적인 데서 시작하여 목표를 정하면 창의적인 교육 방법이 나올 수 있다. 교수의 지도 아래 시행착오를 효과적으로 해본 경험을 축적하거나 이미 일어난 설계 과정을 분석하고 토론하는 것이다. 대화 시간이 걸리고 교수의 현장 경험이 필요하다. IT에 익숙한 학생과 현장 경험이 있는 교수 간의 대화에도 피차 감정이입Empathy을 하는 훈련이 필요하다. 코딩 교육이 설계 교육과 병행하여 이루어져야 하는 이유이다.

K-경영인

1976년 대우에 입사하여 2년간 미국 스탠퍼드와 MIT에서 강의하느라고 대우를 떠났다가 1985년 복직하여 1998년 대우그룹을 아주 떠났으니 대우에서 20년 근무한 셈이다.

김우중 회장이 개도국을 다니면서 여러 나라에 '한강의 기적'을 전파하는 동안 나는 영국, 프랑스, 스페인의 테러리스트 지역에 공장을 세워 일자리를 마련해 주는 일을 했다. 기본으로 돌아가서 일상생활을 하는 테러리스트들에게 일자리를 주고 품질 생산을 하게 했다. 그들은 고급 품질의 상품을 생산해서 시장 경쟁력을 강화하려는 대우전자 한국 경영진과 협력을 했다. 그리고 그 지역에 평화가 왔다.

그래도 항상 쫓기듯 불안했다. 부채 경영은 러시안 룰렛Roulette이다. 빚 잔치는 그렇게 끝나기 마련이다. 잘 나갈 때 성장 속도만 조금 줄여 자본 축적을 하면 되는 일이다. 좀 늦게 갔어도 되는 것 아닌가? 일자리 만들기는 속도가 좀 늦어졌을 것이다. 그러나 개도국에서 살던 우리는 선진국 시장이 후진국 기업을 기다려주지 않는다고 생각했다.

박정희 정부는 기업가들이 개인의 부를 축적하는 것을 경계했다. 자본 시장이 빈약한 나라에서 민간 기업이 외채로라도 고속 성장하고자 한 것은 좋은 일자리 만들기 위한 것 외에는 정당화할 수가 없었다. 김우중 회장의 대우 경영 철학이다.

부자라고 미워하지 마라! 김 회장은 근로자 일자리를 위해서 밤 낮으로 뛴 것 아닌가? 부자가 되기는커녕 박봉에 시달리면서도 부자 편에 서서 "빨리 빨리"를 외치던 대우의 임직원들은 IMF 사태를 거치면서 40조 원의 적자를 책임지라고 하니 할 말이 없었다.

하여튼 나는 20여 년 동안 중등 교과서에 나오는 조윤제 선생이 한국인의 특성이라는 '은근과 끈기'를 못 배우고 '창조, 도전, 희생'을 사훈으로 삼는 민간기업 대우를 떠났다. 떠나고 2년 후 IMF 구조조정으로 대우그룹은 해체되었다.

그리고 나는 은퇴할 때까지 후반기 20여 년간을 개인 영리 기업을 떠나 국가에 기여하는 공적 기관에서 일했다.

나의 취업은 전부 입사 시험이 아니라 나를 잘 아는 사람들의 추천으로 이루어졌다. 입사 시험을 본 경우도 있지만 형식적인 것이었고 대부분 중간 소개 자를 통해서 채용자 측과 만나 협상을 통해서 이루어졌다. 미국에 도착하여 MIT에 입학할 때부터 지도 교수와 상의하여 연구 주제와 연구조교 인건비가 결정된 것도 시험이 아니라 협상이었다.

그렇게 형성된 연줄을 평생을 이어 왔다. 정해진 규칙을 따른 공정성이 아니라 여건에 따라 발생한 문제를 해결하는 실용성 위주로 살아온 것 같다. 가끔, 아니 자주 시험에는 불합격했어도 선택되었고 그 조직에 남들은 하지 않는 독창적인 기여를 해서 성공을 만들었다. 끝은 성공으로 간주되더라도 과정은 길고 괴로운 실패로 얼룩졌다. 그래서 실패로 좌절했을 때 소소하고 확실한 행복(소확행)은 나를 다시 설 수 있게 해주었다.

일단 취업이 되고 나면 작건 크건 간에 개인들이 모여 공동 사회를 이루고 각자 맡은 임무를 완성하고 그 결과를 취합하여 목표를 달성하는 것이다. 그러니 개인들이 협동을 하지 않으면 같은 목표를 달성할 수 없다. 협동은 개인들의 양보와 희생으로 이루어진다. 고용자와 취업자의 공동 목표를 달성하기 위한 협상이다. 일방적인 주장으로는 효율적일 수가 없다. 인위적인 시스템이 아니라 공정성을 좀 희생하더라도 사람들 간에 같이 사는 문화로 이루어져야 효율적이다.

나는 나와 같이 일했던 수많은 개인들에 관하여는 여기에 쓰지 않았다. 그들이 없었으면 오늘날의 내가 존재하지 못한다. 그래서 문화이다.

개인들은 모두 서로 다르다. 그러나 기업 현장에서 또는 IT 강국 현장에서 나의 역할은 언제나 그들이 실력 발휘를 할 수 있게 여건을 만들고 결정권을 위임했고 좋은 결과에 대하여 칭찬해 주는 것이 전부였다. 속으로는 내가 더 잘 할 수 있다고 생각해도 위임하고 잘못에 대한 것은 대리인 선정을 한 내 책임이라 생각하려고 노력했다. 나를 만나면 일본, 중국 사람이냐고 묻던 서구 사람들도 이제는 한국 기업의 보스라고 한다.

IT 강국에서 K-경영인은 어떤 사람들인가?

살아가는 자세(Attitude)

우리 교육의 목표는 홍익인간을 양성하는 것이다.

널리 이익이 되는 사람이 누구인가? 우선은 본인이 행복하다고 생각하는 사람이 주변 사람들에게도 도움이 된다.

가난했던 나라에서는 일자리가 있어 생계를 유지하는 것이 제일 급한 문제였다. 그래서 안정되고 수익이 많은 일자리가 좋은 일자리였다.

열심히 일해서 이제 부자 선진국이 되니 창의성이 중요하다고 한다. 창의성이란 우선은 차별화가 중요하다. 차별화가 인류 사회 복지에 도움이 되는 방향으로 차별이 되어야 한다.

공과대학과 경영대학은 학문의 범위와 정도를 넓히는 일을 하는 것이 아니라 현장에서 문제를 정의하고 해결하는 업무를 하기 위한 교육을 하는 곳이다. 그 현장은 개인이 독자적으로 작업하는 일도 있고 남들과 협업을 하는 일도 있다.

개인의 창의성이 경쟁력의 중심이 되는 세상에서는 개인 작업에 익숙해야 남들과의 협업을 관리할 수 있다. 경쟁력 있는 인력이다.

실무 중심의 대학들은 첫째, 학생들에게 개인의 민주시민으로서 동기를 제공해야 한다.

둘째, 과학적이고 합리적인 사고를 육성시켜야 한다.

셋째, 자본시장 진입의 경쟁 방법을 알게해야 한다.

넷째, 정보 통신과 교통, 운반 기술 활용을 가르쳐야 한다.

이를 위해 강의, 사례 연구 토의, 실습을 적절하게 배합하여 IT 기술을 이용하는 숙련도를 개발하여야 한다.

그리고 학생들이 스스로 터득해야 할 현장 맞춤 기술이 있다. 취업을 잘하는 기술은 학교에서 가르쳐 주지 않는다. 스스로 터득해야 한다.

교과 과정은 시장^{수요처; 需要處}과 피드백 루프^{Feedback Loop}를 형성하여 끊임없이 진화할 수 있도록 해야 한다. 그리고 학생 개개인의 적성에 맞게 가급적 맞춤교육이 되도록 시스템을 형성해야 한다.

원자력공학과 출신이 아니라 그냥 창의성이란 능력을 가진 한 젊은 이들인 철수와 영희를 배출하는 것이 미래 교육이다. 물론 이 미래 교육 시스템은 서로 상반되는 요소를 가지고 여건에 적합한 최적화 과정을 거쳐서 시행될 수 있다. 학생 개개인이 자기 취향에 맞는 교육을 설계할 수 있도록 유연성이 있어야 한다.

우리에겐 오랜 세월 동안 취업 시험이 있어 왔다. 조선시대에서는 공무원들이 국가를 경영하는데 정점에 있었고 그 공무원을 공정하게 선발하는 방법은 당시 고급 언어였던 한문으로 시^詩를 작성하는 능력을 심사하는 것이었다. 5세기를 지속한 고급 인재 선정 방법이었다.

한문이 한 자 한 자 의미를 가지고 있기 때문에 시를 짓는 것은 고도의 추상적인 형식이 필요하다. 오랜 기간 연습을 통해서 4자 또는 8자 구절로 음률을 맞추는 형식을 터득했다.

그리고 심사도 객관적인 기준이 없이 심사위원의 주관적 평가로 이루어져왔다.

500년 이상을 지탱해온 조선 왕조는 국가의 목표가 없어지고 파벌의 당파 싸움으로 멸망했다. 국가의 명백한 목표가 없으면 주관적 평가의 기준이 없어진다. 유교정신이 옳고 그름을 가리는 기준이었다면 그것은 우리 국내의 기준이었지 식민지주의에 빠진 구미 각국이 아시아를 보는 시각은 달랐다. 쇄국 정책으로 정권을 지키려던 대원군에게는 아마도 경쟁자였던 민씨 족벌을 퇴치하려는 생각뿐이 아니었던가? 청, 일 군대를 불러들여 우리 농민 시위를 제압한 일본은 국가 통치권까지 빼앗은 것 아닌가?

구미 각국과 전쟁을 벌인 일본에 한반도 점령은 파일럿 프로젝트였던 셈이었다. 그것이 오만해진 일본에 원폭을 투하하게 만든 시발점이 아니던가? 일본은 아직도 한국에 사과하기를 꺼려 하고 있고 북한에게는 3대 적국 중에 두 번째 적국이 일본이다.

일본은 자원 수입이 가장 많은 나라이지만 세계적인 자원 보존 운동에 매우 소극적이다. 그리고 세계 최대 포경捕鯨 국가이다. 일본 민주 정치 사회는 인류 사회가 멸망하더라도 혼자만 잘 살겠다는 의지가 너무 뚜렷하다. 그들이 세계 3대 강국 중에 하나다.

일본에서 서구의 기술을 배워왔던 우리가 박막 처리 기술에서 앞서가기 시작하면서 두려운 마음이 생기기 시작한다. 삼성전자는 중국 시안에 첨단 반도체 공장을 짓고 있지 않은가? 미국의 트럼프 정부에 이어 바이든 정부는 보호 무역주의를 내세우고 중국과 무역전쟁을 하고 있지 않은가?

세습 3대 독재 정권을 절대 스스로 포기할 수 없는 김정은 북한 지도자는 핵폭탄을 만들어 놓고 미국을 위협하고 있다. 80년 전 일본은 허약한 비행기 몇 대를 가지고 거대한 미국 진주만 폭격을 했다. 이기려는 전쟁을 일으킨 것인가? 일본은 현재 경제 대국이지만 그렇게 불합리한 나라다.

역사 학자도 아닌 내가 이런 국가적인 위기 이야기를 꺼내는 것은 어른들의 노파심에서 만은 아니다. 그렇지만 눈앞에 닥친 취업 시험 걱정 때문에 '헬 조선'이라 하는 젊은이들에게는 귀에 들어오지 않는 이야기다.

인권이 확대되었으니 자유스럽게 창의적인 생각을 하라 하지 않았는가? 맞아! 과외공부를 해서라도 취업 시험에는 합격을 해야 한다. 그다음에 창의적인 생각을 할 수 있는 기회가 오면 하라는 얘기다.

공과대학이던 경영대학이던 현장에서 일하려 하는 사람들은 우선 현장 경쟁에서 살아남아야 한다. 이것을 민주 시민 의식이라고 했다. 현장은 사람들이 살아가는 곳이기 때문에 매우 다양하다. 현장 맞춤을 하려는 의지가 있어야 한다. 대학에서 무엇을 어떻게 가르쳐야 하는가? 유희 자본주의Ludo-Capitalism로 가는 길은 아주 험난하다.

한국전쟁 참전 용사였던 해병대 특무상사 교관은 단체 기합을 주면서 말했다.

"내가 여러분에게 어려운 훈련을 시키는 것은 우리가 전쟁에서 이기려는 것만은 아닙니다. 그보다 여러분 개인들이 혹독한 전쟁터에서 살아남도록 하기 위해서입니다."

1965년 백령도 일선에서 보초 근무를 할 때 하루 일과를 순검巡檢 받으면서 들었던 말이다.

공과대학에서는 응력Strain과 변형Deformation 관계를 미분방정식으로 모델을 만들고 그 모델은 수치적으로 풀어내는 해법을 가르치고 있다. 기계공학과를 졸업하면 과학적 합리성을 이해하고 그 테두리 안에서 창의적 사고를 할 수 있는가?

사회의 법질서를 지켜내는 사람들은 인공지능의 도움을 받아 여러 가지 대안을 창출하여 그에 대한 리스크를 계산하고 그를 바탕으로 판단을 해야 하게 되었다.

과학적 합리적 사고는 개인들의 일상 생활에서 시행착오로 터득하는 것이다. 많은 대학들이 공동 생활을 필수적으로 요구하고 있다. 원로 교수들이 같이 생활하면서 합리적 사고를 가르치고 있다.

MIT에서는 열역학, 유체역학, 고체 역학을 배우다 보면 저절로 터득한다고 생각했던 합리적 사고 방법도 생활을 통해서 가르치고 있다. 압축성 기체 유동(비행기 역학)에 세계 최고 권위를 갖고 있던 아서 샤피로 교수(에피소드 4.1)는 영어를 잘 못하던 이 개도국 학생에게 구두시험에서 얼굴을 한번 나타내어 사기를 북돋아주는 것으로 유체 역학을 가르쳤다.

공과대학에서 인문학을 가르쳐야 한다. 그것도 이론뿐만 아니라 현실 생활에서 경험으로 배워야 한다. 동시에 개인들의 신인도를 높이기 위해서 인적 소통을 통해서 작동하는 상호 신뢰를 쌓아야 한다.

여신자與信者 입장에서는 지금 투자한 돈이 나중에 본전에 수익금이 붙어서 돌아오기를 기대한다. 수신자受信者는 내가 필요할 때 빌려서 쓰고 자금의 여유가 생기면 일부 비용을 추가하여 갚는다. 여신자와 수신자가 서로 다른 목적으로 거래를 하기 때문에 협상이 필요하다.

미래의 수익은 불확실성으로 리스크가 발생한다. 그 리스크를 여러 가지 방법으로 모델을 만들어 계산한다. 그러나 결정은 책임지는 사람들이 한다. 책임과 결정의 권한이 불균형할 때 도덕적 해이Moral Hazard로 인한 금융 사고가 자주 발생한다.

금융 시장은 개인이나 기업이 미래에 갚을 능력을 평가하여 현재 자금을 빌려주는 거래가 일어나는 곳이다. 국내 시장에서는 정부의 역할이 중요하지만 국제 시장에서는 거래 당사자 간의 신용이 중요하다. 모든 기술 혁신 프로젝트는 자금 조달이 우선 단계이다.

개방된 금융 시장에서 기술 혁신 프로젝트에 자금 조달을 할 경우에 첫째로 한국 금융 시장이 개방되어 외국 금융 기관이 자유스럽게 운영을 할 수 있어야 한다. 한국은 이런 목적으로 노무현 정부 시절 경제특구를 지정하고 국내 규제를 완화하여 국제 표준에 맞게 시범 운영을 하고 있다.

둘째로 과학 기술에서 쓰는 언어와 국제 금융에서 쓰는 전문 언어가 서로 다르고 생활 문화에도 차이가 있다는 점을 주목해야 한다

그러나 과거 자연과학에서 시작한 기술들은 수요 측의 변화에는 무관하게 공급 측 여건에 따라 새로운 기술에 투자했다.Technology Push

이제는 의도적으로 계획하여 투자를 하지 않으면 기술혁신에 의한 경쟁력이 생기지 않는다.Market Pull

공과대학에서도 기술혁신이 시장 혁신과 금융을 통해서 동기화하는 방법을 가르치고 실습을 통해서 학생들에게 경험하게 하는 기회를 주어야 한다. 아니면 공대와 경영대 융합 대학을 만들면 어떨까?

모든 기술 혁신은 투자에 대한 회수 방법이 분명해야 투자를 받을 수 있고 아이디어의 구현이 가능해진다. 공과대학에서 기술혁신과 금융 이론은 복합적으로 소개해야 한다. 그리고 실습을 통해 금융 전문가들과 인적 관계를 구성해야 한다. 결정은 개인의 책임으로 이루어진다.

우리의 학교 교육은 일제 치하에서 시작했고 군사 독재 정권에서 발전하여 나름 세계 수준에 이르렀으며 이제 민주주의 체제에서 독자적인 길을 찾고 있다. 우리 산업 기술이 그렇게 발전했다. 우리 기성 세대가 그렇게 발전했다. 그 기성 선생님들이 학생들에게 '바람 풍風'을 혀 짧

은 발음으로 '바담 풍'이라 하면서 "너희는 '바담 풍'이라 발음하지 말라"라고 했다.

어찌 되었든 간에 30-50클럽 젊은이들은 새로운 역사를 써야 하게 되었다. 기성 세대 원로의 한 사람으로서 내기 여기에서 주장하는 것은

"그래 맞아, 권력을 쥔 기성 세대가 개혁을 해야 해. 그러나 그 피해는 젊은이들 몫이야. 그래서 젊은이들이 주관적인 견해를 형성하고 미래 결정에 참여하게 해야 해. 어차피 삼강오륜三綱五倫은 무너진 것 아닌가?"

옳건 그르건 간에 미국식 민주주의, 시장 경제가 세계 실질적De Facto 표준이다.

이제 우리나라는 선진국의 일원으로 후진국에 보여주어야 할 것들이 있다. 인류 사회는 그렇게 보여주며 살아왔다.

미국 트럼프 정부의 포퓰리즘은 세계를 두렵게 만든 바 있다. 같은 시기 일본의 아베 수상도 비슷한 성향을 보여주었다.

1918년 미국 윌슨Woodrow Wilson 정부의 민족 자결주의는 1939년 제2차 세계대전 발발로 그 빛을 잃어버렸다. 코로나19 바이러스가 퍼지면서 선진국들의 정치가들은 민낯을 드러내고 있다. 과연 무엇이 합리적인 사고인가?

빌보드에 연속 상위로 올랐던 K-Pop 스타 BTS, 아카데미 작품상을 받은 봉준호 감독, 그들은 세계의 우상이 되어 버린 한국 출신 세계인들이다. 더 이상 한국인이 아니다. 그들은 한국 전통문화에서 버릴 것은 버리고 세계로 갔다. 무엇을 버리고 무엇을 가져갈 것인가? 세계 속의 한국은 선진국이기 때문이다. 그것이 우리 모두가 잘 사는 길이기 때문이다.

이런 복잡한 세상에서 내가 현명하게 살아가는 자세Attitude는 무엇인

가? 지난 세대를 살아 간 우리 부모 세대는 정의롭게 살라 했다. 다음 세대를 살아갈 MZ 세대는 개인의 인권을 주장하고 있다.

그래도 우리는 같이 살아가야 하는데. 그래서 같이 상의하고 서로 배려하는 가운데 나의 행복을 찾는 것이다.

민주주의 선진국 시민

에피소드 6-1

사람 중심의 시대정신(Zeitgeist)

2010년 9월 3일 전라남도 영광에서는 김수자 작가의 작품 <지수화풍地水火風> 전시가 개막되었다. 당시 국립현대미술관 최은주 학예관이 구성한 전시다.

개막식에 참석했던 리처드 암스트롱Richard Armstrong 구겐하임 미술관장은 귀국하자마자 10월 5일에 나에게 짧은 서신을 보냈다.

"배 관장님, 우리는 영광 원자력 발전소에서 설치미술을 관람할 때에 배 관장님이 베푼 배려에 감사드립니다(영광 굴비를 점심으로 대접한 것이 좋았나?). 귀하의 소개 말씀은 교육적이었으며 우리가 영감받는 경험을 할 수 있도록 도움이 되는 내용이었습니다. 김수자 작가의 최근 뉴욕 방문 시 우리 집에 초대하였던 것도 즐거웠고 아마도 배 관장님을 가까운 시일 안에 우리 미술관에 초대할 수 있기를 바랍니다."

원자력 발전소 냉각 수 입구와 출구 사이에서 온도 섭씨 7도 차이가 난다. 기다란 제티Jetty가 냉각수 입구와 출구 사이에 놓여 있다. 나는 개회식을 하면서 관람객들에게 제티 양편에 온도 7도가 차이 나는 물이 흐르는 모양이 어떻게 다른지 보라고 했다. 천만 서울 인구가 사용하는 모든 컴퓨터에 전력을 공급하기 위하여 6GW 원자력 발전소 가동 시 발생하는 자연 변화를 한눈으로 볼 수 있다. 그 해 가을에 암스트롱 관장과 뉴욕에서 만나서 영국 작가가 실내 장식을 한 구겐하임 미술관 구내 식당에서 점심을 했다.

당시 전시 장소 사용 허가에 애를 많이 먹었지만 국립 현대미술관 관장으로서 나는 인사말에 정성을 들였다.

"전라남도 영광군은 자연 경관이 뛰어나고 한국 근대사에서 고귀한 희생(농민의 난)을 바탕으로 민주 사회의 자유와 평화를 찾은 사람들이 살고 있는 역사적인 고장이기도 합니다. 넓은 부지에 건설한 6기의 원자로도 자연 경관에 잘 어울리는 설계로 되어 있습니다. 이런 자연 경관에 자연 스스로가 순환하는 변화를 다룬 세계적인 작가 김수자 선생님의 〈지수화풍〉 작품의 전시는 새로운 예술 감동을 줄 것입니다. 자연과 더불어 살아가는 한국적 지혜를 보여주는 노력입니다."

지구 온난화로 인하여 온도가 1.5도 올랐으니 탄소 경제에서 수소 경제로 이전하는 구체적인 방법을 제시하려는 미술 전시회였다. 2030년까지 해결하여야 한다는 탈 탄소 문제에 대한 우리의 전달 메시지는 너무 한가했나? 광주 비엔날레 참석차 처음 방한한 암스트롱 관장은 그 원자력 발전소 구내 전시에 깊은 감명을 받았다고 했다. 나의 세계 미술계와 대화는 이렇게 시작되었다.

박찬욱, 봉준호, 이재용 등 당시에도 이름난 영화감독들과 재계 인사들이 과천 국립현대미술관장 사무실로 찾아왔다. 2011년이었던 것으로 기억한다.

"경복궁 동편에 새 미술관을 지을 때는 영화관도 넣어주십시오."

"그렇지 않아도 새 미술관 위치가 백남준 작가가 다니던 화동 경기고

등학교 자리와 가깝기 때문에 비디오 예술을 위한 시설을 하려고 했습니다. 어떤 작품을 상영할 수 있는 영화관을 만들까요?"

"현재 예술 영화를 전문으로 상영하는 영화관이 있기는 한데 화면도 작고 해상도도 떨어집니다."

"그런데, 박찬욱 감독의 <올드 보이>에 나오는 잔인한 장면이나 이재용 감독의 <스캔들>에 나오는 선정적인 장면을 해상도가 높은 대형 화면에서 보면 어떤 기분일까요?"

"우리나라 사람들은 전쟁 트라우마가 있어 웬만큼 강한 표현에는 감동을 하지 않습니다."

"한국 전쟁은 제2차 세계대전 5년 후에 일어났기 때문에 유럽 사람들도 비슷한 트라우마가 있을 것이에요. 저는 봉 감독의 <살인의 추억>을 파리 영화관에서 처음 관람했습니다. 송강호 배우 연기에 대한 관객들의 반응이 아주 생생한 것을 보았어요."

국립현대미술관 서울관에는 첨단 시설을 갖춘 영화관이 지어졌다. 아직 일반 대중을 위한 상영은 하고 있지 않은 것으로 안다. 상영 예산 부족 때문이라고 들었다. 그 영화관에서 상영을 해 보지 않고도 봉준호 감독은 아카데미 작품상을 받았다.

그 옆에 있는 5전시실에서는 <낯선 전쟁> 전시가 열렸다. 한국 전쟁이 낯선 젊은이들에게는 전쟁 트라우마가 없을까? 한반도를 날려 버릴만한 원자탄을 가지고 있는 김정은 북한 지도자는 이제 소형 전술 핵을 개발한다고 위협하고 있다. 그래도 서울 시민들은 전쟁놀이같이 흘려버린다.

1950년 6월 25일 전쟁이 일어났을 때도 많은 서울 시민들은 전쟁의 심각성을 잘 몰랐다. 그리고도 그 한국전쟁에서는 2백만 명이 넘는 사상자가 발생했다. 나는 어렸을 때 한국에서 겪은 전쟁이지만 그 경험은 제2차 세계대전으로 인하여 세계가 공유하고 있는 것이다.

나는 오래 전 대우전자 시절 HD^{High Definition}TV 기술에 관심을 갖고 R&D 투자를 지속적으로 했다. 후에 대우전자를 인수하겠다던 미국 사모 펀드 KKR이 이 기술에 대하여 10억 불로 평가를 했다. M&A는 이루어지지 않았지만 이 기술은 LED 화면에 원용되고 있다.

당시 나는 위성 안테나를 통해 매일 아침 일본 NHK HD 방송을 소니의 HD TV로 보았다. 화면에 익숙해지려고 많은 시간을 할애했다. 기술이 아니라 예술이다.

기술이 예술이 되어야 고객은 감동한다. 대량 생산 기술은 이제 맞춤 생산 기술로 변하고 있다. 많은 정보 유통이 신속해지면서 발생하는 현상이다. 세부 사항이 완벽하면 예술이다. 표준화가 아니라 맞춤이다. 공급자와 수요자는 어떻게 정보를 주고받을 것인가? 국내에서 만들고 있는 TV도 이제는 예술품이 되었다. 미국, 유럽의 가전 상가에는 한국산 TV가 대표 상품으로 전시되었다.

보통 미술가가 미술관장을 해야 한다고 생각한다. 더구나 과거 정보통신부 장관까지 한 사람이 2급 국장급의 국립 현대미술관장을 한다니 매우 의아하게 생각했다.

미술관에서는 학예사^{Curators}들이 전시를 계획하고 준비한다. 그 사람들은 미술작품에 대하여 많은 지식을 가지고 있고 전시 기술도 가지고 있다. 그래서 전시도 하고 작품을 골라 수장도 한다. 그리고 미술에 대한 교육도 한다. 미술관이 하얀색의 네모난 상자 같은 곳White Box에서 현대 미술을 전시하기 위하여 다양한 공간으로 변해 가고 있다. 동시에 작품 수장도 작품 가격이 높아져 전문적으로 하여야 하게 되었다. 보관, 운반, 전시 모두 전문가가 필요하게 되었다.

그래서 종합하는 경영진이 필요하게 되었다. 문화부에서 순환 보직하는 공무원을 파견하여 관리를 담당하게 해왔다. 그들의 업무는 정부 예산을 배정받아 와서 적절한 절차를 거쳐 공정하고 투명하게 집행하는 행정 일이다.

우리 국립현대미술관이 과천에 건설되어 교통이 불편했다. 미술관장이 해결해야 할 가장 중요한 애로 사항이 접근성이던 시절 미술가가 아니라 기업 경영자 출신 신임 관장은 서울관을 신축하면서 한국 문화 예술계가 세계로 가는 다리를 놓으려고 했다.

세계적인 미술관들에게 개혁의 바람이 불기 시작하던 때다. 런던의 테이트 모던Tate Modern이 폐쇄된 발전소 건물을 개축하여 미술관을 지으면서 층고가 높은 전시실을 만들었고 스페인 빌바오Bilbao에는 구겐하임Guggenheim 미술관을 신축하여 도시 전체에 활기를 불어 넣었다. 빌바오 효과라고 한다. 이 미술관들의 연간 관람객 숫자가 4백만 명 이상이 된다.

2009년 초 문화부 신년 하례회에서 이명박 정부는 과거 기무사령부 자리에 미술관을 짓겠다고 했다. 그리고 공석이던 미술관장을 공모로 뽑았다. 나는 응모하여 미술관장이 되었다. 미술계 출신은 아니지만 세계적인 미술관을 서울 중앙에 건설하고 싶었다. 내가 달라진 것이 아니라 미술 관람객이 달라졌다. 그들에게 선진국이 된 한국 미술 전시를 보여주고 싶었다.

나는 KAIST 테크노경영대학원에서 10여 년 강의를 하면서 비영리 기관의 효율적 경영에 대해 연구를 하고 있었다. 우리나라 관행은 비영리 기관의 공정성은 강조하면서도 효율성은 문제 시 안 한다.

새 미술관 건설은 나에게는 울산 화력 4, 5, 6호기 건설을 턴키로 했던 35년 전 경험을 되살려 새로운 프로젝트를 추진하는 셈이었다. 무엇이 다른가?

우선 오랜 사회생활로 과거 인연이 있던 사람들이 많아 대리인 선정에서 거래 비용을 대폭 줄일 수 있었다. 동시에 대리인 비용을 줄이기 위해서 많은 사람들과 잦은 대화를 통해 목표에 대한 의견 조정을 했고 의견 조정이 끝나면 많은 사항을 위임하였다. 많은 후보 인력 중에서 최선의 선택을 할 수 있었고 그리고 대리인 비용이 적게 위임을 할 수 있었으니 효율적인 운영이라 할 수 있었다. 공공기관의 효율성도 높여야 세계화를 할 수 있다.

미술관 건설은 끝이 났고 연간 2백만 명의 관람객이 내장하고 있다. 이제는 나의 후임으로 10여 년간 세 사람의 관장들이 운영을 해 왔으니 초기의 시행착오는 거친 셈이다.

가난한 시대를 그렇게 한 세기를 살아왔는데 이제 선진국이 되었으니 창의성을 발휘하라고? 창의성이란 개인의 머릿속에서 느닷없이 튀어나오는 것이지 집단이 계획적으로 만드는 것이 아니다. 그래서 사람 중심 사회라는데 막상 닥치고 보니 이 선진 사회의 세파에 시달리다가 내가 무엇을 해야 행복한 지도 모르게 되었다.

한강의 기적을 만든 연로한 사람들의 고민이다. 젊은이들은 자유스럽게 활동하다 보면 창의적인 생각이 나오는데 기득권 층이 그걸 기다려 주지 않는다고 한다. 하버드 대학 경영대학에서는 이걸 사례연구^{Case} ^{Study}를 통해서 가르치고 있다.

등록금이 가장 비싼 학교인 하버드, MIT의 경영대학에서는 요즈음 비영리 단체 운영을 공부하는 학생이 많이 늘었다고 한다. 돈 버는 것 외에 다른 욕구가 증가한다는 증거가 아닐까?

개인들이 존경 받는 사회

앞으로 전개될 AI 발전과 빅 데이터가 만드는 세상이 과거 혁명적 변화와 비슷한 유형이라 생각하기에 새로운 산업혁명이라는 것인가? 인류의 생산성에 획기적인 변화를 가져온 이전의 산업혁명은 우리 사회를 어떻게 변화 시켰던가?

개인들은 어떻게 대처해 나가는 것이 현명한가? 우리는 개발 연대처럼 효율성을 강조하는 생산성 향상이 우선인가? 아니면 생산성을 일부 희생하고라도 형평성을 강조하며 화합하는 사회를 만들어 가려는가?

역사적으로 보면 화합하는 사회가 경쟁력이 있었다.

18세기 시작한 영국의 산업혁명으로 인류는 기계동력을 사용하여 대량생산, 대량소비 시대를 열었다. 길게 보면 대량생산으로 인류의 의식주가 편리해진 것은 틀림없다. 그러나 준비 없이 닥친 산업혁명은 영국 사회에 큰 희생을 요구했다.

첫째, 급격한 변화로 환경파괴가 일어났다.

기계동력으로 석탄을 사용하기 시작하면서 환경의 자연적인 순환 사이클을 파괴하기 시작했다. 인류가 지구에 살아온 지 30만 년 중에 지난 300년 동안의 변화이다. 탄소경제의 시작이다.

석탄 발굴에서 산업에 이용하기까지 상업적인 과정은 빈부격차를 크게 만들었다. 일자리가 농업에서 광업으로 이전되면서 근로자들의 생산성 증가는 임금에 반영되지 않고 대부분 사업주에게 돌아갔다. 해양 국가들이 자유무역을 통해 세계화를 이루었고 국제 시장 경쟁을 통하여 영국이 세계를 제패하는 대영제국^{Pax Britannica} 시대가 되었다. 영국은 환경 파괴에는 관심이 없었고 식민지 확대에만 국력을 치중했다. 식민지에서 무엇을 가져가려 했던가? 노동인가? 천연 자원인가? 아니면 소비 시장이었던가?

지구온난화 문제는 개인의 문제가 아니라 인류사회의 시스템 문제가 되어 버렸다. 개인의 창의성이 아니라 시스템 해결책만이 유효하다.

둘째, 부족한 숙련노동 공급을 기계화와 여성, 어린이 근로로 대체했다.

찰스 디킨스의 장편 소설 〈올리버 트위스트〉의 주인공은 한 세대의 희생을 딛고 나서야 개인들의 인권이 크게 확대되는 것으로 마감했다. 그리고 선진국에서 시작하여 경쟁적으로 왕조 시대가 가고 민주주의 시대가 왔다. 민주주의 시대의 영국은 점차로 생산성에서 뒤지기 시작하면서 대영제국은 몰락했다. 노동운동으로 산업 경쟁력은 악화되었다.

노동문제는 노동조합이 공급을 독점하고 사용자측 기업이 자동화로 대치하는 제로섬 게임으로는 1차 산업혁명의 재판이 된다. 조합이 주도하여 디지털 생산으로 생산성 제고와 수익을 공유하자고 사측과 협상을 하면 어떨까? 시설과 작업 훈련에 필요한 초기 투자는 조합 보유 재원이 부족하면 정부가 공적 자금으로 도와 주어야 한다. 윈 윈의 사람 중심 사회이다.

국제 사회의 경쟁 규칙과 국내 공동 사회의 협력 규칙이 다르다. 이것을 현명하게 다루는 사회가 창의적인 선진국이다. 그 속에 개인들의 일자리가 있다.

1945년 제2차 세계대전이 끝나고 일본의 패전으로 해방은 되었다지만 한국은 독립국가를 유지할 수 있는 자원도 없었고 기술도 없었다. 경제 개발을 위한 투자자본은커녕 당장에 먹고 살 식량이 부족했다. 그런 취약한 상황에서도 같은 민족이 힘을 합해서 같이 생존할 생각보다는 국가를 두 개의 정치체제로 분열했다. 그러고는 국가의 생존 대책도 없이 1948년 남북에 서로 독립적인 정권이 수립되었다.

북한 김일성 주석은 소련의 힘을 빌려 남침했다. 무엇을 위하여 무력 통일을 하려 했던 것인가? 권력을 잡은 후 남쪽 3천만의 인구를 어떻게 먹여 살리려고 했는가? 천연자원도 없었고 생산성 높은 노동력도 없었다. 공산주의로는 자유시장 경제와 같은 경제 발전은 불가능했다. 소련의 공산주의 체제는 결국 경제 발전에 뒤져 1989년 몰락했다. 북한 지도자는 3대에 걸쳐 세습을 하면서 아직도 경제 발전보다는 무력 침략 체재를 바꾸려고 하지 않고 있다.

남한은 독립적 체재로 2020년에 30-50클럽에 진입했다. 남한의 선진 경제는 무력 통일을 어렵게 만들었다.

한국의 높은 생산성은 현재 민주 체제 안에서 이루어진 것이다. 시장 경제를 도입하여 남한의 기술과 노하우를 제공하면 북한 경제도 발전할 수 있을까?

남북한의 대립 관계는 남한의 자유로운 발전을 저해하기도 한다. 그러나 김정은 북한 지도자가 원자탄을 세계 어느 곳이든 터뜨린다면 그 날로 끝이라는 것을 누구나 안다. 인류 사회는 그의 머리 위에 폭탄을 떨어뜨리지 않을 수 없다.

잠시 원자탄 위협을 잊어버리고 선진국에 진입한 남한은 5천만의 개

인들이 자유경쟁 시장 환경 에서 어떻게 살아가야 하는지 기반 환경을
생각해 보자.

(1) 민간주도의 기반 통신 시설 확충과 보안

우선 디지털 시대에 개인들의 창의적 활동의 기반을 만드는 것은 정부
가 투자를 유도해야 할 일이다. 정부가 투자를 영리적인 민간기업에 의뢰
하더라도 디지털 접근성^{Access}, 디지털 연결성^{Connectivity}, 디지털 숙련도^{Skill}
에서 모든 국민들이 평등하도록 규제를 해야 한다.

전 국민, 각계각층의 코딩 교육을 통해 IT 숙련도를 높일 수 있도록
정부는 여건에 맞는 유연한 장기 국민 교육 계획을 제시해야 한다. IT
강국은 그 위상을 유지하기 위하여 끊임없는 노력과 투자를 해야 한다.

국내 목표는 '사용자 편리성'이고 국제 목표는 '투자 효율성을 제고
하는 경쟁력'이다. 투자 속도는 전 국민의 숙련도와 비례해야 최적이다.

IT 강국의 인지도가 높아 세계 금융 시장에서 투자 자원을 마련하는
것이 가능해졌다. 민간 기업들이 시장 경쟁을 통하여 투자가 이루어져
야 과잉 투자를 막을 수 있다. 과거 정부 주도로 고속 통신망의 물리적
인 확산이 빨랐던 것은 오늘날 국민들 간에 디지털 숙련도의 큰 격차를
만들었다.

디지털 디바이드를 해소하기 위한 의도적인 노력이 적절한 정부의 규
제와 민간 기업들의 창의성이 협력적으로 이루어져야 한다.

(2) 코딩 교육으로 국민 창의성 증진

기억과 연산 능력이 뛰어난 인공지능을 일상 생활에 활용하려면 응용
프로그램을 특정한 경우에 맞추어 제작해 줄 수 있는 능력이 필요하다.

설계뿐만 아니라 현장에서 로봇과 인력이 협력하여 목적을 달성하는 훈련 프로그램까지 공급할 수 있어야 한다. 맞춤 설계 능력을 제고해야 한다. 인간과 기계가 협업할 수 있는 시스템 설계가 필요하다.

편리성을 위해 전 국민이 높여야 할 보편타당한 코딩 교육이 이루어져야 한다. 동시에 이 보편타당한 코딩으로 효율적인 대화를 할 수 있는 코딩 전문가와 네트워크가 성립되어야 한다.

언어는 한순간에 이루어지는 것이 아니라 공동 사회에서 진화되는 과정을 거쳐야 한다. 효율적인 방법은 전문가들의 시장경쟁에서 나온다. 과거 정부 주도의 제도적인 교육방식으로는 개인들의 창의성을 권장할 수 없다. '작은' 정부만이 해결할 수 있는 문제이다.

디지털 숙련도는 익숙한 코딩으로 문제 해결을 하는 설계적 사고 Design Thinking와 연동되어야 한다. 복잡계Complex System 문제를 해결하는 능력이다. 제1차 산업혁명과는 달리 제4차 산업혁명은 시행착오로 일어난다. 민주적으로 전 국민의 사고 개혁이 일어나야 한다.

이를 위해서 필요한 것이 전 국민 코딩 교육이다. 그러니 전 국민 코딩 교육은 산술 교육처럼 획일적이 되어서는 개인들의 창의성을 끌어낼 수 없다. 맞춤교육이다. 빅 데이터 인공지능을 이용하지 않고는 추상적인 얘기에서 그친다.

(3) 시행착오를 통해 점진적으로 규제완화

개인들의 창의성이 활발하게 촉진될 수 있는 시장에서의 자유경쟁이 필요하다. 특수 계층을 보호하기 위해서 인위적으로 만든 규제를 완전히 철폐하는 것은 사회 개혁이 일어나기 전에는 힘들다. 그러나 불확실한 미래를 예측하고 새로운 시도를 하는 것은 자유스럽게 허용이 되어야 창의적 활동이 활발해진다.

경쟁을 규제로 억제할 것이 아니라 패자 보호 제도를 확충해야 한다. 경우에 따른 규제자와 피규제자 간의 반응을 피드백 할 수 있는 맞춤 규제가 필요하다. 정부가 계획한 시스템이 아니라 경쟁 시장 환경에서 새로운 문화가 생겨야 효율적이다.

새로운 정부 규제는 시장과 연계^{Coupling}를 하여 시행착오를 거쳐 제정되고 수정되어야 한다. 한시적인 규제가 끊임없이 개정되어야 한다. 그러나 일관성 있는 시행착오를 위하여 민주선거로 선출되는 정치가들의 영향력에서 벗어날 수 있는 제도적 장치가 필요하다. 아직 미천한 민주주의 역사를 가진 우리나라에서는 취약한 분야이긴 하지만 지속적인 노력을 해야 한다.

(4) 투명한 금융 시장의 세계화

민간 기업이나 개인들이 새로운 시도를 위한 투자 자금을 시장에서 조달할 수 있어야 한다. 리스크를 계산할 수 있는 첨단 기술 인공지능이 개발되어 투명하고 개방된 리스크의 교환이 활발하게 이루어질 수 있는 금융 시장이 발달해야 한다.

세계 금융계가 아직은 의심스러운 눈초리로 보고 있는 한국의 민간 금융은 관치를 벗어나야 한다. 오랜 생활 습관을 벗어나는 것은 어렵다. 권력층의 기득권 포기는 더욱 어렵다. 미국 뉴욕 월스트리트는 수리 금융학자^{Quants}들을 불러들여 문제를 해결하고 있지 않은가?

금융 패권국가들과 실질적인 표준이 투명하게 맞아야 자본 투자를 받을 수 있다. 국내 자본 축적만 가지고는 우리 경제 성장 목표를 달성할 수 없다. 우리의 선택이 고립된 저성장 국가가 아니라 개방된 고성장

국가라면 우리가 우리의 리스크를 관리해야 한다. 다운사이드 리스크는 세계 경쟁력이 없는 부문의 정부 지원이다. 선진국으로 가기 위해서는 부담해야 할 비용이다.

과거 추종追從 경제에서는 정부 주도의 케인지언Keynesian 경제 정책(자유 방임주의를 취하는 자본주의 체제에서는 완전고용이 이루어지지 않는다는 견해)이 유효했으나 선진국 대열에 진입하면서는 자유시장 경제로 서서히 전환할 필요가 생겼다. 시장 경쟁이 국가 경쟁력과 복합되어 피드백 제어를 해야 하게 되었다. AI와 Big Data를 활용하는 지능형 규제를 투명하게 시행할 필요가 생겼다.

뉴욕 금융 시장이 경험했던 시행착오를 현명하게 피해 가는 방법은 없을까? 안정된 금융 시장을 위하여 관치금융은 초기 위험부담을 무릅쓰고라도 하루속히 없어져야 할 관행이다. 지금 급속히 증가하는 개인 여신에 대한 책임을 질 사람이 없다.

금융은 많은 사람들이 모여 자원을 공유하는 문제이다. 그래서 철저한 규율이 없으면 성립하기 힘들다. 블록체인Block Chain은 개인 간의 거래를 보호하는 기술이다. 공동 사회가 없이 개인들 간의 거래로 금융 시스템을 유지할 수 있을까?

사회 개혁은 과거 관행을 깨뜨리는 문제이기 때문에 피해를 보는 계층이 있다. 국가의 미래를 위하여 누가 희생을 해야 하는가? 민주 사회의 언어로 배려, 양보라고 했다. 기득권을 인정하고 존중해야 상대방을 배려하여 양보를 할 수 있는 것이 아닌가? 민주 선진국에서는 단순히 옳고 그름의 문제를 넘어서야 한다.

그래, 우리는 이런 문제들을 어느 정도 해결하고 선진국에 진입했다. 그리고 객관적으로 보면 개인들이 어느 정도 행복할 수 있게 살 수 있는 사회를 만들었다.

그런데 나는 왜 행복하다고 또는 옛날보다 좋아졌다고 느낄 수가 없는 것인가?

소소하고 확실한 행복

오래 쓰던 거실 스탠드 전등이 꺼졌다. 200W 전구를 교체해도 불이 안들어 온다. 스탠드를 아주 교체하지 하면서 미루다가 2년이 지나서 한가한 날 해체를 했다. 프랑스 파리에 살 때 이야기다.

속에 아주 작은 퓨즈 하나가 나갔다. 20년 전 모델이라 이제는 만드는 데가 없다고 한다. 프랑스 파리 뒷골목 잡화상 아저씨는 한참을 들여다보더니 구석 장 서랍에서 비슷한 것 한 개를 꺼내 준다. 얼마냐고 물으니까 자기도 같은 것인지 모르겠으니 그냥 가져가라고 한다.

끼어보니 2년 만에 불이 환하게 들어온다. 환하게 들어오는 불이 행복하게 느껴진다. 소소하지만 확실한 행복이 가끔이라도 일어나면 내 생활이 밝아진다. 젊었을 때는 거대한 발전소도 지었던 사람이 작은 퓨즈 한 개를 파리 구멍가게에서 찾은 게 왜 그리 행복한가? E-Commerce 시대에 청계천 전자 상가가 그리웠던가? 그래 노인들의 복지는 소확행(소소하고 확실한 행복)이 아닌가?

옆에 있는 아내가 말한다.

"얼마 하지도 않는 낡은 전등은 버리고 새로 사지, 왜 궁상을 떨고 있나요?"

나도 개도국에서 살던 시절을 잊어버리고 새로 진입한 선진국에 익숙해져야지. 왜? 우린 선진국이 되려고 죽기 살기로 일해 왔잖아. 나는 아직 우리 선진국이 익숙하지 않다.

깜깜한 밤 하늘에는 반짝이는 별이 무수히 깔려야 행복하다. 한두 개의 반짝이는 별은 오히려 검은 하늘을 더욱 검게 보이게 한다. 소확행이 깔리려면 사회 전체가 따뜻해야 한다. 경제적으로 풍요롭고 빈부의 격차가 크지 않고 너무 빠르지 않으면 어떨까? 우리 사회가 접근하기에는 너무 어려운 사회이다. 그래도 개인들이 협력하면 어려운 일도 아닐 터인데 밖을 내다보면 불가능하다고 느낀다. 계기가 필요한가?

나의 초등학교 5학년 시절은 9.28 서울 수복 이후 청계천 상가가 형성되기 시작할 때이다. 미군 부대에서 쓰레기를 받아다가 해체하여 쓸 만한 전자 부품을 거래했다. 이곳에서 산화 게르마니움^{Germanium} 조각을 사다가 두 개의 금속 판 사이에 끼워 넣고 한 쪽에는 구리 선 피복을 벗겨 거미줄 같은 모양으로 안테나를 만들고 다른 편에는 군에서 쓰던 무전기의 이어폰을 연결하면 KBS 방송을 청취할 수 있었다. 부산에 피난을 갔다 와서 다니던 초등학교 시절 유일한 즐거움이 이 라디오를 듣는 것이었다.

미국에서 살고 있는 나의 손자에게는 어떤 즐거움이 있는가? 아직 10대로 어린 나이지만 70년 후 민주 선진국에서 살게 될 그에게는 어떤 소확행이 일어날까?

사람 중심 사회는 개인들이 행복한 사회이다. 우린 그런 젊은이들이 행복하게 살 수 있는 일자리를 만들려고 하는 것이다. 어떤 사회이고 어떤 일자리인가? 그런 꿈을 꿀 수 있는 동안에도 우리는 행복하지 않을까?

미래 교육

우리에게 언제 다가올 줄 모르는 문제들을 효율적으로 대응하기 위해서는 문과와 이과가 합쳐야 한다. 기초적인 과학지식을 바탕으로 하고 문학, 철학, 미학 등 인문 지식을 가르쳐야 한다.

그런데 애당초 왜 분리를 했던가? 어려운 미분방정식을 인문 사회 전공자들에게 가르칠 필요가 없었나? 스팀 엔진을 발명한 제임스 와트는 셰익스피어^{William Shakespeare}의 작품을 읽을 필요가 없었나?

인문 계통의 학자들은 양자역학은 물론 열역학 법칙조차도 이해하려 하지 않았다. 그리고 열역학 법칙이 다시 나타난 것은 20세기 후반의 경제, 경영학 분야에서이다.

고대 로마의 시인이자 철학자인 루크레티우스^{Lucretius}의 아톰^{Atom}은 무슨 에너지로 끊임없이 6차원 운동을 하는가? 뉴턴의 운동량 MV^2의 에너지는 질량의 변화에서 온다. 아톰이 태어나서 10억 년간 운동 후 무게는 얼마나 줄었는가? 아인슈타인은 빛의 속도의 제곱에 비례한다고 했다. 그리고 문과 이과는 대학 과정에서 분리되었고 각 분야의 교수들은 서로 대화를 잃어버렸다.

경제 활동을 하는 사람들에게는 인문 사회학 지식도 필요하지만 과학 이론들을 이해해야 한다. 그 이론을 근거로 미래를 예측하고 어떤 리스크를 선택할 것인지 결정하는 능력이 필요하다. 자기 스스로 독창적인 생각을 할 수 있는 능력도 필요하고 옆에 있는 개인들과 협력하여 공동 목표를 효율적으로 달성할 수 있는 능력도 필요하다. 뉴욕 금융가에는 수학과 물리학과 출신이 많이 활동한다.

수학Ⅱ를 배우지 않았더라도 바로 컴퓨터 AI를 익숙하게 활용할 수 있으면 안 풀리는, 일반해가 없는 미분 방정식도 수치해는 구할 수 있다. 그러나 그렇다 해도 조지 오웰George Owell의 〈1984년〉에 나오는 빅 브라더가 우리를 감시하는 세상도 과장되게 의심되고 있다. 하라리Yuval Harari의 〈호모 데우스Homo Deus〉가 아니라 호모 사피엔스Homo Sapience인 우리가 세상을 만들어 갈 것이다. 한국도 더 이상 '한강의 기적'의 나라가 아니라 다른 나라와는 차별화되는 선진국일 뿐이다.

프랑스 혁명의 자유와 평등은 서로 독립적이 아니라 서로 연관Coupling이 되어 복합화Complexity가 된 한 개의 단어, 민주주의가 되어 버렸다. 그래서 프랑스 사회Fraternity는 적어도 200년간의 막대한 개인들의 희생으로 이루어졌지만 아직도 프랑스 정부는 노랑 조끼 시위대와 이견 조정을 하려고 하고 있다.

번영하는 공동 사회를 효율적으로 이루기 위해서 어떤 과정Path을 거쳐야 하는가? 비非 가역과정可逆過程은 과정 의존형Path Dependent 변화이기 때문에 반복할 수 없다. 과거 경험으로 생산된 빅 데이터로 정확히 미래를 예측할 수 없다. 우리의 선진국은 과거의 쓰라린 경험을 바탕으로 하여 창의적인 개인들이 시행착오로 만들어가는 것이기 때문이다.

우선 개인들이 변해야 한다, 역사 교육이 중요하다 했다. 역사 교육을 받으면 선진국 시민이 될 수 있는가? 역사를 모르고도 열심히 일해서 여기까지 온 것 아닌가?

'빨리, 빨리' 시대처럼 입시를 위해서 역사를 외우는 것이 아니라 이 시대에 한 번쯤은 역사 그 자체를 살펴보자. 우리의 반만년 역사보다 지난 70년간 변화가 오늘의 세계 경쟁력을 가려내는 데 더 중요하다. 친일파를 갈라내기 전에 배우면 무엇이 달라지는가를 질문해 보고 공부하면 어떨까? 미래를 보고 과거를 공부하는 것이 창의적 사고의 시작이다.

예를 들어 에너지 문제를 생각해 보자. 한때는 원자력 공학이 첨단 기술이라고 했다. 그래서 입시도 어려웠고 유학도 어려웠다. 취업도 한전 원자력 부문이나 원자력 연구소에 하기에는 매우 어려웠다. 갑자기 탈원전이라니 1959년 처음으로 개설한 서울공대 원자력공학과의 존폐가 위협을 받게 되었다.

교육은 100년 대계를 보고 한다고 했다. 기술교육에 미스 매치가 인위적으로 일어났다. 탈 원전의 목표만 분명하면 몇 가지 대안이 있을 수 있고 원자력공학과 출신들이 해야 하는 일을 찾을 수 있다. 미스매치를 해결할 수도 있다.

우리가 어렵던 시절 어렵게 교육해 온 인재들이 이젠 선진국 시민으로 살아가기에 부족함이 없다. 우린 생산, 건설 현장에서 일했지만 새 세대는 육체적으로 힘든 일은, 힘든 환경에서는 로봇으로 대체한다고 했다. 사람들은 AI를 활용하여 두뇌 서비스를 한다고 했다.

그래서 IT 강국을 만들고 IT 숙련도를 세계 최고 수준으로 높인 것이 아닌가? 무언가 일자리 개혁을 하여 미스매치를 제거해야 한다. 미스매치는 피해 갈 것이 아니라 일어나는 대로 해결하면 된다. 사람 중심의 경제 체재로 개편해 나가야 한다.

우리가 지난 반세기 이상 노력하여 축적해온 인적 자본은 강한 국가를 만들기에 충분하다. 그러나 그 포텐샬可能性을 실현하는 시스템과 표준 절차가 있어야 한다.

세계 시장에서 경쟁 있는 시스템과 절차를 만드는 일은 기업들이 해야 한다. 작은 시작 모멘텀을 만들고(벤처 기업의 창업), 그 모멘텀을 키워나가는 작업을 자유 시장 경쟁 속에서 기업들이 해야 한다. 이 모멘텀이 커나갈 수 있는 환경은 정부 규제Friction로 만들어진다. 우린 아직 선진국 초입에 있기 때문에 우리 규제가 세계 규제가 될 수 없다.

한국이 스스로 새로운 정체성을 만들어 가야 주변 국가에서 도와준다. 우리의 정체성은 주변 국가들이 반드시 긍정적으로 받아들여져야 할 필요는 없다. 특히 최근까지 적대국이었던 국가로 둘러싸여 있는 한국은 강력한 정체성을 유지하지 못하면 주변 조류에 휩쓸려 갈 수가 있다. 우방국가를 만들고 도움을 받더라도 독립적인 정체성을 강력하게 보존하도록 노력하지 않으면 위기를 헤쳐나갈 수 없다는 것을 코로나 팬데믹 상황이 보여주었다.

그 사회는 누가 만드나? 역시 개인들이 만드는 것이다. 개인들은 혼자가 아니라 모여서 일하고 산다. 우린 어떻게 만나 어떻게 모여서 살아왔나? 자유가 있어야 개인이 개인적일 수 있고 개인들이 개인적일 때 창조적이 된다고? 그 개인의 창조적 활동은 혼자 이루는 것이 아니라 대중 속에서 서로 반응해가며 이루어지는 것이다.

평등을 주장하는 진보 쪽의 의견을 들어 보자.

우선 빈부의 격차 문제이다. 불평등에 대한 경제이론을 보여주었던 피케티Thomas Piketty나 스티글리츠Joseph E. Stiglitz의 해법을 배우려고 하지 말고 우리 모델을 만들자.

5년마다 바뀌는 정부가 너무 깊이 관여하면 국가의 대외 경쟁력이 없어진다. 공정거래위원회, 금융감독원이 빈부의 격차를 줄이는 기관이 아니지 않는가? 다른 목적으로 만든 기관을 가지고 제니 계수를 줄이려는 노력은 국가 예산 낭비다. 빈부의 격차는 그냥 단순하게 처리할 수 있는 문제가 아니다. 그래서 애덤 스미스Adam Smith는 '견딜만한Tolerable 정의正義의 관리Administration of Justice'라고 하지 않았던가?

정의 관리 비용은 가난한 계층에서 가장 크게 느낀다. 그 희생으로 집권층이나 교체하는 것만으로는 국민들 잘 사는 데 별 도움이 되지 않는다.

기득권을 주장하는 보수 쪽의 의견을 들어 보자.

재벌들의 지배 구조는 주식 시장이 관리한다. 정부가 나서서 공적 자금을 투입하면서 기업의 경영자를 선정하여 성공한 사례는 없다. IMF 위기가 지난 지 20년이 넘어가는데 한국 민간 은행들은 왜 관치를 못 벗어나는가?

코로나 사태로 장기 불황이 점쳐지는데 국가 부채가 많은 정부에서 돈을 나누어 주기가 유효하지 않다. 나누어 주기에 복지 전문 행정 기구가 있다. IT 강국의 행정에는 그늘진 분야가 너무 많다. 외교 국방, 재정 운영, 복지, 교육, 기술 개발 등 우리 정부는 무엇을 잘하는가? 국민들이 칭찬을 해주어야 잘하는 일도 생긴다고.

태어났을 때 가족들과 인맥을 형성하고 교육을 받으면서, 학교에서 인맥을 형성하고 취직하면 일자리 인맥이 생긴다. 이 인맥을 가지고 우리와 너희를 가린다. 시장에서 우리끼리 협력하여 너희들과 경쟁을 한다. 때로는 우리도 갈라지고 너희도 우리가 된다. 그렇게 개인들은 그 인맥 속에서 살아간다. 개인의 자유도 중요하고 인맥도 역시 중요하다.

AI가 암기 교육을 대체하는 세상에서 IT 강국이라는 한국에서 창의적인 개혁이 일어나야 한다면 그것이야말로 4차 혁명이 아닌가? 지식을 AI 도움으로 해결한다면, 좀 더 구체적으로 인터넷에 연결된 컴퓨터를 들고 들어가 입학시험을 본다면, 입시 제도를 어떻게 바꾸어야 하나? 암기한 지식보다는 그 지식을 활용해서 문제를 해결하는 현장 기능^{Skill}의 차이가 성적을 결정할 것이다.

우리의 인성^{人性} 문제를 AI에 의존하면 어떤 결과가 나오는가? 사람이 집어넣은 빅 데이터 경향이 AI 의견을 결정한다. 대학들은 어떤 입학생을 뽑아 4년 동안 무슨 교육을 하여 어떤 졸업생들을 어떤 일자리에 취업을 시키는가? 학생들은 어느 학교를 선정하여 어떤 교육을 받고 우수한 성적으로 어떤 취업자리를 선택하는가? 어렵게 들리지만 AI 도움을 받으면 쉽게 해결할 수 있다. 단지 빅 데이터 속에 개인 개성의 자리가 커야 한다.

어차피 개혁해야 할 교육 시스템이라면 처음부터 새로 시작하자. 진보, 보수 가릴 것이 없어졌다. 경제가 중심이 된 세상에서는 이념보다는 실리다. 일해가면서 우리끼리 협력할 수 있으면 그것이 국가 경쟁력이다. 기존 교사들이 기득권을 양보할 수 있을까? 교실을 떠나 현실 참여다.

경쟁하면서 또 협력해야 한다는 것이 상호 모순같이 보인다. 복합적 변수들을 선형화하기 위하여 경계에 높은 담을 쌓고 블록^{Block}을 형성하는 것이다. 그리고 시너지^{Synergy} 효과를 위해서 공동의 정체성 또는 목표를 확고하게 설정하는 것이다. 그 정체성은 제4차 산업혁명 속에서 형성되어야 하기 때문에 평생 교육이 이루어져야 한다.

VR$^{Virtual Reality}$ 속에서 AI 도움으로 이루어진다면 큰 비용을 들이지 않고도 가능하다. 임금 협상이 주 업무였던 기존 노동조합이 도래하는 IT 시대에 생산성 증가를 위한 IT 교육이 새로운 임무가 될 수도 있다.

창의성은 개인들에게서 나오고 그 창의성은 예측할 수 없기 때문에 창의적이다. 그리고 시행착오는 자유 경쟁을 통하여 시장에서 걸러져야 한다. 그러나 현실적으로는 시장 경쟁의 비용이 너무 큰 경우 일부 정부 규제로 제한해야 한다. 우리 사회의 발전 가능성Potential에 대하여 사회적 합의를 이루고 개인들의 자유스러운 창의성 발휘로 변화의 모멘텀 Momentum을 구축하여 이 변화의 동력이 방향을 맞추어 나가도록 적절한 규제를 하는 것으로 우리의 AI 정치 체제를 만들면 어떨까? AI가 사람들이 결정할 대안들을 제시할 것이다. 결정은 결과를 책임지는 개인이 해야 한다.

동시에 창의적인 맞춤 교육을 위하여 교사 1인당 학생 수가 대폭 감소되어야 한다. 교사 업무가 확대된다. 교사의 숫자가 증가하여야 한다. 교육 비용도 증가된다.

창의적인 교육 개혁은 교사 개인들이 하는 것이지 획일적인 교육행정으로 하는 것이 아니다. 시장 경제를 일부 도입하는 것도 바람직하다. 맞춤교육은 교사 개인이 학생 개인에게 맞추는 것이다. 개인들이 자유스럽게 활동하는 데서 비용과 효과의 최적화가 이루어진다. 정부는 시장市場을 구성하고 적절한 규제를 해야 한다. 정부는 시장에 참여하는 교사, 학생 등 개인들에게 시장의 목표를 투명하게 전달하여 시장을 효율적으로 운영하는 책임이 있다.

학생 개인들을 위한 맞춤교육이 무엇인가? 많은 경험 있는 교사들이 긴 시간에 걸쳐 실험하고 수정하여 한국적 교육과정을 만들어 내야 한다. 많은 기존 지식을 버려야 창의적인 생각을 할 수 있다. 우리 사회가 투자할 수 있는가?

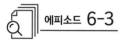
포상금의 경제적 가치

협성사회공헌상 후보로 천거되었으니 수상할 의사가 있느냐는 문의였다. 2015년 말이다.

국립현대미술관 관장 직에서 퇴임하고 창원 S&T중공업에서 기술 자문을 할 때이다. 노사분규가 심했던 통일중공업을 인수하여 노사가 협력하면서 방위산업 부품을 생산하던 기업이다.

나의 역할은 현장 기술 작업자들이 세계적인 품질을 만들고 있다는 인증을 해 주는 것이었다. 세계적인 품질은 작업자 개인들이 자기만의 독특한 작업 방법 없이는 달성할 수 없다. 본인은 몰라도 세계 여러 현장에 경험을 한 내가 인정을 해주면 개인들의 자부심이 생길 수 있다고 생각하여 벌인 일이다. 이것이 사회 공헌이 될 수 있을까?

협성문화재단은 박석귀 재단 이사장이 건설회사에서 돈을 벌어 설립한 문화 재단이다. 나의 과거 수상 경력은 정부나 공공기관이었지 민간 기관에서 받은 일은 없었다. 방문해서 만났던 재단 관계자들은 모두들 친절했다. 공공기관의 권위는 찾아볼 수 없었으나 상금 액수는 컸다. 제5회 협성 사회공헌상 경제 부문 수상을 했다.

그리고 감사하게 받은 그 상금은 모두 피자 파티하는 데 썼다. 스탠퍼드 시절 매주 디자인 세미나가 끝난 후 피자 파티를 하던 생각이 나서

서울 공대에서 매주하는 첨단기업 세미나가 끝난 후 참석자 모두가 피자를 한 조각씩 먹으면서 애프터^{After}하는 비용으로 썼다. 100여 명의 참석자가 150명으로 늘어났다. 서울대학 근처 피자집이 호황을 맞았다.

나의 상금이 소진된 후 다른 스폰서가 나타나 피자 파티는 계속된다고 들었다.

서울 공대 졸업생 창업률이 늘었다. 그들이 창출한 기업 가치는 그 상금의 만 배가 넘었다. 박석귀 이사장의 상금은 막대한 경제적 가치를 창출하는데 결정적인 기여를 했다. 협성문화재단 박석귀 이사장이 의도한 일이 아닐지는 모른다. 그러나 하늘이 알고 보상을 하겠지. 그런 사회에 사는 우리 개인들이 행복하다.

디지털 삼강오륜

새 세대에게 장밋빛 세상이 오려면 우선 기성세대가 가죽을 벗기는 혁신革新의 아픔을 견뎌 내며 개혁을 해야 한다. 그래서 대우는 창조, 도전, 희생이라고 했던가? 그 기성세대의 희생으로 우리는 30-50클럽에 진입했다.

그 성공의 대가가 기성세대의 더 큰 희생이라니 억울한 것 같지만 우리에게는 익숙한 과정이다. 성공의 대가로 무엇을 기대했는가? 자손들이 잘 사는 세상을 만든다고 했지 않은가? 그래서 가족 사회라고 했다. "노병老兵은 죽지 않고 사라질 뿐이다"의 데자뷔De Javu인가?

한국 대기업들은 세계 자본을 끌어들여 더 이상 빚에 쪼들리는 한국 기업이 아니라 재무구조가 반듯한 세계 기업에 들어갔다. 동시에 노사 관계도 세계화했다. 관리자들도, 현장 근로자들도 세계적으로 채용하고 보상도 세계 표준에 맞추려고 하고 있다. 기술 개발도, 상거래 계약도 세계 표준에 따라 이루어진다. 한국 대기업들의 미국 연구소에는 경쟁력 있는 다국적 기술자들이 일하고 있고 영국 디자인 연구소에는 대부분 유럽 사람들이 일하고 있다.

단지 재벌 기업 총수들은 적폐 청산을 하려는 한국 정부와 일부 문제가 남아 있다. 부자들에게 분노한다는 가난한 사람들에게 어떻게 다가갈 것인가? 이들이 한국 내에 투자를 늘려야 외국인 투자도 유치할 수 있다. 이 투자가 우리 젊은이들의 일자리를 만든다.

그러나 임금 수준이 높아져 저가 생산은 지나갔다. 고가 생산은 고객 맞춤 생산이다. 열심히 일하던 것이 창의적인 작업으로 변했다. 일자리 패러다임의 변화이다.

세계적으로 경쟁력을 갖춘 우리 현장 근로자들을 중국에서부터 스카우트해 갔다. 그들은 단순 현장 작업자가 아니라 이미 기술자가 되어 현장 작업에 세계적인 경쟁력을 도입한 사람들이다.

일본 현장에서처럼 TQC 규율에 얽매여 철저한 반복 작업을 익숙하게 하는 것은 이젠 AI가 맡아 하는 시대가 되었다. 한국 현장 작업자들의 자율적인 개선 작업이 불량품을 없애버리던 시대가 가버렸다. 현장의 자율적 개선 작업이 한국의 반도체 공정을, 한국의 원자력 발전소 건설을 미국과 다르게 만들었다. 자율적인 작업 개선은 우선 수많은 공동 작업자들 간에 신뢰할 수 있는 인간 관계를 구축했다.

IMF 위기를 거치면서 은행원도 세계적인 커피숍 주인이 되었다. 많은 사람들은 실직이 되고 산으로 가서 그냥 산사람들이 되어 버렸다. 한편으로 IT 강국인 한국은 세계에서 가장 빠른 5G 통신 서비스를 하고 있다.

개인의 자유가 창의성의 기본이라면, 그리고 창의성이 바로 경쟁력이라면 타인에게 피해를 주지 않는 한 개인의 자유를 억압할 필요도 없다. 그러나 자유로운 사회에서 승자들에게 자유를 주는 것도 좋지만 패자들의 문제를 어떻게 처리하는가이다. 미국식 민주주의에서는 가급적 패자 부활전의 기회를 만들어 주는 것으로 처리했으나 유럽식 가부장적 정부에서는 사회보장 제도로 처리했다.

우리의 국가 사회보장 제도는 장기적인 구미 각국의 제도처럼 시행 착오를 거쳐 수정을 해가야 지속 가능하다. 많은 시행착오는 가상 현실에서 가능해졌다. 정권 교체가 잦고 일본과 달리 정부 부채가 국채보다는 외채에 의존하는 우리의 정치적 포퓰리즘은 이 역시 러시안룰렛 Russian Roulette을 만들고 있다(이제는 '오징어 게임'이라고 한다).

당장에 그보다 더 중요한 현안은 노동조합의 문제이다. 전국노조나 금속노조 등 업종별 노조는 근로자 개인들의 인권보장이 선진국 수준으로 이루어진 이 시점에서는, 그리고 개인들이 취업을 선택할 수 있는 입장에서는 노사 협상이 단체로 이루어질 필요가 없어진다. 특히 세계적으로 일자리 전쟁이 일어나 모든 국가들이 국가별로 투자 유치를 하기 때문에 조합원 복지 문제는 국가와 협상을 해야 하는 문제가 되었다.

제4차 산업혁명 시대에 새로이 필요하게 된 기술과 기능이 많이 생겼다. 그러나 국가가 마련한 국민들의 교육 기회는 투입 비용에 비해 효과는 적었다. 특히 개인의 특성에 맞추어 개인이 선택하는 훈련은 교육 제공자와 수요자 간의 협상으로 최적화를 이루어야 하기 때문에 정부의 개입이 비효율적이다.

그렇다고 교육비 지원만으로 개인들의 창의성을 높일 수 있을까? 집배원들의 IT 교육은 쉬는 시간 컴퓨터 게임실에서 효율적으로 이루어졌다.

국가, 개인, 기업의 삼자 협력은 시장에서 시행착오라 활발하게 진행되어 최적화를 이루는 것이 효율적으로 4차 산업 사회로 진입하는 길이다. 기득권을 일부 포기하더라도 새로운 기술을 배우는 것이 생존하는 길이다. 은퇴하는 어른들에게는 새로 할 일이 많아졌다. 그래서 텃밭은 커져야 한다. 텃밭이 커지면 기득권을 포기할 필요가 없어진다.

포기해야 할 기득권이 무엇인가? 포기하지 말고 지켜야 할 우리의 정체성도 있다. 우리의 정체성은 어디서 나온 것인가? 가정생활, 교육, 문화, 그리고 역사, 무엇을 버리고 무엇을 지킬 것인가?

버려야 할 것들을 버리려고 하면 기득권이 가로막는 것이 있다. 종래의 기득권을 유지하면 안 되는 것을 버리자는 이야기다. 그것도 개혁을 해 가면서 가급적 피해가 적은 방향으로 변하자는 이야기다.

분노하면 저소득 계층이 더 큰 피해를 본다. IT 선진국에 정보의 커플링^{Coupling}이 생기기 때문이다. 정책 잘못이 아니라 복합화가 일어나 블랙스완$^{Black\ Swan}$이 출현하기 때문이다. 복합화로 풀리지 않는 미분방정식도 차분히 은근과 끈기를 가지고 AI로 수치 해석을 하여 풀어야 한다.

어차피 우린 부모를 모셔오던 사회이다. 그러나 삼강오륜이 개인들의 의무로 생각하던 시대는 지나갔다. 비용은 줄이고 효과는 높이는 새로운 복지 시스템을 만들어 갈 시대이다. 서구식 지원 방식의 복지를 넘어서는 한국식 디지털 삼강오륜은 무엇일까?

에피소드 6-4

리스크 테이킹(Risk Taking)

프랑스에서 오래 전에 미니텔을 쓴 적이 있다. 주로 SNCF(프랑스 철도) 기차표를 사는데 쓴다. 협대역 쇼핑 채널이다. 외국인인 나는 파리에 살면서도 쓸 줄 몰라서 거의 사용하지 않았다.

1997년 톰슨멀티미디어^TMM 매각이 취소되는 것으로 결정이 나고 최종으로 프랑스 국가 최고위원회^(Concile de Tate)가 나를 소환 했다. 국가 원로들이 인수 희망 기업 대표를 면접하는 회의였다. 어차피 민영화 취소 결정을 통보하는 것이니 나는 위원들이 하는 말을 듣기만 하면 되는 자리였다.

"프랑스는 디지털 기술이 외국으로 유출되는 것을 막기 위해서 TMM 매각을 취소했습니다."

머리가 유독 하얀 위원의 말씀이었다.

"존경하는 위원님, 외국으로 유출되면 안 되는 디지털 기술이 무엇인지 정작 기술자인 저도 잘 모르겠습니다. 그러나 그 기술로 프랑스 국내에서 TV를 생산하여 외국으로 수출하려는 것입니다. TMM을 인수하여 경영을 정상화하겠다는 경영자가 외국인이더라도 TMM의 시장 경쟁을 위해서 기술을 외부로 유출하지 않을 것입니다. 저는 인수조건으로 프랑스 종업원 5천 명의 고용을 보장했습니다. 더욱이 한국 대우전자는 경쟁력 있는 TV 생산 기술을 보유하고 세계 시장 점유율을 확대하고 있습니다."

TMM은 민영화를 중단하고 티어리 브레통^{Tierie Breton} 사장을 임명하여 몇 년 더 공기업으로 운영하다가 문을 닫았다. 5천 명의 일자리도 사라졌고 디지털 기술이 무엇인지도 모르게 되었다. 브레통 사장은 후에 재무 장관을 거쳐 EU 경제 통상관이 된 2021년 가을에 한국과 반도체 협력을 협상하기 위하여 내한하였다.

1998년 TMM 인수협상을 끝으로 대우를 떠난 나는 김대중 정부에 정보통신부 장관으로 입각했다. TMM의 렌느^{Renne} 연구소에서 개발했던 디지털 기술 ADSL^{Asymmetric Digital Subscriber Line} 모뎀을 도입하여 한국의 광대역망은 세계에서 가장 빠르게 확산되었고 한국은 프랑스보다 앞선 IT 강국이 되었다.

일본은 ISDN이 꿈의 통신이라고 했다. 54K 모뎀 시절 128K 모뎀이니 꿈같은 속도 맞다. 그 통신망에 i-Mode라 하여 100엔짜리 상품 거래를 시작했다. 프랑스의 미니텔 보다 앞서간다고 했다. 일본 NTT-Docomo의 다데이시^{立石} 사장의 주장이다. 그는 국제 세미나에 참석한 한국 통신 장관이었던 나에게 Mega 급 ADSL은 가난한 나라에서는 분에 넘치는 고가의 장비라고 했다. 더욱이 한국이 IMF 위기를 당면했을 때 이야기다.

2005년 방한을 했던 일본 고이즈미 당시 총리는 IT에 관하여는 한국을 배워야 한다고 했고 부산을 거쳐 일본으로 출국하면서 연극 <명성황후>를 관람하였다. 손정의 소프트뱅크 회장은 ADSL 서비스로 일본의 광대역망을 획기적으로 개선했다. 이즈음 한국은 광대역망을 광케이블 확산으로 10bps로 업그레이드했다.

국가적인 사건들도 우연히 개인들의 관계에서 벌어진다. 그래도 한국의 IT 강국은 우연만은 아니다. 시작은 우연히 발생하였다 해도 일단 보급되기 시작한 광대역망의 고객 수요가 폭발적으로 증가하여 통신 기업들의 투자를 타당성 있게 만들었다.

지금 세계에는 창의성 있는 개인들이 벤처 기업을 창업하는 것과 같이 리스크 테이킹Risk Taking 하는 시대가 되었다. 우리만 유독 전문적인 지식을 과시하는 IT에 능숙한 개인들이 PPT를 발표하는 일에 몰두하고 있다. 현장에서 빨리 빨리 일해 온 부모들이 자식들에게 고생하지 말고 따듯한 방 안에서 말로 하는 일을 하라고 자격증 획득을 강조한 탓인가?

IT 시대에도 현장에서 일어나는 시행착오 없이 성공할 수는 없다. 법을 제정하고 집행하는 공무원들도 현장의 시행착오를 겪어야 한다. 리스크 테이킹에 대한 미국 실리콘 밸리의 보상은 아주 막대하다. 그래서 세계의 젊은이들이 모두 모여든다. 실질적인 가치를 만드는 이들이 실리콘 밸리로 떠나고 우린 말로만 떠들고 있으면 어렵사리 들어온 이 신흥 선진국은 노인들과 모범생들의 국가가 되는가?

행복한 디지털 사회

민주사회에서 주인은 개인들이다. 그런데 주인이 주인 행세를 제대로 하지 않으면 대리인이 권력을 행사하여 대리인 비용이 크게 발생하기 마련이다.

주인 행세는 대리인을 선정하는 것이다. 대리인 선정은 막대한 거래 비용을 들여 일정 기간 시행착오를 반복한다. 민주 선거이다. 다수대표제로 뽑는 선거를 통해서는 개인이 원하지 않는 대리인도 뽑힐 수 있다.

개인들은 일단 대표가 공명한 선거로 대표자를 선출하여 대표자의 결정으로 인한 결과에 대해 책임을 져야 한다. 여러 가지 제도를 통하여 대리인인 대표자의 결정을 번복할 수 있으나 그 역시 다수결로 하기 때문에 개인들의 맘에 안 드는 일이라도 다음 선거까지 기다리는 수밖에 없다.

그래도 민주주의에서는 개인 스스로가 주어진 여건에서 최선을 다하는 것이 옳다. 자유는 개인들이 스스로 노력하기 위해서 필요한 것이다.

정당한 선거가 치러진 우리 민주주의는 대통령 직선제 선출 이후 여러 가지 시행착오를 겪어 왔다. 5년 단임제 정부들은 유권자 절반이 좀 넘는 수준의 표를 얻어 당선되었고 임기 말 지지율은 현저하게 하락하였다. 실망스러운 정부들이었다. 왜 그래 왔을까? 민주 사회에서 개인의 자유는 사회의 흐름 안에서 자유이지 사회의 흐름을 벗어나면 오히려 개인들이 피해를 보게 되어 있다.

2016년 다보스 포럼에서 클라우스 슈바프Klaus Schwab 세계경제포럼 회장은 한국의 발전하는 모습을 보고 제4차 산업혁명을 제기했다. IT 강국인 한국의 최근 변화가 이런 예측을 불러왔다. 새로운 산업 혁명에 대한 국민들의 합의는 있는가? 이 혁명을 받아들이고 국가가 무엇인가 해야 하는 일로 생각하는가?

현재 한국은 젊은이들의 일자리를 생각하면 '헬 조선'이 맞다. 국가적인 위기다. 세계는 한국이 반세기 동안 키워온 인재가 활약할 수 있는 환경이 조성되어 있다. 인류 사회에는 세계화 이후 새로운 장벽들이 쌓여가고 있다. 그리고 정보 통신 기술이 새로운 인류 사회를 열어가고 있다. 우리가 선진국들을 앞서가는 기회의 창이 열린 셈이다. 그 창을 다른 나라에 넘기면 우리는 다시 반세기를 기다려야 할지도 모른다.

분별적인 디지털 정보는 연속적인 아날로그 정보보다 단위 정보의 범위가 작다. 앞뒤 연결성이 단절되었다. 그러나 많은 정보를 순식간에 전달할 수 있어 확실한 정보를 바탕으로 리스크가 작은 결정을 할 수 있다.

그러나 아직도 많은 분야에서 빅 데이터가 축적하지 않았기 때문에 아날로그식 직관적인 결정이 옳은 경우도 많다. 아날로그 세대가 디지털 사회에 익숙하기까지는 생활 문화의 변화이기 때문에 사회가 적응하는 데는 시간이 걸린다. IT 강국인 한국에는 기술의 푸시Push에 의하여 디지털 시대로 전환이 매우 빨랐다. 아주 깊은 디지털 디바이드가 발생했다.

이제 노동을 자동화해서 새로 설계해야 한다. 그것이 제4차 산업혁명이다. IT 기술에 숙련도가 높은 현장 근로자들이 작업 설계와 기계-사람 인터페이스를 새로 설계해 줄 수 있다.

한국이 제4차 산업혁명에서 세계를 앞서갈 수 있는 이유가 있다.

첫째 이유는 한국의 현명한 교육을 받은 인재들이다. 그들에게는 세계에서 가장 긴밀한 네트워킹Networking이 결성되어 있다. 금수저, 흙수저 따져 불평할 것이 아니라 주위를 둘러보면 나에게 도움이 되는 사돈의 팔촌이 있다. 단지 불법 '인사청탁'만 아니라면 그들은 도와준다. 분노하지 말고 상대방을 설득하려고 해야 한다.

또 그들에게는 다른 나라에 없는 '한강의 기적'에서와 같이 아무것도 없는 데서도 무엇인가 세계에서 제일 잘해본 경험이 축적되어 있다. 그들 세대가 아니라 잔소리하는 그들의 부모 세대에 일어난 일이긴 하다. 일본에도, 오래된 선진국 유럽 국가에도 잔소리하지 않는 노인들은 없다. 그 잔소리가 자식들에겐 인권 침해라는 것을 의식하지도 못한다. 그래도 패전국인 독일이나 일본은 세대의 격차를 극복하고 순식간에 전쟁의 폐허에서 선진 경제를 이룩했다.

둘째 이유는 한국 사회 전체의 IT를 활용하는 능력이다. 하루아침에 이루어질 수 없는 제4차 산업혁명 문화가 형성되어 있다. 세계가 우리를 IT 강국이라 한 것은 1998년부터이니 20년이 넘었다. 또 그것이 세계가 주목하고 있는 와중에 IMF 금융위기를 성공적으로 극복했다.

우리는 오랜 세월 새마을운동을 통하여 '하늘은 스스로 돕는 자를 도와준다'라는 시장 경쟁을 배웠고, 입시 지옥을 지나면서 4지 선다형 시험문제를 통하여 공작기계 수치제어Numerical Control를 배웠고, 각종 선거를 치르면서 통계를 배웠다. 광대역 통신망을 통하여 동화상 소통에 익숙해졌다. 도처에 ICT 전문가들이 있고 일반 수준의 영역을 넘어섰다.

세계에서도 한국에서만 일어난 일이다. 쉽게 그냥 일어난 일이 아니다. 우리가 비전을 가지고 당시 우리 경제 수준으로는 버겁게 투자한 결과이다.

기술만 보면 우리보다 앞서가는 나라들도 많다. 그러나 IT 기술이 아니라 IT 숙련도가 상품, 서비스 경쟁력을 좌우한다. 이 모두가 공짜가 아니라 우리 누군가가 아픈 희생을 한 결과이다. 일본, 미국, 선진국들은 리스크를 피하기 위해 결정을 하지 않고 지나친 것을 우리는 위험 부담을 하고 결정을 한 결과다.

그래도 시발점은 개인의 자유스러운 행동이다. 이런 개인 활동을 용납하고 권장하는 사회가 혁신에서 앞서갈 수 있다. 우리의 선진 사회 패러다임이 변했다. 사람 중심 사회가 된지는 오래되었다. 이런 변화는 생활문화의 변화에서 오는 것이기 때문에 "빨리빨리"로는 안 된다. 한국전쟁 이후 초 중등학교 교과서에는 '은근과 끈기'가 우리의 국민성이라고 했다.

IT 숙련도와 동시에 생기는 문제가 해킹Hacking이다. 고속도로의 제한 속도가 높아질수록 사고의 피해도 크다. 고속 통신도 마찬가지이다. 정보 통신의 시민 의식도 높여야 하고 동시에 법 집행 기술과 인력 투자도 동시에 증가하여야 한다.

국가 간의 문제가 생기면서 국방도 중요한 부분이 되었다. 한국전쟁으로 인해 높은 국방비를 부담하여 왔던 한국은 국방비의 상당 부분을 IT 국방비로 전환할 필요가 생겼다. 1998년 Y2K 문제에 대해서 우리는 무임승차를 해서 큰 비용을 절약했다. 세계에서 가장 빠른 고속도로의 안티 해킹Anti-Hacking 기술 개발은 우리가 선도해야 한다.

한국 사람들의 평등 의식은 디지털 디바이드를 용납하지 않는다. 그러나 디지털 격차가 당분간이라도 우리가 같이 살아가야 하는 방식이라면 적극적으로 대처하는 계획을 세워야 한다. 디지털 복지이다.

과거 영국의 계급 사회에서 가난한 사람들을 구제하려는 노블레스 오블리주Nobles Oblige가 아니라 민주 사회가 자유 경쟁을 하며 같이 살아가는 속에서의 복지이다. 노약자, 장애인들을 구제하는 복지에서는 무엇이 문제였던가? 우리가 당면하고 있는 중국, 일본, 미국 등 세계 강대국 사이에서 우리의 차별화 정책으로의 디지털 복지는 어떨까? 어차피 인구가 적은 한국은 차별화를 해야 한다.

세계는 무한 경쟁이고 우리끼리는 같이 살아남기 위한 협력이다. 목표만 분명하면 각자가 찾아서 일을 만들어야 한다. 개인들의 창의성 발휘이다. 실패하면 다시 하면 된다. 이게 경제 선진국이다.

골프의 박민지 선수는 늘 상위권에 들어가기는 했지만 우승을 한 적이 없어 우승을 한 번만 해보았으면 했다. 그러나 일단 우승을 한번 하고 나니 모든 대회에서 우승을 목표로 뛴다. '민지 효과'라고 한다.

한강의 기적을 일으킨 경험으로 우리는 개인들이 어떻게 협력하면 선진국이 된다는 것을 알았다. 이젠 30-50클럽으로 살아가는 것을 당연히 생각하는 시대가 되었다. 경제에서 민지 효과는 창의적인 개인들이 협력할 때 일어난다. 국가가 해주는 일이 아니라 개인들이 스스로 하는 일이다.

개인들이 말로 하는 PPT 발표가 아니라 몸으로 하는 시행착오로 찾아가는 것이 선진국을 정착 시키는 일이다. 개인들이 시행한 실패를 사회가 구제할 방법이 분명해야 하고 성공의 보상이 가치가 있어야 개인들이 행복한 사회이다. 이 개인들 스스로가 경쟁력 있는 사회를 만들어야 행복한 사회가 된다. 나사 하나라도 내 손으로 박아야 소확행이 아니던가?

사람 중심 사회로

차분히 생각해도 결론은 정해졌다.

판을 깨지 말고 함께 앞으로 나아가자. 현명한 선택을 하자. 이제는 우리도 선택할 수 있을 만큼 성장을 했다. 그리고 그 선택에 대한 책임을 질 수도 있게 되었다.

이 책 시작부터 나는 부자들에 대한 분노를 접고 차분히 생각하여 젊은이들의 일자리를 새롭게 만들어보자는 얘기를 하고 있다. 민주주의 선거로 당선되어야 하는 정치인들은 경쟁자들을 이겨야 집권할 수 있다. 그러나 정치지도자도 아닌 내가 가난하다고 부자들을 이겨야 가난에서 벗어나는 것은 아니다. 제로섬 게임이 되면 우리 역사 처음으로 달성한 민주화가 허사가 된다. 주위 사람들과 같이 잘 살아야 내 품격도 존중 받을 수 있다.

빈부의 격차에 대한 분노는 경제학자의 얘기일 뿐 나의 텃밭을 살리는 데 도움이 안 된다. 우리 어른들은 그 당시에는 하도 가난해서 뒤로는 갈 데가 없어 그냥 앞으로만 갔다. 그러고는 30-50클럽까지 갔다. 가다 보니 나도 가족들과 함께 먹고 살 만하게 되었다.

우리의 역사는 세계 시장 속에서 일어났고 비 가역Irreversible 과정이 되어 버렸다. 나도 노력하면 가난을 벗어날 수 있는 세상이 되었다. 공정하고 평등한 사회는 적폐청산만으로 달성할 수 있는 것이 아니다. 우선은 내가 생산적인 노력을 해야 한다. 그리고 사회가 그 노력에 정당한 보상을 해주어야 한다.

1997년 IMF 경제 위기 때 기업들이 흔들리니 많은 근로소득자들의 소득은 아예 사라졌다. 우리 정부가 IMF 요구대로 산업구조조정을 한 결과다. 국민 개인들은 국가를 위해서 금 모으기라도 해서 위기를 돌파하자고 했다. 세계는 한국이 모범생이라고 칭찬을 했고 국가 금융 신용은 즉각 회복되었다. 미국, 일본과의 외환 스와프Swap로 금융도 안정되었다.

IMF 위기를 성공적으로 극복하기 위해서 국가의 산업 규모를 대폭 축소하니 실업자가 양산되었다. 취업이 심각해졌고 저성장 경제로 진입했다. 대기업들은 고용 인원을 축소하여 업종 전문화를 했다. 빅 데이터, AI를 이용한 첨단 시설로 국제 경쟁력을 강화했다.

지난 20년간 젊은이들의 취업이 힘들어졌고 소재, 부품, 장비 산업의 해외 의존도가 높아졌다. 국내 일자리가 줄었다고 생각하는 많은 젊은 인재들은 자영업을 창업하던가 해외로 진출하고 있다. 그들은 '오징어 게임'을 하고 있다.

'헬 조선'이라면 우리 젊은이들이 고쳐나갈 것이다. 그들이 노력하면 경쟁력 있는 기업이 생겨나고 세계 투자가 몰려들 것이다. 문제는 실력 있는 젊은이들이 할 수 있다는 자부심을 가지고 'Just do it' 할 수 있는가이다. 아직 많지는 않더라도 성공한 사례들이 생기면서 지고 이기는 경험을 해본 사람만이 가질 수 있는 자부심도 어느 정도 생기고 있다. 기성세대가 그들에게 해 볼만 한 기회를 마련하고 격려해주어야 한다. 강남 과외나 대기업 입사 시험 준비를 도와줄 것 아니라 다운 사이드 리스크를 기성세대가 부담해 주어야 한다.

지식 정보 시대로 변하면서 공급자와 수요자 간에 긴밀한 대화를 하면서 복잡계를 형성하였다. 복잡계에서 변수들이 서로 작용을 하면 블랙 스완이 발생하는데도 일반적인 해법이 없다. 주위 환경과 변수들을 고정하고 특정한 변수의 변화를 점진적으로 풀어나가는 방식만이 유효하다.

그래서 여기서는 시행착오, 피드백, 수렴과 확산을 통하여 맞춤 해법을 구하는 방법을 얘기하려 했다. 이것이 정답이 없는 디지털 세계에서 사는 방법이고 일하는 방법이다. 젊은이들의 일자리는 디지털 공간에 만들어진다. 이미 2020년에 우리의 벤처들은 고용에서 국내 상위 4대 기업을 넘어서고 매출액에서 세계 5대 자동차 회사인 현대-기아 그룹을 넘어섰다(조선일보, 2020. 12월 31일 자 B1).

코로나19 사태로 세계는 한국의 새로운 세대를 주목하기 시작했다.

코로나19 발생 초기 위기 상황에 세계가 사재기 폭동이 일어났는데 마스크 한 장을 사려고 길게 줄을 선 대구 시민들이 세계 언론에 보도되면서 봉준호 감독의 〈기생충〉에 나오는 그 스마트한 기택네 가족을 연상했을 것이다. 한국 산 코로나 테스트 키트는 미국 정부의 승인 절차가 늦어지자 승인 전이라도 임시로 사용하겠으니 많은 나라에서 보내 달라고 했다. 어른들은 상상도 못 해봤던 세상에서 우리 젊은이들이 살고 있다.

국가 지도자가 나서야 했던 백신 수입은 늦어졌다. 위드 코로나 정책을 시행하는 정부는 국민들에게 무엇을 위해서 어떤 리스크가 있는 정책을 시행하니 국민 각자 어떤 범위 안에서 개인의 창의성을 발휘하라는 안내를 해 주는 것이 민주 정부 아닌가? 주인인 개인들은 공유 목표를 향해 스스로가 자유롭게 행동하고 결과에 대한 책임을 질 수 있어야한다.

2015년 나는 미얀마에서 KSP^{Knowledge Sharing Program} 공동대표로 새마을운동을 소개했다. 소수민족들의 인권 문제가 더 관심사인 그들에게 '한강의 기적'을 불러온 자조^{自助} 정신을 어떻게 가르쳐 주어야 하는가?

이제는 개도국 미얀마도 먹고 사는 문제는 해결되었다. 개인의 자유를 더 중시하는 세상이 되었다. 과연 그런가?

1960년대에는 아시아에서 버마(미얀마의 이전 국명), 필리핀은 우리보다 선진국이었다. 그러나 이제는 입장이 바뀌었다. 미얀마는 아직 국제 신인도가 낮은 나라이다. 미얀마는 KDI(한국개발연구원) 추천대로 경제 정책을 세우고 있다. 한국 KSP(경제발전공유사업)를 통해서 지식을 전달받고 있으며 세계 금융계에 인증된 후에야 해외투자 자금을 유치할 수 있다. 우리에게도 해외 원조를 하는 새로운 일자리가 생긴다.

미얀마에서는 원자력 발전^{發電}을 하여 전압을 안정 시키고 5G 통신망을 확산하여 첨단 농업을 하면 어떨까? 투명한 유기농법으로 생산한 화이트 아스파라거스^{White Asparagus}를 유럽에 수출하고 아티초크^{Artichoke}를 미국에 수출하면 어떨까? 중국과 오스트레일리아에서는 기술과 장기 차관을 제공하겠다고 했다.

그러나 한국 같은 연결된 IT 네트워크가 없으면 불가능하다. 세계 금융계는 미얀마의 미래 성장 계획 타당성을 이해할 것인가? 그들이 투자 여부를 결정할 것이다. 투자 회수를 할 수 있는 능력 있는 인재와 그들이 창의적인 활동을 할 수 있는 환경이 조성되었는가를 검토할 것이다.

살아남은 대우 가족들이 '세계경영'의 기치를 들고 추진하는 사업의 하나이다. 필요한 자금을 세계 금융계에서 조달할 수 있는가? 부족한 전문가들은 외국에서 지원해 주면 된다. 성실한 근로자와 그들이 끌어가는 정부가 여건을 만들어야 한다. 개발도상국의 강력한 정부가 할 수 있는 방법이다.

미얀마 쿠데타 소식을 접하고 보니 이러한 것들은 당분간 실현이 어렵겠구나 하는 생각이 든다. 금융계는 정치 사태를 보고 예측 가능할 때 움직인다.

그건 환경과 여건 변화가 훨씬 느린 미얀마 얘기다. 그런 시대를 살아왔던 우리에겐 미얀마의 미래 변화가 보인다. 그러나 변화 속도가 빠른 환경에서 사는 우린 어떻게 변할 것인가? 단순한 미얀마는 상식적인 스토리로도 가난을 탈피할 수 있을 것 같지만 복잡한 우리는 AI 코딩교육을 준비하고 있다.

남의 나라 걱정 그만하고 미얀마보다 더 못 산다는 북한은 어떻게 도와줄 수 있는가? 〈낯선 전쟁〉은 잊어버리고 영점에서 새로 생각해 보자.

북한은 김정은 독재 체제이다. 개인들의 인권을 희생 시키는 독재체제를 자유민주주의 국가에서는 용납하지 않는다. 남한과 분단선을 두고 분쟁 사건을 얼마나 공격적으로 일으켰는가? 반면에 남한이나 미국은 북한을 위협할 아무런 이유도 없다. 그들의 원자탄, ICBM은 공격용 무기일 뿐이다. 비핵화하기 전에는 개성공단과 같은 경제 협력은 타당하지 않다.

국내 정권 투쟁에 눈이 어두워 국내 질서조차 유지하지 못했던 남쪽 베트남과 아프가니스탄에서는 자국 정권이 무너지면 국민들이 얼마나 고통을 받는지 우리는 잘 보았다. 라오스, 캄보디아는 어떠했던가? 오랜 세월 몽고, 중국, 일본의 침략을 막지 못했던 우리 과거 역사에서 백성들은 얼마나 큰 피해를 입었는가?

북한을 염두에 두지 않고도 국방은 해야 한다. 그래서 새로운 국방 개혁이 필요하다. 비용을 덜 들이고 북한의 공격용 무기를 방어할 대책을 무엇인가? 원자탄 폭발에 대한 트라우마가 생긴 미국은 핵무기 공격이 우려 되면 공격보다 방어적 차원에서 그 책임자를 응징하지 않을 수 없는 입장이다. 미국의 킬 체인Kill Chain은 공격적 전략이다. 50만 여명의 인명 살상 가능 리스크를 사전에 처리하려는 전략이다.

30-50 클럽 국민들에게는 앞으로 갈 길이 잘 보이지 않는 것도 사실이다. 이제 한국의 젊은이들은 처음부터 원조 받는 후진국이 아니라 대등하게 경쟁하는 선진국에서 시작한다. 봉준호 감독은 "가장 개인적인 것이 가장 창의적인 것"이라 눈치 볼 것 없다고 했다.

최저 임금이 상승하니 김밥 집에도 아르바이트 인력을 쓰지 않고 자동기계 '라이스 시트기'를 사용한다고 한다. 김밥 집에서 '라이스 시트기'를 써서 생산성을 200% 증가시키는 것이 혁명 아닌가? 지나간 시대의 아르바이트 일자리는 없어지지만 경쟁력이 높아져 기업이 성장하면 새로운 일자리가 만들어진다. '라이스 시트기'는 누가 발명했나? 김밥 집 아주머니가 기계 언어에 익숙한 주변의 젊은이들에게 배워가며 만든 것 아닌가?

가게 주인은 맛있는 그 김밥을 더 팔 것이고 새로운 관리인도 채용할 것이다. 경제 성장이다. 그러나 라이스 시트기만 가지고는 안 된다. 아주머니가 만들어야 아주머니의 김밥 맛이 난다. 아주머니 맛의 문화가 있어야 기계 도움도 받을 수 있다. 이것을 사람 중심의 맞춤 경제라고 한다.

우체국 집배원이 배달 라우팅 소프트웨어Routing Software를 써서 배달 속도를 200% 올린 것은 이미 이십여 년 전 일이다. Routing 소프트웨어를 만들어 생산성이 오르고 우체국 택배가 새로 생겼고 일자리가 창출되었다. 여의도 우체국 신지식인 황형연 선생의 업적이다. 쿠팡^{Coopang}의 100조 원 가치는 신속하게 배달하는 현장 근로자들에게서 나왔다. 뉴욕 증시에서 그 가치를 인정받으려고 IT 숙련도가 높은 3만 명의 현장 집배원들과 한 사람의 CEO가 협력한 결과이다.

IT 투자에는 자본이 필요하다. 우리 사회에 새로운 금융 질서를 만들어 개인들이 리스크를 교환할 수 있는 시장이 필요하다. 성공한 부자들에게만 신용을 제공하는 관행에서 벗어나서 미래 가치를 생산할 기업을 찾아야 한다. 규제를 줄여 시장 스스로가 조정할 수 있게 해야 한다.

나는 이 책에서 정답을 쓰려고 하지 않았다. 기술 개발에 관해서도, 대학 교육에 관해서도 그냥 문제만 제시했다. 문제를 보는 프레임을 제시하려 했다. 현장 문제의 해답은 현장에 있는 현역 기술자들이 제일 잘 풀 수 있다. 그것도 일반 해법이 아니라 특별한 경우 맞춤 해법을 찾아야 하는 시대가 되었다.

노인이나 젊은이나 무엇보다도 세상을 살아가는 자세^{Attitude}를 바꾸어야 한다. 분노하지 마라. 실력이 있다고 세상이 나에게 맞추어주는 것이 아니라 내가 나의 실력을 발휘해서 세상 변화에 맞추어 살아가야 한다. 우리가 살아갈 세상은 그냥 내가 이리 해보고 저리 해보고 맞는 답을 찾아가야 하는 복잡계 세상이다.

분노하지 말고 은근과 끈기를 가지고 차분히 생각해 보면 길이 나온다. 젊은이들의 행복한 일자리도 생긴다. 그 일자리는 내가 스스로 찾아 나서야 한다.

감사의 말씀

이 책을 시작한지는 오래되었는데 출판을 망설였다. 그러다 글로벌경영협회 심영인 대표가 이 혼란스런 시대에 원로들이 목소리를 내야 하는 것 아니냐는 강력한 권고로 출판을 결정했다. 그와 함께 읽기 어려운 원고를 정리하여 책으로 묶어주신 분들에게 감사를 드린다.

특히 원고를 세밀하게 읽고 격려해주신 대우인회 김태구 회장님과 대우전자 창업 초기 수출 현장에서 세계를 누비셨던 정희주 선생님께도 감사의 말씀을 드린다.

본서 출판에 많은 분들이 격려가 있었으며 일일이 열거할 수 없지만 이분들께도 감사의 말씀을 전한다.

책 내용에 오류가 있다면 재출간 때 보완하도록 하겠다.